HELMUT BERNDT
DIE NIBELUNGEN

Auf den Spuren
eines sagenhaften Volkes

BASTEI-LÜBBE-TASCHENBUCH
Band 64 109

Überarbeitete und erweiterte Neuausgabe des ursprünglich
unter dem Titel »Das 40. Abenteuer. Auf den Spuren der
Nibelungen« erschienenen Buches

© 1968, 1978 Verlag Gerhard Stalling AG,
Oldenburg und Hamburg
Lizenzausgabe: Gustav Lübbe Verlag GmbH, Bergisch
Gladbach
Printed in Germany, Februar 1992
Einbandgestaltung: Roberto Patelli, Köln
Titelbilder: Archiv für Kunst und Geschichte, Berlin
Druck und Bindung: Ebner Ulm
ISBN 3-404-64109-4

Der Preis dieses Bandes versteht sich einschließlich
der gesetzlichen Mehrwertsteuer

INHALT

VORREDE

Post von den Nibelungen 13
Spurensuche auf drei Ebenen 19

I. DIE HANDSCHRIFTEN

1. »Diese alten Gedichte sind keinen Schuß Pulver werth« 27
Beim Grafen von Waldburg-Zeil · Obereits sensationeller Fund · Friedrich der Große: Elendes Zeug · Die Wende · Goethe: Jedermann sollte es lesen · In der Hofbibliothek von Donaueschingen

II. DAS KÖNIGREICH BURGUND

2. Von Burgundarholm nach Worms 39
Im 2. Jahrhundert v. Chr. packte die Burgunder die Reiselust · Vorstoß zum Rhein · Der geschichtliche König Gunther · Gab es ein Burgunderreich in Worms? · Doppelniederlage gegen Römer und Hunnen

3. Die magischen Gürtelschnallen 48
Marsch zum Genfer See · Die Kraft der römischen Kultur · König Gundobad in der Genfer Altstadt · Das Geheimnis der Arnegunde · Brünhilds »breiter Gürtel« · In der Schatzkammer von St. Maurice · König Sigismund als Sohnesmörder

4. Streit um die Katalaunischen Felder 64
Städtekrieg zwischen Troyes und Châlons sur Marne · »In Felle gekleidete zweifüßige Tiere« · Attila befragte das Orakel · Die Gefallenen kämpften in den Lüften weiter · Die Katalaunische Schlacht im Nibelungenlied · Wo lag Mauriacum? · Im Lager Attilas und auf der »Avenue Théodoric«

5. Gibich, Giselher und Gunther 81
Der Burgunderpalast von Lyon und die Lex Burgundionum · Ursprünge des Nibelungenliedes · Ein fränkischer Sänger aus Köln · »... Lieder eines betrunkenen Burgunders« · Bischof Avitus als graue Eminenz · Vienne steckt voller Merkwürdigkeiten · Die Nibelungen an der Rhone · Burgund wird fränkisch

6. Die Blutrache der Königinnen 99
Brunhilds prunkvolle Hochzeit · Fredegundes Mordanschläge · Worms als Residenz der Merowinger · Chlotar nimmt Rache an seiner Tante · Der Sarkophag der Brunhild in Autun · »... durch zweier Frauen Streiten ging da mancher Held verloren«

III. DIE NIBELUNGEN AM RHEIN

7. Siegfried von Xanten, Hagen von Tronje und Volker von Alzey 121
Das Doppelgrab im gläsernen Sarg · Ist Siegfried der heilige Viktor? · Der Drachenkampf auf der Gnitaheide · Viele Orte bewerben sich um die

Heimat von Hagen · Die seltsame Gelehrtenfabel
der Franken · Hagen von Tronje bedeutet Hagen
von Troia · Xanten als »Klein-Troia« · Das Wappen von Alzey zeigt die Fiedel von Volker

8. Hier stand die Königsburg der Nibelungen . . . 141
Worms als Mittelpunkt Europas · Des Palastes
Stiege · Kriemhild wohnte im Königinnenbau ·
Die Pforte zum Dom ist noch sichtbar · Kriemhild
und Brünhild stritten sich am Nordportal des
Domes · Auf der Wormser Festwiese erfreuen
sich noch wie einst die »schönen Mägdelein«

9. Das Worms der Riesen und Drachen 155
»Siegfrieds Grab maß 45 Fuß« · Graböffnung
durch Kaiser Friedrich III. · Das Lied vom gehörnten Siegfried · Siegfriedstein und Siegfriedlanze ·
»Worms steckt voller Lindwürmer« · Der Name
Nibelungus war nicht selten

10. An den Siegfriedquellen 167
»Dort fließet noch der Brunnen« · Die Quelle von
Odenheim · Auch Hiltersklingen meldet Ansprüche an · Spurensuche im Odenwald · »Hier hat
der Ritter Hagen den Ritter Siegfried getötet« ·
Die Siegfriedquelle brachte den Wohlstand nach
Gras-Ellenbach

11. Entstand das Nibelungenlied in Lorsch? . . . 179
Die »orientalische« Torhalle · Der Siegfriedsarkophag · Das Kloster und der Sedelhof von Ute ·
War Abt Sigehart der Dichter des Nibelungenliedes? · Die Wissenschaft bleibt skeptisch

12. Das Rheingold von Lochheim 193

Der geschichtliche Hintergrund des Nibelungenhortes · Ein Bauer von Toledo entdeckt neun goldene Königskronen · Der wiedergefundene Königshort der Goten · Jahrhundertelang wurde im Rhein Gold gewaschen · Die Hortversenkung von Lochheim-Biebesheim

IV. VON WORMS ZUR ETZELBURG

13. Die Nibelungen ritten auf den Römerstraßen . . 207
Durchs römische, karolingische und staufische Europa · Wählten die Nibelungen die »Nibelungenstraße«? · Quer durch den Odenwald · Kriemhild setzte bei Pförring über die Donau · Die Meerweiber an den Kelsbachquellen · Hagens Flußübergang bei Großmehring · Kriemhild übernachtete in Alt-Plattling

14. Wo der Innfluß mündend in die Donau niedergeht 232
Südlich von Passau bezogen die Nibelungen Quartier · Pilgrim, der Onkel Kriemhilds, ist historisch · Die gefälschten Bullen des Passauer Bischofs · Königin Gisela aus Ungarn als Vorbild für Kriemhild · Der Nibelungenlied-Dichter lebte in der Umgebung von Bischof Wolfger · Die Spielleute waren armseliges Gesindel · Der Autor des Epos bleibt anonym

15. Das Nibelungenlied als Reiseführer 251
Raubritterburgen über der Donau · Teufel und Dämonen am Greiner Strudel · Im Nibelungengau · Auf der Suche nach dem Markgrafenpalast in Pöchlarn · Rüdiger, der Flüchtling aus dem 10.

Jahrhundert · Der Wirt Astold von Melk · Hohes
Lösegeld für König Richard Löwenherz von England · Vielvölkertreffen auf dem Tullner Feld

16. Am wonnereichen Hof zu Wien 271
Ein Pelz für Walther von der Vogelweide in Zeiselmauer · Am Hof der Babenberger in Wien ·
Das historische Vorbild zur Hochzeit von Kriemhild und Etzel · Die mächtigen Ruinen von Carnuntum · Kriemhild und Etzel auf der Festung
Hainburg

17. Auf der Suche nach der Etzelburg 284
Die historische Hunnenburg an der Theiß · Empfang bei König Etzel in Geschichte und Dichtung ·
Spekulationen um Hildikos »Königsmord« · Die
römischen Ruinen von Aquincum galten als die
Burg von Etzel · Ein Tyrann wird zum toleranten
Herrscher · Ungarns Geschichte färbt das Nibelungenlied · Die Etzelburg des Epos lag auf einem
Fels über der Donau bei Gran

18. Hier hat die Mär ein Ende 296
Ein Zufall führte zur Entdeckung der Arpadenburg in Gran · Der ehrgeizige König Bela III. ·
Barbarossas Empfang in Gran · Die beiden Kämpfer in der Königskapelle · Die Archäologie des
Nibelungenliedes als ein Blick durch die Jahrhunderte

Literaturverzeichnis 313

Register 326

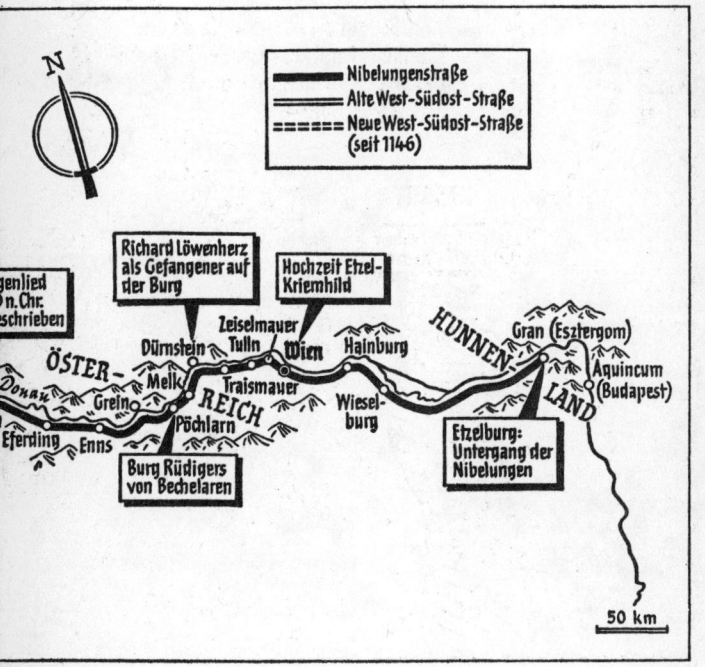

VORREDE

Post von den Nibelungen

Kürzlich erhielt ich Post von den Nibelungen.

Der Holländer Dr. K. F. J. Nibeling aus Wassenaar teilte mir mit, daß er auf der Suche nach seinen Vorfahren sei, »weil unsere Kinder wissen möchten, wo der Name herkommt. Im übrigen haben wir schon recht interessante Entdeckungen gemacht«.

Der Nibelungen-Nachfahre hat seine Vorfahren weit zurückverfolgt. Er stieß auf verschiedene Linien, die — sehr verstreut — in Europa ansässig sind. Nach Nibeling wohnen die Nachkommen seines legendär-realen Geschlechts, das die europäische Sagenwelt so angeregt hat, in Göttingen, Hamburg, Hannover, Berlin, in Mittelstädt, Mähringen, Celle, im Harz, in Ulm, Gersfeld, Breitenhorn, Laubach, aber auch in Holland, in der Schweiz und im Elsaß.

Die Namen wechseln. Die Familien heißen Niebling, Nibeling, Nibelung, Nibelungen oder Nibelungi, aber auch Nübling, Nebelung oder Neveling.

Der holländische Nibelunge ist bei seinen Forschungen im Elsaß bis 1218 vorgedrungen, am Oberrhein bis 1100. Aber die Nibelungen sind weiter zurückzuverfolgen und finden sich noch in anderen Landschaften. In Burgund reicht der Name ins 8., sogar bis ins 5. Jahrhundert.

Diese Zeit zwischen dem Ende des Römischen Reiches und der Neugestaltung Europas ist eine Ära, die weitgehend im Dunkeln liegt und in die manche Sage zurückreicht. Auch das Nibelungenlied, jenes mittelhochdeutsche Epos, das um 1200 niedergeschrieben wurde, dessen Wurzeln aber in grauer Vorzeit liegen.

Das Epos spricht von einen Nibelungenland. Es lag von Worms aus rheinabwärts und war in einem Ritt von drei Wochen zu erreichen. Gemeint war Norwegen. In diesem Nibelungenland herrschten — nach dem mittelhochdeutschen Epos — die Brüder Nibelung und Schilbung. Siegfried, der »Held aus Niederland«, sollte den riesigen Schatz der Nibelungen zwischen den beiden Königen aufteilen. Das mißriet. Nibelung und Schilbung waren darüber höchst aufgebracht. Da erschlug Siegfried beide mit dem Schwert Balmung und brachte den unermeßlichen, kaum vorstellbaren Nibelungenhort an sich.

Dieser Schatz der Nibelungen, funkelnd von Gold, Silber und Edelsteinen, hat bei allen, die im Mittelalter das Nibelungenlied lasen oder hörten, die Phantasie beflügelt.

Und noch heute lockt das Gold der Nibelungen.

Da saßen wir — kurz nach Erscheinen der ersten Auflage dieses Buches — in Mainz in abendlicher Runde beim damaligen Bürgermeister Dr. Ing. Hans Jacobi. Die Rheingold-Halle mit der riesigen Nibelungenkrone war nicht weit. Weit war auch nicht jene Stelle, an der nach der Handschrift C des Nibelungenliedes der Schatz von Hagen von Tronje versenkt worden ist — im Rhein bei Biebesheim/Gernsheim, am sogenannten »Schwarzen Ort«, der großen Rheinschleife zwischen Mainz und Worms.

Je mehr der Abend fortschritt, um so mehr entzündeten sich die Gedanken. Warum nicht den Nibelungenschatz heben, wenn der Versenkungsort festliegt? Welch Ereignis für Geschichte, Archäologie und Literatur! Sollte man nicht eine Gesellschaft gründen? Ein Jurist war an jenem Abend dabei und machte auf die rechtliche Seite aufmerksam, auf den Paragraphen 984 des Bürgerlichen Gesetzbuches. Mochte der Jurist Syndikus dieser Hortfindungs-Gesellschaft werden ...

Es waren mitternächtliche Gedankensplitter, kuriose

Träumereien an rheinischen Kaminen, passend zu einer längst vergangenen Welt, die aber noch ihre Schatten wirft.

Jacobi ging später den Dingen nach, zusammen mit einigen Bürgern aus Hessen und Rheinland-Pfalz. Der ehemalige Baudezernent von Mainz machte sich daran, den Schatz zu heben. Er studierte Karten mit dem alten Rheinlauf. Er prüfte moderne physikalische Methoden der Erd-Ortung, mit deren Hilfe Metalle im Boden aufgespürt werden. Bald wurde die Presse aufmerksam. Die Suche nach dem Nibelungenschatz machte in den großen Medien Schlagzeilen.

Denn Schatzsuche ist Volkssport geworden, ob auf dem Meer, zu Land oder in den Flüssen.

So ist die Bevölkerung von Trier 1974 dazu aufgebrochen, »Schätze« der Römerzeit aus dem Flußbett der Mosel zu bergen.

Damals war der Flußspiegel wegen Reparaturarbeiten an den Schleusen des Flusses erheblich gesenkt worden, und römische Gebrauchsgegenstände kamen nach fast 2000 Jahren wieder ans Tageslicht. 1977 nahm der Trierer »Goldrausch« seinen Fortgang. Einwohner der Stadt und Touristen bewaffneten sich mit Gerätschaften aller Art, mit Schaufeln, Netzen und Sieben, wateten durch den Fluß und fischten nach der Vergangenheit. Inzwischen sind Tausende von Münzen gefunden worden, die römische Schiffer als Opfergabe in den Fluß geworfen hatten. Schmuckstücke aller Art wurden geborgen, Reifen, Ringe und Fibeln. Sogar eine Gallionsfigur wurde dem Wasser entrissen. Experten sagen, daß noch viele Schätze der Römerzeit in der Mosel ruhen.

Aber der Nibelungenschatz ist noch nicht gehoben.

Manches an den Nibelungen vermag zu faszinieren. Nicht zuletzt der dramatische Kampf mit dem Drachen. Er ist ein uraltes Symbol, heimisch in der Mythologie vieler Völker. Auch das Christentum hat sich des Drachens bemächtigt. Wo in Europa der Drachenkampf dargestellt wird, da sind St. Georg und St. Michael nicht weit.

Nicht überall. Es gibt Spuren aus noch früheren Zeiten. Der Drache ist ja älter als das Christentum. In Furth im Wald scheint das dortige Drachenspiel jedenfalls Überbleibsel aus keltisch-germanischer Zeit zu sein.

Jedes Jahr strömen Tausende von Menschen nach Furth am Rand des Bayerischen Waldes, um den Drachenstich zu sehen. Ein Ritter zu Pferd tötet das Untier, eine Jungfrau wird befreit, die Bevölkerung jubelt.

Zeitweilig wurde das Drachenspiel auf Betreiben der Kirche untersagt. Aber der Further Drache hat ein zähes Leben. Das Spiel wurde immer wieder aufgenommen. Heute findet es jedes Jahr sechsmal im August statt. Die Besucherzahl wächst.

Hauptfigur und Angelpunkt ist der Drache. Von ihm ist manches in den Further Chroniken zu lesen. Aus dem Jahr 1665 wird berichtet, daß der Mann, »der in dem Lindwurm gegangen«, als Trägerlohn acht Kreuzer und vier Heller erhalten hat. 1705 wurde der Drache mit einem Aufwand von 19 Ellen Leinwand erneuert; für das Gelbfärben der Strümpfe des Untiers wurden acht Kreuzer bezahlt. 1863 verbrannte der Lindwurm; für einen neuen mußte öffentlich gesammelt werden. 1913 rückte wieder ein neuer Drache an, er hatte bis dahin in Wagners Oper »Siegfried« in der Münchener Staatsoper mitgewirkt.

Furths heutiger Drache ist motorisiert, er speit Feuer und brüllt, er schlägt mit den Flügeln, Rauch tritt aus den Nüstern. Der Lindwurm ist recht zum Fürchten. Trifft jedoch der Ritter mit seinem Speer in den Schlund des Drachens, fließt Blut in den Sand. Dieser neue, hochmoderne Drache ist, das wird glaubhaft versichert, den Furthern »so recht ans Herz gewachsen«.

Wenn heute Post von den Nibelungen zugestellt wird, die Suche nach dem Nibelungenhort im Gang ist, jedes Jahr ein Drachenspiel durchgeführt wird, dessen Ursprünge weit zurückreichen, sind dann die Nibelungen unter uns?
Natürlich nicht.
Wir lesen heute das Nibelungenlied anders als vor Jahrzehnten, anders als zu Beginn des Jahrhunderts oder davor. Die Deutung in jenen Perioden war bestimmt durch den jeweiligen Zeitgeist, und dieser mutet merkwürdig, ja äußerst befremdend an.
Man las damals aus dem Epos etwas heraus, was in dem Lied gar nicht zu finden ist. Es erfolgte eine Identifizierung mit dem Stoff und den handelnden Personen der Sage.
An solcher Auslegung waren breite Schichten der Bevölkerung beteiligt unter Führung jener Kräfte, die das geistige Klima bestimmten. Der zu seiner Zeit angesehene Professor der Rechte und volkstümliche Schriftsteller Felix Dahn (1834—1912), der besonders bekannt geworden ist durch sein Werk »Ein Kampf um Rom«, schrieb z. B. 1859, als das Gerücht im Umlauf war, es könne zum Krieg mit Frankreich, Rußland und Italien kommen:

> *Die Erde soll im Kern erzittern, wann fällt ihr tapferstes Geschlecht:*
> *Brach Etzels Haus in Glut zusammen, als er die Nibelungen zwang,*
> *So soll Europa stehn in Flammen bei der Germanen Untergang!*

Solche und ähnliche Auslassungen waren keine Seltenheit. Sie blieben Jahrzehnte hindurch gebräuchlich und erreichten im Dritten Reich ihren makabren Höhepunkt. Die Nibelungen wurden politisches Vorbild. Ihr gnadenloser Kampf in der Etzelburg wurde gleichgesetzt mit dem Kampf der 6. Armee in Stalingrad.

Nun ist solche Gegenüberstellung zwar möglich, denn in Stalingrad hat die größte Landschlacht aller Zeiten stattgefunden. Über dem Kampf hat ein apokalyptisches Grauen gelegen. »Was im Verlauf und als Folge der Schlacht um Stalingrad gestorben, gefroren, kurz, gelitten wurde, übersteigt das Maß menschlicher Einbildungskraft« (Josef Ackermann).

Wenn ein Vergleich zwischen Stalingrad und den Nibelungen gezogen wird, dann darf dies aber nicht so geschehen wie 1943 in Berlin. Damals sagte Göring: »Wir kennen ein gewaltiges heroisches Lied, von einem Kampf ohnegleichen, es heißt der Kampf der Nibelungen. Auch sie standen in einer Halle von Feuer und Brand und kämpften bis zum Letzten. Ein solcher Kampf tobt heute dort, und jeder Deutsche noch in tausend Jahren wird mit heiligem Schaudern das Wort Stalingrad aussprechen und sich erinnern, daß da Deutschland letzten Endes den Stempel zum Endsieg gesetzt hat.«

Der Frankfurter Germanist Helmut Brackert hat eingehend in der Studie »Nibelungenlied und Nationalgedanke« diese Zusammenhänge untersucht (188). Dabei stellt er fest, daß diese unheilvolle Konzeption zurückzuführen sei auf die Ideologisierung der Vergangenheit, die stetig zugenommen habe.

Auch andere Forscher haben die Zusammenhänge zwischen Ideologie und Literatur untersucht und sind zu aufschlußreichen Ergebnissen gelangt, auch was die Gegenwart betrifft. Wieder ist ein Prozeß der Umwertung im Gang, andere Standpunkte werden gesucht, die Verlockung zur Einseitigkeit ist erneut gegeben.

Verschiedentlich ist in unserer Zeit betont worden, daß im Gegensatz zu früher eine Distanzierung vom Objekt heilsam sei. Solches Abrücken ist sicher dienlich. Vieles wird dabei klarer, sachlicher, emotionsfreier. Aber die völlige

Distanzierung kann nicht befriedigen. Otfried Ehrismann (189) sagt: »... die Entfernung um jeden Preis, das Bestreben, nun alles anders machen zu wollen als die ältere Forschung, wäre verfehlt.«

Wünschenswert ist darum zwar eine Distanz und dennoch eine gewisse Nähe. Aber sie muß anders sein als früher — einerseits kritisch-nachdenklich, andererseits sollten Wißbegier und Neugier nicht fehlen.

Motto könnte Goethes Einstellung zum Nibelungenlied sein. Der Dichter hatte zwar die frühe Ausgabe des Epos von 1782 unaufgeschnitten 25 Jahre lang liegen lassen. Dann las er jedoch das Nibelungenlied mit Interesse und sagte: »Die Kenntnis dieses Gedichts gehört zu einer Bildungsstufe der Nation. Und zwar deswegen, weil es die Einbildungskraft erhöht, das Gefühl anregt, die Neugierde erweckt...«

Die in Klammern gesetzten Ziffern verweisen auf das Literaturverzeichnis im Anhang des Buches.

Spurensuche auf drei Ebenen

> *Uns ist in alten maeren wunders vil geseit*
> *von helden lobebaeren, von grozer arebeit,*
> *von vreude und hochgezîten, von weinen und von*
> *klagen,*
> *von küener recken strîten muget ir nu wunder hoeren*
> *sagen.*

So beginnt das Nibelungenlied in der uns überlieferten Fassung aus dem 13. Jahrhundert in einer Sprache, die uralt erscheint und eine Welt erstehen läßt, von der wir getrennt sind durch mehr als ein halbes Jahrtausend.

Doch die Ursprünge des Epos reichen noch weiter zurück. Sie führen in Epochen der großen Erschütterung dieses Kontinents, in Zeiten, als das römische Imperium zerfiel und Völker sich aufmachten, um Europa von Nord nach Süd und von Ost nach West zu durchqueren und bis nach Afrika übersetzten. Sie zerstörten alte Reiche, begründeten neue und verwandelten den Kontinent. Es war die Zeit, als es am Rhein ein erstes Burgunderreich gab und in der Folge ein zweites an der Rhone, als die Merowinger in die Geschichte eintraten und die Franken ein neues Abendland begründeten.

Damals entstanden Preis- und Heldenlieder, die in der Umgebung der Fürsten und Könige vorgetragen wurden. Die Lieder feierten das Außerordentliche, das Ungewöhnliche, den Zusammenstoß mit anderen Mächten. Sie hielten keinen Vergleich mit den Versen der Römer. Es waren einfache Versuche junger Völker, sich selbst darzustellen. Zu dieser Zeit entstanden auch die Sagen.

Es ist die Zeit, die der Engländer H. M. Chadwick das »heroische Zeitalter« nennt, das bei den verschiedenen Völkern verschiedene Zeiträume umfaßte. Bei den Griechen war es die Ära der homerischen Epen, bei den Germanen die Völkerwanderungszeit, bei den Franzosen kam diese Epoche, in der vornehmlich die Sagen entstanden sind, einige Jahrhunderte später.

»Diese Sagen«, meint der Nibelungenforscher Andreas Heusler (77), »muß man sich denken in Gestalt eines Liedes, das der Hofdichter vortrug in der Herrenhalle, abends nach dem Schmaus, während die Gefolgsmannen zechten, die Schenken ab- und zugingen und auf dem Lehmboden des Mittelraumes die Feuer knisterten. Es war die Dichtung eines Kriegers für Krieger, männlich, rauh, mit der Axt gehauen; in den Wirkungen grell, wie diese Männer nach wildem Handwerk und bei starkem Trunke es brauchten.«

Etwas Ursprüngliches war dabei. Schranken wurden

unbekümmert durchbrochen, und es ist erstaunlich, was ein einzelner, gestützt auf eine kleine Schar Verwegener, im Kampf zu erreichen vermochte. Da aber das bloße Ereignis nicht eindringlich genug erschien, wurde es in Versen überhöht. Dabei hat man oft das Unwirkliche mit einbezogen. So mußten die Sagen mit Zwangsläufigkeit erwachsen, wie am Beginn aller Kulturen Heldenlieder stehen und Mythen.

Die Heldenlieder des fünften und sechsten Jahrhunderts, auf die sich das Nibelungenlied stützt, wurden von Mund zu Mund weitergetragen und das durch Generationen. Sie änderten sich in Form und Inhalt, Neues wurde hinzugetragen, Altes abgestreift. So haben viele am Nibelungenlied mitgewirkt, und so besteht es aus manchen Schichten, die noch durchschimmern. Jede Epoche tat das ihre dazu. Das war ganz besonders der Fall, als das Epos um 1200 seine endgültige Gestalt erhielt.

Zwischen die ursprünglichen Lieder und die letzte Niederschrift von Passau schieben sich jedoch an die achthundert Jahre, und in diesem langen Zeitraum hatte Europa sich erneut grundlegend verwandelt. Aus der Zeit des Heldenliedes war im Lauf der Entwicklung die höfische Epoche erwachsen. So prägte das staufische Rittertum das Nibelungenlied ganz entscheidend, mitsamt den Einflüssen, die aus Frankreich herüberkamen.

Jede Beschäftigung mit dem Nibelungenlied unterliegt der Veränderlichkeit. So erlosch das Interesse am Nibelungenlied mit der ausgehenden Ritterzeit vollständig, es war sogar verschollen. Als es wiederentdeckt wurde, interessierte sich die Allgemeinheit zunächst wenig für diesen Fund. Einige Jahrzehnte später hatte sich jedoch eine solche Wandlung vollzogen, daß die öffentliche Meinung nunmehr mit der Dichtung ganz übereinstimmte. Das Epos wurde einer eingehenden Forschung durch die Wissenschaft unterzogen. Darüber hinaus erschienen auch romantisierende und emotionell gefärbte Berichte. Diese Periode des Überschwangs dauerte lange. In unserer Zeit vollzog sich wiederum eine Wende.

Auch gibt es neue Methoden, man bedient sich der Elektronenrechner. So wurde die sogenannte »Klage«, eine künstlerisch unbedeutende Dichtung, die fast jeder Handschrift des Nibelungenliedes angehängt ist, auf 4320 Lochkarten übertragen und von diesen auf Magnetbänder. Dann beantworteten die Elektronenhirne in hoher Geschwindigkeit eine Vielzahl gestellter Fragen. So bieten sich der Forschung neue Möglichkeiten.

Inzwischen ist die Flut der Veröffentlichungen über das Nibelungenlied, die Zahl der Untersuchungen, Berichte, Kritiken, Deutungen, Polemiken, Thesen und Antithesen im Verlauf der Jahrzehnte unüberschaubar geworden. Die ungelösten Probleme oder die Überprüfung aufgestellter Behauptungen lockten und locken heute wie vor 150 Jahren. Dabei geht die Wissenschaft ihren Weg, »ohne daß wir bis jetzt über eine Gesamtdeutung des Nibelungenliedes auf der Höhe der methodischen Erkenntnisse und der sachlichen Einsichten unserer Zeit verfügen«. (81) Ob wir sie jemals erreichen, das ist eine Frage an die Zukunft und an die Experten.

Das Nibelungenlied ist aber durchaus nicht nur Gegenstand wissenschaftlicher Untersuchungen. Auch die breitere Öffentlichkeit ist bereit, sich damit zu befassen, wenn ihr die Forschungsergebnisse nahegebracht, wenn außer der literarischen auch andere interessante Ebenen einbezogen werden und der Rahmen breit gespannt ist. Dabei spielt die Einbettung in die Kulturgeschichte und in die Geographie eine bedeutende Rolle. Denn wir möchten wissen, wie, unter welchen Umständen das Epos entstanden ist und in welchen Landschaften es heimisch war.

Wir suchen auch die unmittelbare Begegnung. Wir finden sie nicht nur beim Nachlesen, sondern auf Plätzen, die in Verbindung stehen mit dem Epos, in Städten, die im Nibelungenlied genannt werden: in Worms, Lorsch, Xanten, Passau oder auf der Etzelburg in Ungarn.

Bei diesen Reisen in die Vergangenheit wünscht man das Gespräch mit Menschen, die an Ort und Stelle frühen Zeiten nachgegangen sind. Dabei wird der Spurensucher jenen begegnen, die die Fachliteratur gelesen haben und durch ihr Ortswissen weitere Erkenntnisse einbringen. Er wird auch die kleineren Bibliotheken in Frankreich, Deutschland, Österreich und Ungarn aufsuchen, um Publikationen einzusehen, die in den großen Büchereien fehlen. Solche Literatur in Verbindung mit dem Text des Nibelungenliedes gewinnt besonderen Reiz, wenn man sie auf der Nibelungenstraße liest, im Odenwald oder an der Donau.

Für den Wanderer zwischen den Zeiten gibt es mehrere Ebenen, wenn er die Dichtung von Worms untersucht. Hauptsächlich sind es drei Schichten. Die eine ist die Epoche des fünften, sechsten oder siebten Jahrhunderts, die Zeit der geschichtlichen Burgunder und der Merowinger. Die zweite Schicht liegt um 1200, als das Nibelungenlied seine endgültige Fassung erhielt. Dabei tauchten Ereignisse oder Namen auf, die damals die Menschen übermäßig beschäftigt haben. In der Dichtung mögen allerdings Plätze und Namen ausgetauscht und verschoben sein, Ort und Zeit sind oft versetzt.

Die dritte Ebene ist schließlich die Gegenwart mit echten oder vermeintlichen Spuren. Hierbei ergibt sich überraschend, daß das Epos noch in vielen Landschaften sehr lebendig ist. Im hessischen Ried oder im Odenwald spricht man von Siegfried, Pöchlarn ist ohne Rüdiger nicht denkbar, und in Passau kennt man den Bischof Pilgrim des Nibelungenliedes.

Auf den Spuren der Dichtung ergeben sich Grenzfälle, besonders dann, wenn das Epos etwas vorspiegelt, was nicht existiert haben kann, aber in der Meinung heutiger Menschen bestanden hat. Wenn man zum Beispiel in Passau jene Stelle aufsucht, wo nach dem Nibelungenlied

der Innfluß mündend in die Donau niedergeht,

dann hört man von Ortsansässigen: »Da drüben hatten die Burgunder ihre Zelte aufgeschlagen!« Daß Gunther und seine Männer niemals die Donau bei Passau sahen, daß die Nibelungen nie die nach ihnen benannte Straße gezogen sind, das ist zwar bekannt. Das bessere Wissen wird aber von der Dichtung überlagert.

Im Nibelungenlied sind die Kapitel mit Aventiure überschrieben, was Abenteuer oder Wagnis bedeutet. Aventiure ist ein Stichwort für jene Zeiten, in denen die Herausforderung an den Menschen und die Rätsel der Umwelt groß waren. Aventiure kann auch ein Motto dieses Buches sein. Wenn das Nibelungenlied im allgemeinen 39 »Abenteuer« umfaßt, dann soll dieser Bericht über die Fahrten in die europäische Vergangenheit — mit dem Nibelungenlied als Reiseführer — das 40. Abenteuer sein.

I. Abschnitt

DIE HANDSCHRIFTEN

1. »Diese alten Gedichte sind keinen Schuß Pulver werth«

Beim Grafen von Waldburg-Zeil · Obereits sensationeller Fund · Friedrich der Große: Elendes Zeug · Die Wende · Goethe: Jedermann sollte es lesen · In der Hofbibliothek von Donaueschingen.

Der Reisende, der am Ostende des Bodensees nach Süden fährt, gelangt, wenn er dem breiten Rheintal folgt, bald nach Hohenems. Die Touristen machen hier selten halt, ihr Weg führt sie weiter nach Innsbruck oder in die nahe Schweiz nach St. Gallen. Dennoch ist Hohenems ein gefälliger Ort, überragt von der Gebirgskulisse der Vorarlberger Alpen, die sich gleich hinter dem Ort aufrecken.

Auf diesen Bergen baute man das alte Hohenems, heute eine zerfallene Burg. Die Festung wurde nie durch Kriegswirren zerstört. Man machte sie zum Steinbruch, während die Grafen von Hohenems sich im Dorf ansiedelten. Burgen waren militärisch nutzlos geworden. Da auch die weiten Wege auf die Höhen schreckten, ließen sich die Grafen im Tal von dem italienischen Architekten Alberto Longo im Renaissancestil ein Schloß errichten. Man schrieb das Jahr 1560, und 1620 war der Bau beendet. Das Schloß, in drei Etagen hochgezogen, von zwei quadratischen Türmen flankiert, steht noch. Es ist im Besitz des Grafen von Waldburg-Zeil.

Das Schloß hat in der Nachkriegszeit gelitten. Soldateneinquartierung und anschließende Privatbelegung sind ihm nicht dienlich gewesen. Im Innenhof lagerten jahrelang große Schuttmassen. Auch hatten die vorübergehenden Bewohner wenig Respekt vor Möbeln oder Waffen der Vergangenheit. Aus der Bibliothek pflegten sie Folianten zu greifen, um damit die Kamine zu beheizen. Doch in der Bibliothek sind immer noch manche Pergamenthandschriften geblieben und Drucke aus alter Zeit. Sie lagern in Holzregalen, die auf die Schloßgründung zurückgehen. In diesen Regalen hielt die Nibelungenschrift einen langen Dornröschenschlaf.

»Sie ist allerdings nicht hier, nicht in der jetzigen Bibliothek, aufgefunden worden«, sagt der junge Herr von Waldburg. Der Graf führt uns über eine breite Stiege nach unten, in den Hof und dann zu ebener Erde in eine Art Keller, der sein Licht aus einem Nebengelaß erhält. Hier lag im 18. Jahrhundert das Archiv. Anschließend, wir sind in den Südturm eingetreten, war früher die Bibliothek der Herren von Hohenems, heute ein großer hellgestrichener Raum mit Gewölbedecken und vier vergitterten Fenstern.

»Hier muß die Handschrift 1755 entdeckt worden sein. Damals waren ringsum die Regale aufgestellt, die Sie oben gesehen haben.«

Als wir den Schloßgarten durch ein schmiedeeisernes Tor verlassen und den Marktplatz betreten, sprudeln in der Mittagsglut vor uns die Wasser des Nibelungenbrunnens, den man 1955 zur Zweihundert-Jahr-Feier der Wiederentdeckung der Nibelungenhandschrift errichtet hat.

Von seiner ersten Niederschrift bis zum Anfang des 16. Jahrhunderts hat sich das Nibelungenlied größter Beliebtheit erfreut. Es fand sich auf Höfen und Burgen, es wurde abschnittsweise vorgelesen. Es entsprach der geistigen Einstellung der Ritterzeit und wurde immer wieder mit Sorgfalt abgeschrieben, mit farbigen Vignetten versehen und mit Bildern illustriert. Kapläne oder Schreiber auf den Burgen erledigten diese mühevolle Arbeit, und für manchen war es ein beliebtes Steckenpferd.

Als aber die Ritterzeit zu Ende ging, erlosch das Interesse. Man schenkte den Handschriften keine Beachtung mehr, die meisten gingen verloren. Die wenigen, die übrigblieben, verstaubten im Dunkel. So war das Epos im 17.

Jahrhundert völlig unbekannt, die Menschen hatten andere Neigungen und Sorgen.

»Es bedurfte eines besonderen Lebens- und Denkkreises«, um die Handschrift wiederzufinden und ihre Bedeutung zu ermessen. Vorbereitet wurde solche Einstellung durch den Schweizer Johann Jacob von Bodmer, Zürcher Professor, Dichter und Journalist, der an der mittelhochdeutschen Dichtung ungewöhnlichen Gefallen fand. Schon 1743 hatte er dargelegt, daß eben diese Poesie bereits im 13. Jahrhundert einen Höhepunkt gewonnen hatte. Er begann eine Suchaktion nach alten Handschriften, die er in Klöstern und Burgen zu finden hoffte. Dabei erfuhr Bodmer, daß zu Hohenems, in Innsbruck und in Bregenz alte Handschriften lagern sollten. Aber trotz jahrelangen Bemühens blieb das Schloß von Hohenems zunächst unergiebig.

Da machte sich am 29. Juni 1755 ein Arzt aus Lindau, Jakob Hermann Obereit, ein Freund Bodmers, auf den Weg nach Hohenems, erhielt vom Verwalter, Oberamtmann Wocher, die Genehmigung, Bibliothek und Archiv zu besichtigen, betrat den Südturm des Schlosses und zog, ohne lange suchen zu müssen, eine Handschrift des Nibelungenliedes mit dem anschließenden Gedicht der Klage sowie ein anderes Werk aus den Beständen. Obereit schrieb am folgenden Tag an Bodmer:

»Eben gestern habe ich unvermuthete Gelegenheit bekommen, eine kurze Reise nach Hohen-Ems zu machen, woselbst heute unter andern die Bibliothek in Augenschein genommen, und so glücklich gewesen, daß ich fast unter den ersten Büchern, so in die Hände bekommen, zwei alte eingebundene pergamentene Codices von altschwäbischen Gedichten gefunden, darvon der eine, sehr schön deutlich geschrieben, einen mittelmäßig dicken Quartband ausmacht, und ein aneinanderhangend weitläufig Heldengedichte zu enthalten scheint, von der burgondischen Königin oder Princessin Chriemhild, der Titel aber ist ›Adventure von den Gibelungen‹, und das ganze Buch ist in Adventuren als in Capitel oder viel mehr Sectionen eingetheilt. Dis Buch ist noch meist in recht gutem Stande. Das andere ist ein kleiner Quartband und scheint gleichermaßen ein ganzes, aber geistliches Heldengedicht zu enthalten...«

Ein Jahr später erschien in den Zürcher »Freymüthigen Nachrichten« die ersten Hinweise über die Auffindung der Nibelungenhandschrift. 1757 gab Jacob von Bodmer einen Teil des Liedes bei Orell und Comp. in Zürich heraus. Er wählte den Titel: »Chriemhildens Rache und die Klage, zwey Heldengedichte aus dem schwäbischen Zeitpuncte.«

Im Vorwort wird zwar der Oberamtmann Wocher erwähnt, aber der eitle Bodmer verschwieg den Namen Obereit, obwohl dieser die Handschrift entdeckt hatte.

Bodmer war vom Nibelungenlied fasziniert. Er betrachtete es als bedeutende Schöpfung der Weltliteratur und wertete es zum Teil höher als die Epen Homers. Er meinte, jedermann müsse mit ihm der Meinung sein und hoffte auf ein starkes Echo. Doch das Echo blieb aus.

Aus Bodmers Kreis setzte ein anderer Zürcher die begonnene Arbeit fort. Christoph Heinrich Müller fand in Hohenems ein zweites Pergament, das später unter der Chiffre A als Hohenems-Münchener Handschrift bekannt werden sollte. Müller wagte seinerseits eine Veröffentlichung, die eine erste vollständige Ausgabe darstellte. Er nannte sie: »Der Nibelunge Liet, ein Rittergedicht aus dem XII., XIII. und XIV. Jahrhundert.« Die Publikation erschien in einem Sammelband, der noch andere deutsche Epen enthielt.

Der Herausgeber, der seine Schweizer Heimat aus politischen Gründen verlassen hatte und als Professor nach Berlin gegangen war, zeigte eine gewisse Verehrung für

Friedrich den Großen und meinte, der geistig aufgeschlossene Preußenherrscher müsse die Handschriften zu würdigen wissen. Nun war König Friedrich zwar literarisch engagiert, aber ihn beschäftigten die Auseinandersetzungen der englisch-französischen Aufklärung. Die deutsche Literatur, ob alt oder jung, verachtete er. Das Nibelungenlied erschien ihm plump, naiv und einer Problematik zugehörig, die einem Menschen seiner Zeit nichts zu geben vermochte. Darum schrieb er an Müller, der ihm ein Exemplar des Druckes zugesandt hatte:

»Hochgelahrter, lieber getreuer. Ihr urteilt viel zu vorteilhaft von denen Gedichten aus dem 12., 13. und 14. Seculo, deren Druck ihr befördert habet und zur Bereicherung der Teutschen Sprache so brauchbar haltet. Meiner Meinung nach sind solche nicht einen Schuß Pulver werth und verdienen nicht aus dem Staube der Vergessenheit gezogen zu werden. In meiner Büchersammlung wenigstens würde ich dergleichen elendes Zeug nicht dulten, sondern herausschmeißen. Das Mir davon eingesandte Exemplar mag dahero sein Schicksal in der dortigen großen Bibliothec abwarten. Viele Nachfrage aber verspricht solchem nicht Euer sonst gnädiger König Frch.

Potsdam, d. 22. Februar 1784.«

Kaum anders reagierte Goethe, dem Müller ebenfalls ein Exemplar des Druckes zugestellt hatte. Der damals bereits anerkannte Dichter befaßte sich zu dieser Zeit mit der antiken Welt und mit naturwissenschaftlichen Forschungen. Ein Nibelungenlied lag nicht in seinem Interessenkreis.

Es sollte mehr als zwanzig Jahre dauern, bis das Lied mit anderen Augen angesehen wurde. Inzwischen hatte sich eine geistesgeschichtliche Wandlung vollzogen. Aufklärung und Klassizismus waren abgelöst worden von der Romantik. Das Pendel des Zeitgeistes war von den Thesen des Rationalismus und klassischer Kunst ausgeschlagen zu den Antithesen Unendlichkeitsdrang, Gefühl und Volkstümlichkeit. Die frühe Geschichte der Völker und ihre Literaturen wurden untersucht. Man entsann sich der Märchen und Volkssagen; Literaturwissenschaft und Germanistik wurden begründet.

Als zu diesem Zeitpunkt eine neuerliche Ausgabe des Nibelungenliedes erfolgte, und zwar von dem Berliner Professor und Germanisten Friedrich Heinrich von der Hagen, war mit einem Schlage die Situation verändert. Das 1807 herausgegebene Werk »Der Nibelungen Lied« wurde ein ungewöhnlicher Erfolg. Man las es überall. Es traf den Kern der neuen geistigen Bestrebungen.

Jetzt zeigte sich auch Goethe interessiert. Wie seine Zeitgenossen war er dem Umbruch, der sich auf allen Gebieten vollzog, gefolgt. Er hatte gerade den Faust, I. Teil, beendet und arbeitete an den Wanderjahren. Er hatte Bettina und Clemens von Brentano kennengelernt, und der Besuch Wilhelm Grimms stand bevor.

Als er nun die Nibelungen las, war er von dem Werk beeindruckt und schrieb am 18. Oktober an Heinrich von der Hagen: »Das Lied der Nibelungen kann sich, nach meiner Ansicht, dem Stoff und Gehalte nach, neben alles hinstellen, was wir poetisch Vorzügliches besitzen.«

Weitere zwanzig Jahre hindurch hat sich Goethe mt den Nibelungen beschäftigt, und es mag sein, daß er sogar die Absicht hatte, die Sage als literarischen Vorwurf zu wählen. Dafür spricht, daß er das Nibelungenlied nicht nur mehrfach las, sondern ein Personenverzeichnis anfertigte, Untersuchungen über die dichterische Qualität und poetische Fehlleistungen anstellte, sich mit den genannten Orten befaßte und mit der Geschichte des frühen Mittelalters.

Von November 1808 bis Januar 1809 versammelte er sogar jeden Mittwochnachmittag einen Damenkreis, las ihm das Epos vor und kommentierte es. Damals meinte er: »Der Wert des Gedichtes erhöht sich, je länger man es betrachtet, und es ist wohl der Mühe wert, daß man sich bemühe, seinen Verdienst aufs Trockene und ins Klare zu setzen.«

Als der Germanist und Dichter Karl Simrock 1827 eine Übersetzung des Gedichtes ins Hochdeutsche vorlegte, die Goethe erneut eingehend las, stellte er fest: »Jedermann sollte es lesen, damit er nach dem Maß seines Vermögens die Wirkung davon empfange.«

Zu diesem Zeitpunkt waren noch andere Handschriften gefunden worden. Jakob Grimm hatte 1812 das Hildebrandslied entdeckt, 1815 war der Beowulf aufgespürt worden und 1820 das Kudrunlied. Damit war die Serie aber nicht beendet. 1830 folgte der altsächsische Heliand, und 1835 fand der junge literarische »Detektiv« aus Frankreich Francisque Michel in der Bodleiana zu Oxford das Rolandslied. »Eine ganze Welt, die seit dem Mittelalter im Staub der Klosterbibliotheken gelegen hatte, kam jetzt ans Tageslicht.«

Was aber ist aus der Hohenemser Handschrift geworden, die Obereit 1755 gefunden und mit der er den Anstoß zu dieser Entwicklung gegeben hatte?

»Eine meiner Vorfahren«, so berichtet Graf Waldburg-Zeil, »Maria Walburga Waldburg-Zeil-Hohenems, hat sie um 1790 an einen Professor Dr. Schuster in Prag weitergegeben. Sie hat das Nibelungenlied einfach weggeschenkt. Jahre danach, auf dem Wiener Kongreß, wo man durchaus nicht nur Politik gemacht hat, sondern vielfältigen Neigungen nachging, erstand es Freiherr von Lassberg aus Meersburg für einen Preis von 250 Gulden. Dann gelangte das Manuskript an den Fürsten von Fürstenberg in Donaueschingen, wo das Original in den dortigen Sammlungen ruht.«

Diese Sammlungen sind in einem alten Haus in Donaueschingen untergebracht. Die Hofbibliothek, reich an Handschriften und Inkunabeln, verfügt insgesamt über 200 000 Bände und gehört noch heute dem Fürsten. Unter den Handschriften, von denen die älteste bis auf das Jahr 780 zurückgeht, ist das Nibelungenlied die bedeutendste. Es wird in einem Stahltresor aufbewahrt und ist im allgemeinen nicht zugänglich.

Manchmal macht man eine Ausnahme. Uns verwehrt man die Einsicht nicht. Und so liegt das Nibelungenlied vor uns, in seinem braunen Ledereinband, von Wurmstichen durchlöchert, wie es sich für ein so altes Werk gehört. Der Deckel ist etwa 25 Zentimeter hoch und rund 18 Zentimeter breit, der Rücken mißt 4,5 Zentimeter. In den braunen Lederüberzug wurde ein einfaches Strichornament eingeritzt.

Auf der ersten Seite findet sich der Hinweis: »Hainrichen Durricher ist daz Buch.« Er war einer der Vorbesitzer, ein vielbelesener und gebildeter Ratsherr der Stadt Memmingen, der um 1450 gelebt hat. Auf der folgenden Seite beginnt mit großer Initiale in blauer und roter Farbe der Text: »UNS IST in alten maeren...« Darüber liest man in kleiner Schrift »Aventiur von den Nibelungen«. Rechts oben hat Freiherr von Lassberg seinen Stempel aufgedrückt.

Lassberg, Germanist und Privatgelehrter, lebte ausschließlich der Erforschung und Herausgabe altdeutscher Literaturdenkmäler. Er war in Donaueschingen geboren, unterhielt enge Beziehungen zu den dortigen Fürsten und lebte später auf der Meersburg. Er war der Schwager der Dichterin Annette von Droste-Hülshoff. Im Laufe seines Lebens hatte er eine umfassende Bibliothek mit mittelalterlichen Handschriften erworben, darunter war das Nibelungenepos der größte Schatz. Einige Jahre vor seinem Tod verkaufte Lassberg seine Manuskripte an den

Fürsten zu Fürstenberg, um seine Familie wirtschaftlich zu sichern. Die Handschriften gelangten 1855 nach Donaueschingen. Damit wurde die dortige Hofbibliothek zu einer der bedeutendsten Quellensammlungen mittelhochdeutscher Literatur.

Wer Sinn für Überkommenes hat, wird diese Handschrift mit Spannung durchblättern. Unter den drei unterschiedlichen Texten des Nibelungenliedes ist dies die älteste erhaltene Niederschrift, die etwa zwischen 1210 und 1220 datert werden kann. Andererseits stellt es jedoch die jüngste Textfassung dar.

Vor mehr als 700 Jahren hat sich ein Unbekannter mit dem Federkiel an die Arbeit gemacht. Er benutzte eine Vorlage und zeichnete und malte jeden Buchstaben, jedes Wort. Vorher hatte er feine Linien gezogen, die noch erkennbar sind, um ein gleichmäßiges Schriftbild zu gewinnen. Er hat sich unendliche Mühe gemacht. Wieviel Zeit mag er darauf verwandt haben — Monate, Jahre? Und wo mag das Buch entstanden sein? In den Klosterschulen von St. Gallen, von Fulda oder der Reichenau? Wahrscheinlicher ist, da es sich um einen weltlichen Text handelt, daß ein Schreiber auf einer Burg die Arbeit vornahm.

»Wieviel mag das Buch wert sein?« fragen wir die Bibliothekarin Dr. Erna Huber.

Sie zuckt die Achsel. Solch Werk wird nicht auf Auktionen veräußert, und eine Bemessung in sechs- oder siebenstelligen Zahlen besagt nichts; der Wert der Handschrift ist nicht in barer Münze aufzuwiegen.

Der Donaueschinger Foliant, der solche epochale Wirkung ausgelöst hatte, gilt als Handschrift C des Nibelungenliedes. Die Handschrift A, die kürzeste, von Müller in Hohenems entdeckt, wird in München ausgestellt. Die Handschrift B, die dem Original am nächsten kommt und Karl Simrock bei seiner Übertragung als Vorlage diente, ruht in einer Glasvitrine in der Stiftsbibliothek von

St. Gallen. Sie ist Teil eines besonders prächtigen Bandes, in dem auch der Parzival, der Willehalm von Wolfram von Eschenbach und Karl der Große von Stricker aufgezeichnet sind.

Abgesehen von den drei Grundfassungen des Liedes wurden mehrere Fragmente der Handschrift gefunden. Insgesamt liegen fast 40 Manuskripte vor. Noch Ende der dreißiger Jahre dieses Jahrhunderts kamen zwei Bruchstücke zutage.

Wir reichen das Nibelungenlied zurück. Die Bibliothekarin schließt den Panzerschrank auf und legt die Handschrift an ihren Platz. Zum Weiterschlaf? Doch das Epos hält keinen Dornröschenschlaf mehr. Längst wurde es in Millionen von Druckexemplaren verbreitet.

II. Abschnitt

DAS KÖNIGREICH BURGUND

2. Von Burgundarholm nach Worms

Im 2. Jahrhundert v. Chr. packte die Burgunder die Reiselust · Vorstoß zum Rhein · Der geschichtliche König Gunther · Gab es ein Burgunderreich in Worms? · Doppelniederlage gegen Römer und Hunnen

Mit Selbstverständlichkeit spricht das Nibelungenlied von den Burgundern, die im zweiten Teil des Epos mit den Nibelungen identisch werden. Die Sage erzählt von ihrem Land am Rhein mit der Hauptstadt Worms. Wer waren aber die Burgunder wirklich, und woher kamen sie? Wohin führten ihre Wanderungen, und wo sind sie verschollen? Ihr Zug durch die Geschichte und ihre Staatsgründungen sind für die Deutung des Liedes nicht unerheblich, vorausgesetzt, daß eine tatsächliche Beziehung zwischen den Burgundern und dem Epos bestanden hat und ihr Name nicht später willkürlich und zufällig übernommen wurde.

Die Heimat der Burgunder ist Skandinavien. Sie sind lange Zeit auf der Ostseeinsel Bornholm ansässig gewesen, und in diesem Wort steckt auch noch ihr Name. Früher war der sprachliche Zusammenhang klarer. In angelsächsischen Quellen aus dem 9. Jahrhundert heißt die Insel Burgund, ihre Bewohner werden Burgendan oder Burgendas genannt. Die Einheimischen sprechen 1245 von Burgundarholm, die Dänen 1299 von Burghundarholm, und bei den Isländern war Bornholm als Burgundarholmr bekannt. Wahrscheinlich haben die Burgunder aber nicht nur die Insel besiedelt, sondern auch andere Landschaften Skandinaviens.

Wann sie in den Norden gelangt sind oder ob dieser ihre Urheimat war, ist unbekannt. Im 2. Jahrhundert v. Chr. jedoch hat sie entweder die Reiselust gepackt, oder die Weidegründe genügten nicht, oder sie wurden von anderen Völkern zu ihrer Wanderung gedrängt; vielleicht hat ihnen auch das Klima im Norden nicht behagt.

Jedenfalls setzten sie in mehreren Wellen zum südlichen Festland über und benutzen als Einfallstore Oder und Weichsel. Auf der Weltkarte von Ptolemäus sind sie landeinwärts der beiden Flußmündungen eingezeichnet. Sie drangen später über Netze und Warthe bis zum Weichselbogen vor, waren aber auch in Schlesien und Brandenburg ansässig, worüber Funde Auskunft geben.

Trotz der Menschenleere jener Gebiete lebten sie nicht immer friedlich, sie mußten sich in harten Kämpfen behaupten. So berichtet der Gote Jordanis, der Geschichtsschreiber des 6. Jahrhunderts, von einer Schlacht mit den Gepiden, die ostwärts der nördlichen Weichsel lebten, und unter ihrem König Fastida den Burgundern eine schwere Niederlage beibrachten. Einige Stämme wanderten daraufhin nach Südosten ab und gelangten bis zum Schwarzen Meer.

Die zeitliche Festlegung der Ereignisse ist schwierig, man findet widersprüchliche Angaben. Es scheint jedoch so gewesen zu sein, daß im zweiten nachchristlichen Jahrhundert der Hauptstamm der Burgunder eine Westwanderung antrat, während andere Stämme noch zwischen Oder und Weichsel verblieben. Der Vorstoß führte nach manchem Umweg in die Maingegend und südlich davon. Dabei kam es mit den germanischen Alemannen, die ebenfalls auf der Westwanderung waren, zu Konflikten um politischen Einfluß, um Siedlungsgebiete und um die damals wichtigen Salzquellen von Schwäbisch-Hall. Die Nachbarschaft mit den Alemannen blieb auch in Zukunft ein wesentlicher Faktor der burgundischen Geschichte. Die Beziehungen waren immer gespannt.

Diese Tatsache versuchte nun jene Macht auszuspielen, die zwar seit Jahrhunderten Weltmacht war, sich aber im 4. Jahrhundert durch die Unruhe, die Ost- und Mitteleuropa ergriffen hatte, bedroht fühlte: Westrom. Schon 330 hatte sich die östliche Reichshälfte mit der Hauptstadt Konstantinopel abgesplittert. Nun drohten Hunnen und Germanen an Rhein und Donau. Rom versuchte, mit Diplomatie und mit seinen Legionen den Gefahren zu begegnen.

Rom wollte zur Sicherung seiner Grenzen auch die Feindschaft zwischen Burgundern und Alemannen ausnutzen. Es plante mit Unterstützung der Burgunder einen Feldzug gegen die Alemannen. Als die Burgunder nun mit großem Aufgebot 369/70 den Rhein erreichten, wie es mit dem römischen Kaiser Valentinian I. ausgemacht worden war, erschien den Römern diese Heerschar jedoch zu gewaltig. Die Burgunder wurden nach Hause geschickt und zogen sich, wenn auch murrend und widerstrebend, noch einmal zurück. Auf die Dauer aber war es unmöglich, sie hinter dem Limes auszusperren, denn so stark waren Mauern, Gräben und Wachttürme dieses Grenzwalles nicht.

Die Burgunder schoben sich auf Kosten der Alemannen weiter nach Westen vor, und zusammen mit Vandalen, Alanen und Sueben durchstießen sie am letzten Tag des Jahres 406 die Rheinlinie. Es war ein Ereignis von historischer Tragweite. Das Tor zum Westen wurde aufgestoßen.

Doch die Burgunder traten nicht als Sieger auf, sie wurden Föderaten Roms. Nach einem mit Konstantin III. geschlossenen Vertrag waren sie verpflichtet, an der Reichsverteidigung teilzunehmen und Kontingente für die römischen Legionen zu stellen. Nach der Aussage eines zeitgenössischen Schriftstellers wurde ihnen im Jahre 413 ein Teil des östlichen Galliens zugewiesen, die genaueren Grenzen sind nicht bekannt.

Dies ist das Burgunderreich des Nibelungenliedes, das uns verschiedentlich beschäftigen wird. Es war von kurzer

Dauer: Es bestand bis 443 n. Chr., vielleicht sogar nur bis 435/36, den Jahren einer Doppelniederlage der Burgunder gegen Römer und Hunnen.

König war Gundahar aus dem Geschlecht der Gibiche, das Gibich begründet hatte. Gundahar, der Gunther der Sage, war kein weichlicher, unentschlossener Herrscher, wie das Epos ihn darstellt. Er hatte vielmehr die Absicht, Burgund auszuweiten und einen starken Staat zu schaffen. Aber dafür war das Volk nicht groß genug, und die geographische Lage des Burgunderreiches war zu sehr gefährdet. Zahlreiche, mächtige und kluge Feinde umgaben Gundahars Reich.

Nach dem Epos lebte Gunther mit seinen Brüdern Gernot und Giselher und seiner Schwester Kriemhild zu Worms. Im Nibelungenlied heißt es:

Es wuchs in Burgunden solch edel Mägdelein,
daß in allen Landen kein schöneres mochte sein.
Kriemhild war sie geheißen, sie ward ein schönes Weib,
um die viele Degen mußten verlieren Leben und Leib.
Es pflegten sie drei Könige, edel und reich:
Gunther und Gernot, die Recken ohne gleich,
und Giselher, der junge, ein auserwählter Degen;
sie war ihre Schwester, die Fürsten hatten sie zu pflegen.

So klar wie das Nibelungenlied die Dinge zeichnet, sind sie nicht für den, der die Geschichte befragt. Zwar zweifelt niemand an der Existenz des Burgunderreiches am Rhein. Geht man aber in die Einzelheiten, dann wird vieles unsicher.

Manche Forscher meinen, Burgund habe am Niederrhein gelegen, und sie stützen sich dabei auf den griechischen Historiker Olympiodor, einen Zeitgenossen Gunthers. Olympiodor berichtet, die Burgunder seien daran beteiligt gewesen, den römischen Gegenkaiser Jovinus zu krönen; dies sei in Mundiacum in Germania II gewesen. Einige Forscher wollen nun aus diesem Namen auf die Orte Mündt oder Müntz bei Düren schließen, auf Montzen bei Aachen; andere haben in Mundiacum das frühere Moguntiacum wiedererkannt, das heutige Mainz.

Mündt, Müntz oder Montzen scheiden aus, in solch unbedeutenden Orten wäre eine Kaiserwahl kaum denkbar gewesen. Mainz käme in Betracht. In Mainz und Umgebung sind tatsächlich Burgundergräber aufgedeckt worden, in denen Waffen, Ring- und Perlenschmuck und Keramik gefunden wurden. Die meisten Funde sind eindeutig burgundisch, vor allem eine große Gürtelschnalle aus Mainz-Kostheim. Solche Gürtelbeschläge waren der Hauptschmuck der Burgunder, der in der folgenden Zeit noch verfeinert wurde. Gürtel spielten bei den Burgundern eine magische Rolle, wovon auch das Nibelungenlied berichtet (siehe Seite 56/57).

Die Funde bestätigen jedoch nicht Mainz als Krönungsort, und sie bringen keinen Beweis dafür, daß es die Hauptstadt Gunthers war. Im übrigen sind auch in der Nähe von Worms Burgundergräber entdeckt worden.

Wenn man Worms nach Osten verläßt und am Rosengarten südlich abbiegt, erreicht man kurz vor Lampertheim den Altrhein. Hier wurde 1934 ein Gräberfeld freigelegt, das auf eine burgundische Siedlung hindeutet. In 56 Gräbern wurden Urnen, Skelette und Brandgruben festgestellt.

Der Archäologe Friedrich Behn (10), der die Ausgrabungen geleitet hat, registrierte sorgfältig die einzelnen Stücke: Schüsseln, Schalen, Urnen, Pfeilspitzen, Beile, Fibeln, Becher, Ringe, Schnallen, Glasperlen, Schwerter usw. Er schreibt: »Es handelt sich bei den Lampertheimer Funden nicht um Einzelgräber als verstreute und zufällige Zeugen germanischer Wanderungen, sondern um ein Gräberfeld, in dem Männer, Frauen und Kinder während rund eines Menschenalters beigesetzt worden sind, also um die Hinterlassenschaft einer Siedlung.«. Es muß allerdings eine ärmliche Bevölkerung gewesen sein. Schmuck und Waffen wiesen keine Verfeinerung der Technik auf.

Behn befaßte sich auch mit Gunthers Reich und seiner Hauptstadt. Nachdem er festgestellt hat, daß nur der Ausgräber bei dieser strittigen Frage entscheiden könne, gelangte er zu dem Schluß:

»Er hat entschieden zugunsten des im mittelhochdeutschen Heldenlied verewigten Burgunderreiches in Worms, das mit Recht den Namen der Nibelungenstadt trägt.«

Hat der Spaten wirklich entschieden? Behn datiert die Siedlung ins zweite Drittel des 4. Jahrhunderts. Zu diesem Zeitpunkt war aber der große Vorprall der Burgunder an den Rhein noch nicht erfolgt. Gunther konnte also damals Worms noch nicht zur Hauptstadt gemacht haben. Das Gräberfeld von Lampertheim ginge somit wahrscheinlich auf den burgundischen Vorstoß von 369/70 zurück.

Jedenfalls verstummt die Kritik nicht. Dabei ist auch die Meinung zu hören, das Worms der Sage sei überhaupt nicht festzulegen, darum nicht, weil es sich ausschließlich um ein literaturgeschichtliches Problem handele, nicht um ein geographisches. In der ursprünglichen Dichtung sei zwar eine Königsburg am Rhein erwähnt worden, aber ohne Ortsbezug. Der Name sei erst später dazugekommen (98).

Der Streit um Worms ist nicht beendet. Es ist fraglich, ob er jemals abschließend behandelt werden kann, es sei denn, man stieße auf neue, entscheidende Hinweise. Die Frage, ob es ein Burgunderreich in Worms gegeben hat, ist sicherlich eine Doktorarbeit wert. Dazu hat der heutige Studienrat Peter Wackwitz (165) das Problem auch im wahrsten Sinne des Wortes gemacht, und das Ergebnis seiner Dissertation lautet:

»Die Vorstellung vom Burgunderreich in Worms ist als Möglichkeit nicht auszuschließen. Man kann wohl auch manches Wahrscheinlichkeitsmoment für sie vorbringen. Am Schluß der Untersuchungen werden wir feststellen müssen, daß sich die Frage nicht klar mit ›ja‹ oder ›nein‹ beantworten läßt. Olympiodor bezeugt zwar, daß der Burgunderkönig Guntiarius (Gundahar) im Jahre 411 in der Provinz Germania II tätig gewesen ist. Das schließt jedoch nicht aus, daß sein Volk gleichzeitig oder wenigstens späterhin im Raum von Worms angesiedelt war... Gab es ein Burgunderreich in Worms? Vielleicht! Wahrscheinlich!«

Wo immer er genau gelegen haben mag: Dieser Staat am Rhein hatte seine Macht überschätzt. Als Gunther die Grenzen des Landes weiter nach Westen vorverlegen wollte, mußte er auf den Widerspruch der Römer stoßen. Zwar wankte deren Reich, aber mit diplomatischer Meisterschaft und der verbliebenen Kraft ihrer Legionen versuchten sie zu retten, was zu retten war. Als Gunther 435 einen Feldzug in die Provinz Belgica I unternahm, trat ihm der römische Feldherr Aetius entgegen, besiegte Gunther in offener Feldschlacht und zwang ihn zum Frieden.

Das war der Beginn einer Tragödie. Im folgenden Jahr fielen die Hunnen über das Burgunderreich her, wahrscheinlich im Einvernehmen mit den Römern, wenn nicht sogar in deren Auftrag. Der Hunnenkönig Attila wird den Befehl gegeben haben, war aber selbst bei den Kämpfen nicht zugegen. Jedenfalls war es ein grausames Gemetzel, bei dem die Burgunder bis auf den letzten Soldaten niedergemacht wurden. Nach zeitgenössischen Quellen waren es 20 000 Mann, was sicherlich zu hoch gegriffen ist, so wie die meisten damaligen Zahlen nach unten zu korrigieren sind. In dieser Schlacht fand König Gunther den Tod.

Die Doppelniederlage am Rhein von 435/36 haben die Burgunder als Volk jedoch überstanden wie manche andere Katastrophe zuvor. Es war ein Stamm von großer Zähigkeit. Er lebte noch einige weitere Jahre am Rhein, jetzt in voller römischer Abhängigkeit. Aetius hielt es aber aus verschiedenen Gründen nicht für angebracht, die Stämme, die sich schnell regenerierten, an ihren Siedlungsplätzen zu belassen. Darum veranlaßte er 443 eine Auswanderung. Die Burgunder wurden umgesiedelt und erhielten neuen Lebensraum in der Sapaudia, am Genfer See und an der Rohne.

So hat das Wormser Reich der Burgunder nur eine Generation bestanden. Darum ist es nicht erstaunlich, daß die geschichtlichen Quellen weitgehend versagen und die archäologischen Funde gering sind.

Die Stadt hat aber zu einer bestimmten Zeit die Sänger stark beschäftigt, denn Worms taucht in verschiedenen Heldenliedern auf. Im Rosengarten, einem mittelhochdeutschen Epos aus dem Kreis der Sagen um Dietrich von Bern, heißt es:

Eine Stadt liegt an dem Rheine, die ist so wonnesam und ist geheißen Worms, die kennet mancher Mann.

Das Waltharilied, eine Heldensage in lateinischer Sprache aus dem 9. oder 10. Jahrhundert, berichtet:

Worms mit Namen, als Sitz der Königsherrschaft erstrahlend.

Und im Nibelungenlied lesen wir:

Zu Worms am Rheine wohnten die Herren in ihrer Kraft. Aus ihren Landen diente viel stolze Ritterschaft.

Die Bedeutung, die Worms in diesen Versen zugesprochen wird, hat es zur Zeit der Burgunder nicht gehabt, wohl in den folgenden Epochen. Die Merowinger bauten hier um 600 ihre Pfalz. Rund hundert Jahre später hielt der Hausmeier Pippin II. in Worms die erste Volksversammlung ab. Dann wurde die Stadt einer der Hauptsitze der Karolinger. Noch später erwuchs sie zu einem Zentrum Europas.

Diese außerordentliche Bedeutung im Mittelalter hat dann dazu geführt, daß das frühere Worms, das Worms als Königssitz der Burgunder, nicht vergessen worden ist.

3. Die magischen Gürtelschnallen

*Marsch zum Genfer See · Die Kraft der römischen Kultur ·
König Gundobad in der Genfer Altstadt · Das Geheimnis
der Arnegunde · Brünhilds »breiter Gürtel« · In der
Schatzkammer von St. Maurice · König Sigismund als
Sohnesmörder*

Ein unübersehbarer, langer Zug bewegte sich im Jahre 443 vom Mittelrhein stromaufwärts. Offene und überdeckte Wagen und Karren, vollgepackt mit Hausrat aller Art, mit Gerät und Futter; dazwischen hockten Frauen und Kinder. Auch Herden von Rindern, Pferden, Ziegen und Schafen zogen nach Süden; daneben rannten und kläfften die Hunde. Am Anfang, in der Mitte und am Ende des Trecks hatten Fußvolk und Reiter in Waffen die Sicherung übernommen und achteten darauf, daß Mensch und Tier Schritt hielten. An die 20 000 linksrheinische Burgunder — die rechtsrheinischen blieben zurück — begaben sich auf eine neue Wanderung, nachdem ihre Vorfahren schon Tausende von Kilometern durch Europa gezogen waren. Es war eine jener Umsiedlungen oder Volksvertreibungen, die die Geschichte so häufig verzeichnet — die »zivilisierte« Neuzeit nicht ausgenommen.

Für Rom waren die Burgunder trotz ihrer Dezimierung nach den Schlachten von 435/36 ein unsicheres Element. Am Genfer See, in der Sapaudia, dem heutigen Savoyen, schienen sie besser eingebaut in den Vielvölkerstaat des Imperiums; hier sollten sie Wachaufgaben gegenüber den Alemannen übernehmen. Rom wünschte es so. Römer nahmen auch teil an dem Zug in den Süden, darunter Senatoren, Beamte und Offiziere, die darauf achteten, daß keine Schwierigkeiten zwischen Durchreisenden und Anwohnern entstanden. Der Genfer und der Neuenburger See sowie der Oberlauf der Rhone waren das Ziel. Genava, das heutige Genf, sollte die Hauptstadt werden.

Der Einsatz römischer Beamter war auch an Ort und Stelle erforderlich, denn die Neuankömmlinge erschienen nicht als Sieger, die sich nehmen konnten, was sie wollten. Sie mußten im Frieden möglichst störungsfrei eingebaut werden in das Gesellschaftssystem derer, die bereits dort ansässig waren. Dazu hatte man in Worms einen Vertrag geschlossen, der die Einzelheiten festlegte.

Der Landbesitz, vor allem die großen Latifundien, wurden neu verteilt, was wahrscheinlich in Form einer Verlosung geschah. Auch wurden zahlreiche Rodungen unumgänglich. Dabei blieb das Sozialgefüge der Burgunder erhalten: Es gab den Adel in dreifacher Abstufung, ferner die Freigelassenen, die Halbfreien und die Sklaven.

Die Burgunder waren zwar unter dem Druck Roms gekommen, aber sie sollten dennoch die neuen Herren am Genfer See werden. Sie stellten den König, der nach dem Tode Gunthers nicht mehr aus dem Haus der Gibiche kam. Es war Gundowech, auch Gundioc genannt, der bis 470 regierte. Die äußerlich bevorzugte Stellung der burgundischen Adligen wurde nur dadurch deutlich, daß sie in der Rangfolge vor den älteren Einheimischen genannt wurden. Im übrigen waren beide Völker gleichberechtigt.

Schon beim Eintreffen der Burgunder in der Sapaudia mußte sich aber die Kraft der römischen Kultur und Zivilisation auswirken, eine Tatsache, die später immer mehr an Bedeutung gewinnen sollte. Die Burgunder lernten Latein, sie paßten sich den römischen Sitten an, sie bewunderten die vorhandenen, mächtigen Bauten und griffen auf römische Ratgeber zurück. Das öffentliche Leben, die Verwaltung, das Recht, Münz- und Steuerwesen, die Wirtschaft blieben römisch.

Die Burgunder, die barbarisch-ursprünglich gelebt hatten, konnten einer jahrhundertealten, verfeinerten Kultur nur bedingt Eigenes entgegenstellen. Sie sahen aber auch keinen Grund, das Vorhandene zu zerstören. Sicherlich haben die germanischen Völker auf ihren Zügen durch Europa hier und dort schlimm gehaust, sie haben aber nicht alles in Schutt und Trümmer gelegt. Es lag in ihrem eigenen Interesse, teilzuhaben an den alten, großen Errungenschaften.

»Die neuen Herren der Provinzen, die gotischen, burgundischen, fränkischen Könige, sogar die vandalischen, die gewöhnlich in anderem Rufe stehen, hatten sehr rasch erkannt, daß es ihr eigener Vorteil sei, nach Möglichkeit am Leben zu erhalten, was sie von den alten Ordnungen noch vorfanden. Was sie getrieben hatte, den Dienst des Kaisers, Wohnsitze in den Provinzen zu suchen, war ja vor allem das Verlangen gewesen, den Schutz und die Vorzüge eines großen Kulturstaates zu erlangen.« (38)

In allen Orten der Sapaudia fügte sich burgundische Art bald in die römische Zivilisation ein oder glich sich zumindest an. Besonders galt dies für Genf, in dem Jahrhunderte hindurch der Geist des Imperiums geherrscht hatte, wenngleich dem alten Genava nie eine überragende Rolle zugefallen war.

Wer heute vom See aus die Stadt überblickt, dem prägt sich der sanfte Hügel von Genf ein, mit seiner Kathedrale die Westschweizer Metropole überragend. Es ist jene Stätte, an der die Kelten schon ihr langgestrecktes Oppidum errichtet hatten, die Römer ihre Tempel und das Forum und wo auch die Burgunder den Regierungs- und Königssitz aufschlugen. Die Kontinuität, vorgezeichnet durch geographische Gegebenheiten, blieb bei den Neuankömmlingen gewahrt.

In der Genfer Oberstadt merkt man an allen Ecken und Winkeln, an Straßenzügen und Mauerresten, daß dies der geschichtliche Teil ist. Der Besuch ist lohnender als jener in der Unterstadt, mag diese auch der neueren Politik ihre Impulse gegeben haben.

Das alte Genf wird besonders repräsentiert durch den Platz Bourg de Four, der durch alle Zeiten hindurch eine wichtige Straßenkreuzung und Treffpunkt der Einheimischen und Fremden war. Hier hatten die Römer ihr Forum, und daher kommt auch der Name Bourg de Four. Noch im 12. Jahrhundert war das Wort Forum gebräuchlich, erst danach wurde es abgewandelt. Hier wurden Versammlungen abgehalten und Markt. Die Bauern aus der Umgebung stellten auf dem Platz ihre Wagen ab. Heute findet man rings um den terrassenförmig angelegten Bourg de Four Buchläden, Antiquitätengeschäfte, Gemäldegalerien und kleine Cafés. Im geradezu winzigen Café »La Clémence« treffen sich Studenten.

Blickt man von der »Clémence« über den Platz, dann entdeckt man an der jenseitigen Häuserfront über einem Geschäft die Goldinschrift »Au Roy Gondebaud« — »Zum König Gundobad« — und darüber, als Steinfigur, den König in rotem Mantel und mit einer Goldkrone, auf sein Schwert gestützt. Es ist der Hinweis eines Genfer Bürgers auf den Burgunderkönig Gundobad, der von 480 bis 516 regierte. Seine Residenz lag hauptsächlich in Lyon, während sein Bruder Godegisel in Genf herrschte, aber auch in dieser Stadt war und ist Gundobad ein Begriff. Dafür gab es bis ins vorige Jahrhundert am Bourg de Four einen Beweis. An der damals noch bestehenden römischen Stadtmauer waren über einem rundbogigen Tor zwei Steinblöcke mit einer lateinischen Inschrift eingelassen, die nach Ergänzung einiger Lettern lautet:

(GVNDE)BADVS REX CLEMENTISS(IMVS) ...
EMOLVMENTO PROPR(IO) ...
SPATIO MVLT(IPL)ICAT(O) ...

Über diese Schrift haben Historiker und Latinisten viel nachgedacht, um sie sinnvoll zu übersetzen. Da aber ganze Worte fehlen, blieb sie unklar. Steht die Inschrift in Verbindung mit dem Ausbau der Stadtmauer durch Gundobad? Oder weist sie darauf hin, daß Gundobad nach dem Tode seiner Brüder einziger König von Burgund wurde und damit auch über Genf?

Die Inschrift ist noch im Genfer Museum zu sehen, wohin sie 1840/41 nach dem Abbruch der Stadtmauer gelangte. Die zwei großen Quader sind unter den Arkaden des Hofes aufgestellt. Schwach ist noch die rote Farbe zu erkennen, mit der die in den Stein geritzten Lettern übermalt waren. Beide Blöcke gelten als bemerkenswerter Hinweis auf die Burgunderzeit am Genfer See.

In der Nähe des Bourg de Four ist auch der Burgunderpalast zu suchen. Der schweizer Archäologe Louis Blondel (17) hat ihn in der Straße der »Soleil levant« entdeckt. Hier sind die Burgunder gleich nach ihrer Ankunft in das römische Prätorium eingezogen. Als es im Jahre 500 niederbrannte, wurde der Palast neu erbaut mit Wohn- und Arbeitsräumen, Kanalisation und Warmluftheizung. Der Boden eines geräumigen Prunksaals war mit römischen Mosaiken ausgestattet, die Wände glitzerten von roten, blauen, grünen und vergoldeten Steinen. Eine Kapelle blieb der königlichen Familie und dem Hof vorbehalten.

Die Burgunder, die als Christen in ein christliches Genf gelangten, benutzten die schon bestehenden Kirchen, bauten sie aus und gründeten neue. Fast alle Gotteshäuser, bis auf St. Viktor außerhalb der Stadt, bestehen noch, wenn sie auch mehrfach umgestaltet worden sind: La Madeleine, St. Germain und St. Pierre. Ausgrabungen ergeben immer wieder römische und burgundische Funde, besonders in St. Pierre, der heutigen Kathedrale, die dem Burgunderpalast gegenüberlag.

In St. Pierre fanden die staatlichen und religiösen Feierlichkeiten statt, vielleicht vor jenem römischen Marmoraltar, der im Genfer Kunst- und Geschichtsmuseum zu sehen ist: Die vorhandenen Bruchstücke bilden einen vom Kreuz überragten Paradiesberg, um den sich Schafe und Hirten gruppieren.

Aus jenen Zeiten sind auch Grabinschriften und Sarkophage aus St. Pierre überkommen, darunter ein trapezförmiger, einfach behauener Sarg, in dem ein hoher Würdenträger der Kirche in violetter Kleidung beigesetzt worden war. Als man den Sarkophag öffnete, zerfielen die Gebeine, die Jahrhunderte überdauert hatten, zu Staub. Man nimmt an, daß es die sterblichen Reste des heiligen Maxim waren, der Anfang des 6. Jahrhunderts Bischof von Genf gewesen ist. Der Steinsarg, in zwei Teile gespalten, hat seinen Platz im Museum, neben der Inschrift Gundobads, gefunden.

Römische Kultur war den Burgundern Vorbild. Dennoch haben sie den eigenen Stil nicht aufgegeben; er hielt sich noch lange Zeit, zum Beispiel im Hausbau. Die Häuser wurden aus Holz errichtet, wie es in der skandinavischen Heimat üblich gewesen war und heute noch ist. Holz als Bauelement hatten die Burgunder auf ihren Wanderungen beibehalten, mit Holz bauten sie in Ost- und Mitteldeutschland, in Worms und auch in Genf. Das ist einer der Gründe, warum von den Siedlungen nur wenig überdauern konnte.

Die Zimmerleute waren ein wichtiger Berufsstand; so ist es aus der »Lex Burgundionum« zu schließen, dem burgundischen Gesetz, das Gundobad im Jahre 501 im Königspalast zu Lyon verkündet hat. Zimmerleute errichteten die Wohnhäuser in Stadt und Land, und der damalige Grundtypus ist überraschenderweise noch hier und dort in der Schweiz erkennbar.

»Im Mittelpunkt des Hauses stand die Küche als eine Art Halle mit Zugang und Türen zu allen Räumen; mitten drin ein Herd. Darüber wölbte sich ein mächtiger Rauchfang aus vernuteten Bohlen, nach oben pyramidenförmig auslaufend. An der Mündung dieses sogenannten ›burgundischen‹ Kamins wurden bewegliche Holzklappen angebracht, die man zur Abkehr von Schnee und Regen schließen und zur Beleuchtung der Küche tagsüber öffnen konnte. Solche Häuser kommen heute noch im Simmen- und Saanental vor und werden als ›burgundisch‹ bezeichnet.« (160)

Unter römischem Einfluß gingen die Burgunder zum Steinbau über, was zu einer eigenartigen Erscheinung führte: Die in Holz geschnitzte Ornamentik wurde auf den Stein übertragen. In Genf sieht man als Beispiel ein Flechtband im S-Muster, von dem man glauben möchte, es sei aus Rohr oder Holz geflochten. Erst bei einer Betrachtung aus der Nähe wird ersichtlich, daß es Stein ist. Die Platte wurde bei Abbrucharbeiten der Festungsmauern in der Oberstadt gefunden.

»Die Muster können nur aus der Technik der Holzschnitzerei stammen, die trotz der Materialwidrigkeit in Stein verewigt wurden als untrügliche und dauernde Beweise der altburgundischen Holzschnitzkunst, die das Holzgetäfer nachahmen sollte.« (160)

Genauso eindrucksvoll wird burgundische Art in Bodenfunden dokumentiert. Bei der Suche stützen sich die Archäologen zum Teil auf Ortsnamen, denn Dörfer auf -ens, -ins und inges wie Echallens, Bégnins oder Molinges waren burgundisch. Wertvolle Ergebnisse brachten die Gräber. Aus den Grabbeigaben wird ersichtlich, daß der einfache Burgunderstil von ehedem teilweise erhalten geblieben, teilweise unter dem Einfluß germanischer Nachbarstämme und der römischen Kultur weiterentwickelt und vervollkommnet worden war.

Die Gräber von Bümplitz, Bel Air, St. Sulpice, Fétigny, Elisried und St. Prex brachten eine Vielfalt von Funden:

Fibeln aller Art, Goldbroschen, Keramikgefäße, Glasschälchen, Buckelschilde, verzierte Lanzen- und Pfeilspitzen, zwei- und einschneidige Schwerter (Scramasaxe), Streitäxte, goldene Ohrringe usw.

Die Funde lassen auf eine besondere Fertigkeit der Handwerker schließen, vor allem der Schmiede. Die burgundischen Waffenschmiede hatten ihre Kunst aber nicht erst am Genfer See erworben. Schon während der Ansiedlung zwischen Oder und Weichsel war es ihnen möglich gewesen, eiserne Waffen rostfrei herzustellen. Darum standen die burgundischen Schmiede im Altertum in hohem Ansehen. Auch in der Bevölkerung nahmen sie eine Sonderstellung ein. Das bezeugt der Fund von Rondsen (in der Nähe von Graudenz an der Weichsel). Hier ist dem Waffenschmied sein gesamtes Werkzeug mit ins Grab gegeben worden.

Am Genfer See taten sich besonders die Silberschmiede hervor, die Gürtelbeschläge von enormer Größe und sorgfältiger Ausarbeitung herstellten. Sie verliehen den ovalen oder rechteckigen Gürtelschnallen vermittelst einer raffinierten Technik attraktive Gestalt, sie walzten in den eisernen Untergrund eine Silberornamentik ein. Diese Plattierung war eine geheimgehaltene Kunst.

Auch figürliche Darstellungen auf Gürtelschnallen waren nicht selten Sie zeigten das Kreuz, das Leben Christi oder den Propheten Daniel. Der Prophet wurde stets von Löwen umgeben dargestellt. Während auf einigen Schnallen die furchterregenden Tiere Daniel zu verschlingen drohen, erscheinen sie auf anderen gebändigt, die Mäuler nach unten gedrückt. Zwischen den Tieren steht Daniel als »Orans«, als frühchristliche Figur, die zum Gebet beide Hände erhebt.

Besondere Eindringlichkeit gewinnen die Schnallen durch ihren archaisch-naiven Stil, den unsere Zeit wieder nachzuahmen versucht. Doch eines erreichen heutige Künstler nicht: das Magisch-Dämonische, das aus diesen Schnallen spricht; es geht auf alten Zauberkult zurück.

Von den Gürteln glaubte man, daß sie dem Träger Schutz bei Gefahren, Unverletzlichkeit und überlegene Kraft über den Gegner verliehen. Darum wurden sie so sehr groß gearbeitet, darum setzten die burgundischen Schmiede ihre ganze Meisterschaft bei der Fertigung solcher Amulette ein.

Nicht nur die Burgunder schätzten die Gürtelschnallen. In Frankreich wurde ein Fund gemacht, der bezeugt, daß auch die Franken diese Arbeiten hoch bewerteten. Unter der Krypta der Kathedrale von St. Denis bei Paris wurde das Grab von Arnegunde freigelegt, die im 6. Jahrhundert gelebt hat und die Frau des fränkischen Königs Chlotar I. gewesen ist. Der Körper war einbalsamiert, und Teile der Kleidung sowie kostbarer Schmuck sind erhalten geblieben. Darunter eine große goldene, mit Steinen besetzte Gürtelschnalle.

Diese Gürtelschnalle war das Geheimnis der Arnegunde, so wie das Geheimnis der Brünhild in der Dichtung ein breiter Gürtel ist, eine »starke Borte«, wie es im Nibelungenlied heißt. Brünhild gewann durch den Zaubergürtel übermenschliche Kraft:

Brünhildens Stärke zeigte sich nicht klein.
Man trug ihr zu dem Kreise einen schweren Stein,
groß und ungefüge, rund und breit.
Ihn trugen kaum zwölfe dieser Degen kühn im Streit.
Den warf sie allerwegen, wie sie den Speer verschoß.

Brünhilds Kraft konnte nur gebrochen werden durch den Verlust des Gürtels, was gleichbedeutend war mit dem Verlust der Jungfräulichkeit.

Siegfried besiegte die isländische Königin Brünhild mit

Hilfe der Tarnkappe, die ihm die Stärke von zwölf Männern verlieh, und entwendete ihr den Gürtel. König Gunther, ihr Ehemann, der über keinen Zauber verfügte, war Brünhild dagegen hilflos ausgeliefert:

Da griff nach einem Gürtel die herrliche Maid,
einer starken Borte, die sie um sich trug:
da tat sie dem König großen Leides genug.

Die Füße und Hände sie ihm zusammenband,
zu einem Nagel trug sie ihn und hing ihn an die Wand,
als er im Schlaf sie störte; sein Minnen sie verbot.
Vor ihrer Stärke hätt er beinah gewonnen den Tod.

Die Burgunder haben nicht nur von der Genfer Oberstadt aus regiert, sondern auch von der Villa Quadruvium, nahe der Stadt. Es war ein größerer Komplex von Haupt- und Nebenwohnungen, Unterkünften für Bedienstete und Stallungen, halbkreisförmig angelegt und von Sicherungsgräben umzogen. Quadruvium ist das heutige Carouge, südlich der Arve, dort, wo der Pont neuf den Fluß überbrückt. Doch Quadruvium wurde schon im 6. Jahrhundert aufgegeben, es gibt keine Spuren.

In Quadruvium wurde Prinz Sigismund im Jahre 516 zum alleinigen König von Burgund ausgerufen. Gundobad, Sigismunds Vater, hatte es so gewollt. Bei der Wahl waren die Mächtigen des Landes zugegen, nicht nur die Fürsten, auch die Geistlichkeit, allen voran die Bischöfe Maxim von Genf und Avitus von Vienne.

Avitus war Römer, ein Neffe des Kaisers und eine bedeutende Persönlichkeit. Er hatte Sigismund in seinem Sinn erzogen und aus einem Germanen einen Römer gemacht. Er hatte den Prinzen zum Katholizismus bekehrt und ihn von Arianismus abschwören lassen, einer frühchristlichen Lehre, wonach Christus nicht ewig und nicht gottgleich sein sollte.

Als Sigismund nun Herrscher wurde, war damit auch die Zeit der arianischen Kirche vorbei. Der neue König tat alles, um dem Katholizismus zum entscheidenden Durchbruch zu verhelfen. Er setzte damit die Bemühungen fort, die er als Prinz begonnen hatte. Bereits ein Jahr vor seiner Krönung in Quadruvium hatte er unter dem Einfluß von Avitus in Agaunum, dem jetzigen St. Maurice in Wallis, mit beträchtlichem Aufwand die dortige Kirche zu einem Zentrum des Klosterlebens ausbauen lassen.

Das Kloster besteht noch, in einer grandiosen Talverengung am Oberlauf der Rhone, dort, wo die Dents des Morcles und der Dent du Midi über 3000 Meter ansteigen. Durch diese Felsszenerie hat sich die Rhone hindurchgesägt und eine Schlucht geschaffen. Hier liegt St. Maurice am linken Ufer des talwärts stürzenden Stromes.

Geschichte und Legenden des Ortes kreisen um den heiligen Mauritius, Kloster und Dorf verdanken ihm den Namen. Zu Ehren des Märtyrers, der hier hingerichtet wurde, sind während vieler Jahrhunderte Gräber, Kapellen, Basiliken, Klöster und Kirchen entstanden, zerstört und wiedererbaut worden. Heute überragt ein romanischer Turm aus dem 11. Jahrhundert den Klosterbezirk.

Unser Augenmerk gilt dem Grabungsfeld, das von der Kirche, dem Kloster und der steil aufragenden Felswand umschlossen wird. Nach den Ausgrabungen von Louis Blondel liegt die Vergangenheit in allen Schichten sichtbar zutage. Direkt am Fels ist die erste Kapelle 360 bis 370 über dem Grab des Märtyrers errichtet worden. Sie wurde im 5. Jahrhundert erweitert, und ein Hospiz kam hinzu, als zahlreiche Pilger den Weg nach Agaunum nahmen.

Seine eigentliche Bedeutung gewann der Ort erst durch den Klosterbau und die Errichtung einer Basilika unter

Sigismund im Jahre 515. Diese Basilika war trapezförmig im Grundriß, 25 Meter lang und 9 bzw. 11 Meter breit. Sie bestand aus drei Schiffen und einem Rundchor. Ihre ehemalige Gestalt läßt sich an den Blocksteinen der Fundamente, an den Stümpfen der 16 inneren Säulen und der Rundmauer der Apsis ablesen.

St. Maurice wurde eine der bedeutendsten Klostergründungen, der Ruhm des Märtyrers verbreitete sich durch ganz Europa. Darum wurde noch im 6. Jahrhundert eine Vergrößerung vorgenommen, eine weitere folgte zur karolingischen Zeit und eine dritte im 11. Jahrhundert. Die Archäologen haben sorgfältig alle Schichten aufgedeckt. Sie haben auf Plankarten eingezeichnet, was zu wem gehört, so daß der Besucher in der Lage ist, jeden Kirchenbau auf dem Ausgrabungsgelände zu rekonstruieren.

Mannigfaltige Zerstörungen sind über Agaunum hinweggegangen, ein inbrünstiger Glaube an den Märtyrer hat bewirkt, daß die Ruinen immer wieder aufgebaut wurden. Und viele Kostbarkeiten, in kriegerischen Zeiten von den Mönchen versteckt, sind erhalten geblieben. So ruhen heute in der Schatzkammer, die wie ein Banktresor mit einer dicken Stahltür und Geheimschlössern gesichert wird, Millionenwerte.

Eines der Kunstwerke ist burgundisch, im 7. Jahrhundert von den Goldschmieden Undiho und Ello hergestellt. Es ist der Theuderich-Schrein, aus Silber und Gold gearbeitet, von Perlenreihen, Edelsteinen, roten Glasflüssen, grünen, weißen und blauen Glasperlen überzogen. Der Schrein ist nur knapp 13 Zentimeter hoch und etwas über 18 Zentimeter lang, aber er gilt als eines der wertvollsten Stücke frühmittelalterlicher Arbeit. Auf der Rückseite haben die Goldschmiede aus dem fränkischen Burgund sich verewigt: »VNDIHO ET ELLO FICERVNT« (von Undiho und Ello angefertigt).

Die Mitte der nicht sehr geräumigen Schatzkammer

wird von drei größeren Schreinen eingenommen, von Sarkophagen aus Gold, Silber und Kupfer, mit Gemmen, Intaglien und Steinen aller Art besetzt. Die Seiten und das Giebeldach zieren Reliefarbeiten und Gravierungen mit Darstellungen von Christus, Maria, den Aposteln und dem Märtyrer. Ein Silberrelief zeigt Mauritius zu Pferd, mit Helm und Schild, in der Hand die heilige Lanze. Diese Waffe war von symbolischer Bedeutung. Mit einem römischen Speer wurde die Seite des gekreuzigten Christus durchstochen, und eine römische Lanze, die auf Mauritius zurückgeführt wird, gehörte zu den Heiligtümern des römisch-deutschen Reiches und ist noch in Wien zu sehen.

Eine andere Darstellung von Mauritius — am Schrein des Nantelmus, in dem der Abt gleichen Namens 1225 die Reliquien des Märtyrers niederlegen ließ — bringt in Silbergravierung die Hinrichtung von Mauritius durch zwei römische Legionäre. Sie soll am 22. September 302 vollzogen worden sein.

Die Legende sagt dazu, daß in jener Zeit der römische Kaiser Maximilian eine Legion christlicher Soldaten zur Christenverfolgung einsetzen wollte. Es war die später berühmt gewordene Thebäische Legion aus Ägypten unter ihrem Obersten Mauritius, der sich mit seinen Offizieren und Mannschaften gegen den Befehl aussprach. Daraufhin wurde die Legion durch eilig herbeigerufene andere römische Krieger niedergemacht. Die Legende berichtet weiter, daß bereits vorher rheinabwärts gezogene Abteilungen dieser Legion römischen Göttern opfern sollten. Als sie sich weigerten, wurden sie ebenfalls umgebracht. So erlitten Cassius und Florentius in Bonn den Märtyrertod, Gereon in Köln und Viktor in Xanten. Viktor, der »Sieger« oder »Siegfried«, wird uns noch später beschäftigen (siehe Seite 122 ff.).

Mauritius muß im Laufe des Mittelalters das christliche Leben stark beeinflußt haben. Allein 74 Städte wurden nach ihm benannt, dazu über 600 Kathedralen und Kirchen. Er wurde in Metall, Stein und Holz nachgebildet. Er erschien auf den Siegeln der Magdeburger Erzbischöfe, als Steinfigur am Magdeburger Dom, als Skulptur in der Moritzkirche zu Halle, auf einem Bild von Grünewald und in weniger vollendeter Darstellung in Hunderten von Kirchen.

Schon früh haben sich Pilgerscharen aufgemacht, um in Agaunum des Märtyrers zu gedenken. Der Kult begann mit der Errichtung der Kapelle Ende des 4. Jahrhunderts. Eine geradezu stürmische Entwicklung, ein nicht endenwollender Strom von Pilgern setzte ein, als Sigismund das Kloster gründete und darüber hinaus eine ewige Psalmodie stiftete, den nicht endenden Chorgesang, der Tag und Nacht pausenlos durch die Basilika hallte, wobei fünf Gruppen von Mönchen sich ablösten.

Bei der Stiftung der Psalmodie war auch Sigismunds Mentor, Bischof Avitus, zugegen. Er sagte damals: »Die gesamte Welt soll erkennen, was hier geschehen ist. Heute erleben wir den Beginn fortwährender Verehrung zum Ruhm dieses Landes.«

Vom Glanz des Märtyrers fiel mancher Schein auf Sigismund. So ist auf den Schreinen der Schatzkammer von St. Maurice auch der burgundische König mit Krone und Zepter dargestellt. Einer der Sarkophage ist sogar nach ihm und zweien seiner Söhne, Gundebald und Giscalo, benannt. In Wirklichkeit aber führte Sigismund keineswegs ein vorbildliches Leben.

Die Geschichte berichtet vielmehr, daß er zum Mörder wurde. Sigismund hatte nach dem Tode seiner ersten Frau Ariagne, einer Tochter des Ostgotenkönigs Theoderich des Großen, eine Nichtadelige geheiratet. Sein Sohn aus erster Ehe, Sigerich, warf dies seiner Stiefmutter vor. Diese, um sich zu rächen, schwärzte Sigerich bei seinem Vater an und sagte, sie habe Beweise dafür, daß sein Sohn ihn umbringen wolle, um selbst die Krone zu tragen. Sigismund glaubte den Verdächtigungen und ließ seinen Sohn im Jahr 522 durch zwei Diener im Schlaf erdrosseln. Einer der Ratgeber des Königs sagte nach der Tat zu Sigismund: »Beklage fortan dich selbst, der du durch einen nichtswürdigen Rat der grausamste Sohnesmörder geworden bist.«

Sigismund soll nach der Tat nach Agaunum geeilt sein, um in dem von ihm gestifteten Kloster Buße zu tun. Aber das Schicksal war gegen ihn, und seine Zeitgenossen sahen dies als göttliches Strafgericht an.

Ein Jahr nach dem Sohnesmord fielen die Franken in Burgund ein. Sigismund stellte sich ihnen, unterstützt von seinem Bruder Godomar, aber die Franken siegten. Sigismund floh, verkleidete sich als Mönch und gelangte nach Agaunum. Hier wurde er von den Franken aufgespürt, nach Orléans gebracht und in dem Ort Coulmiers oder Coloumelle mit seinen Angehörigen in eine Zisterne geworfen, in der sie elendig umkamen. Erst nach Jahren wurden seine Gebeine geborgen und nach Agaunum überführt.

Nun geschah etwas Merkwürdiges. Der Mord am eigenen Sohn wurde vergessen. In Agaunum sprach man von Sigismund nur als von dem Begründer des Ruhmes von Mauritius und dem Stifter des Klosters. So wurde er mit großem Pomp in der Ortskirche beigesetzt, ein vergoldeter Sarkophag erinnert an ihn. Sigismund wurde Schutzpatron von St. Maurice und galt später als Heiliger. Es gibt Berichte von Wundern an seinem Grabe, und sein Name wurde in allen Ländern verbreitet.

In Frankreich benannte man sechs Ortschaften nach ihm, und viele Städte erbaten Reliquien. Kaiser Karl IV. brachte 1365 das Haupt von Sigismund nach Prag und ließ zu seinen Ehren eine Kapelle errichten, die ihrerseits so viele Wunder bewirkte, daß der Kaiser seinem Sohn den Namen Sigismund gab. Als dieser dann Herrscher geworden war und 1414 nach St. Maurice kam, nahm er einige Gebeine des burgundischen Königs und seiner Söhne mit, um sie einem Kloster in Ungarn zu stiften.

Weitere Reliquien von Sigismund gelangten in die verschiedensten Ortschaften, es gab sogar Auseinandersetzungen über die Echtheit der Gebeine; von solch einem Streit wird von Prag und Imola berichtet.

So gingen die Fernwirkungen des Burgunderreiches an der Rhone durch ganz Europa und erstreckten sich durch das Mittelalter bis in die neuere Zeit.

4. Streit um die Katalaunischen Felder

*Städtekrieg zwischen Troyes und Châlons sur Marne ·
»In Felle gekleidete zweifüßige Tiere« · Attila befragte das
Orakel · Die Gefallenen kämpften in den Lüften weiter ·
Die Katalaunische Schlacht im Nibelungenlied · Wo lag
Mauriacum? · Im Lager Attilas und auf der »Avenue
Théodoric«*

Im Jahre 451 erhielten die Burgunder in Genf vom römischen Feldherrn Aetius die Anweisung, sich zu rüsten. Aetius erwartete eine Auseinandersetzung mit den Hunnen und bot dabei auch seine Hilfsvölker auf. Noch im gleichen Jahr kam es zum Kampf auf den Katalaunischen Feldern mit dem Hunnenkönig, der gotisch Attila, mittelhochdeutsch und auch im Nibelungenlied Etzel genannt wird.

Die Völkerschlacht fand vor anderthalb tausend Jahren statt und war nach neun Stunden beendet. Der Streit darüber, wo der Kampf ausgefochten worden ist, begann vor mehr als hundert Jahren und ist bis heute nicht entschieden. Mehrere Orte werden genannt, hauptsächlich geht die Auseinandersetzung um Landstriche in der Nähe von Troyes und Châlons sur Marne. Zwischen diesen beiden Städten wogt der Streit und wird in Bürchern, Vorträgen, Zeitschriften und Zeitungsartikel unter beträchtlichem Einsatz ausgetragen. Historiker, Strategen, Schriftsteller, Journalisten, Pfarrer, Lehrer und Bürgermeister sind daran beteiligt.

»Seit mehr als einem Jahrhundert«, sagt Studienrat Pierre Chevalier aus Troyes, »streiten sich die Bürger der Champagne, von der Marne und der Aube, um die Ehre, Attila ihren Boden zur Verfügung gestellt zu haben; so stark ist der Eindruck der weit zurückliegenden Schlachten auf den Geist der Völker.« (69)

Dieser Eindruck ist nicht nur deshalb so nachhaltig, weil es einer der bedeutendsten Kämpfe am Ausgang der Antike war, sondern auch darum, weil es eine Schlacht mit den Hunnen gewesen und die Erinnerung an dieses asiatische Reitervolk nie aus dem Gedächtnis gelöscht worden ist. Nicht nur in Europa. Die östlichen und nördlichen Hunnen (Hiungnu) überrannten Ostasien und veranlaßten die Chinesen zur Errichtung eines der grandiosesten Bauwerke der Welt, der Großen Mauer. Die westlichen Hunnen stürmten durch Asien, überfluteten Europa und lösten zum Teil die Völkerwanderung aus, die dann zur zeitlichen Grenze wurde.

Die Hunnen waren rücksichtslose Nomadenkrieger, der Kampf war ihr Element. Mit einer von den Parthern übernommenen Überraschungstaktik des Pfeil- und Lanzenangriffs zu Pferd überfielen sie die germanischen Völker, vernichteten oder unterjochten sie und schienen unaufhaltsam im Vormarsch. Sie wurden als in Felle gekleidete zweifüßige Tiere geschildert, die wie festgenagelt auf ihren häßlichen Pferden saßen. Ostrom zitterte vor den Reiterhorden und wagte keinen Kampf, sondern zahlte seit dem Jahr 430 viele Millionen an Tribut, und Westrom verfolgte das Vordringen mit besorgter Aufmerksamkeit.

Die Historikerin Helene Homeyer (85), die Attila nach dem Urteil seiner Zeitgenossen schildert, zeichnet folgendes Bild der Hunnen: »Etwa achtzig Jahre lang — von 375 bis 453 n. Chr. —, davon neunzehn Jahre unter Attilas Herrschaft, setzten die Hunnen Europa in Schrecken. Das Elend, das sie in dieser Zeitspanne anrichteten, hat sich der Erinnerung der betroffenen Völker unauslöschlich eingeprägt. Allein der Name ›Hunnen‹ beschwört noch heute ein abschreckendes Bild herauf, ein Bild, das durch die moderne Geschichtsforschung nicht erfreulicher geworden ist. Das Urteil ernster Geschichtsforscher über die Rolle der Hunnen in Europa hat nie geschwankt.«

Als Attila mit seinem Bruder Bleda 434 den Thron bestieg, erwuchs bald die Bedrohung von Mittel- und Westeuropa. Der Legende nach fand zu jenen Zeiten ein hunnischer Hirte das vermeintliche Schwert des Kriegsgottes. Durch diesen Fund fühlte sich der abergläubische Attila berufen, die Herrschaft über die ganze Erde anzutreten. Er eröffnete im Westen einen Großangriff.

445 erschienen seine Heere südlich der Donau und vernichteten und plünderten über 70 Städte, wie der byzantinische Geschichtsschreiber Priscos berichtet, der zur Zeit Attilas gelebt hat. Auf diesen Feldzügen betrachtete Attila jede Beute als persönliches Eigentum. Wurden vor ihm Gold- und Silberschätze versteckt, so sah er dies als Raub an. Er bestand nicht nur auf der Herausgabe, sondern auch auf strenger Bestrafung derjenigen, die ihm »sein Eigentum« streitig machen wollten.

Was rechtens war, bestimmte Attila. Es gab auch keine Steuern; was der Staat brauchte, nahm er sich in Kriegszügen. Wer sich aber der Herrschaft Etzels durch die Flucht entzog und wieder eingefangen wurde, den ließ er ans Kreuz schlagen.

Attila wird von dem gotischen Chronisten Jordanis als von untersetzter Statur geschildert und breitschultrig, der Kopf groß, die Augen klein. Sein Bart war spärlich, seine Nase eingedrückt, die Hautfarbe dunkel. Es war kein gewinnendes Bild.

Seine Beurteilung durch die Geschichte ist allerdings zwiespältig, denn er besaß auch geniale Züge. War er auf der einen Seite der brutale Tyrann, dem Menschenleben nichts bedeuteten, so galt er andererseits als Meister der Politik und Strategie, der das ganze Instrumentarium ihrer Möglichkeiten kannte und es unterschiedlich einzusetzen wußte.

Attilas Politik war langfristig und überlegen. Sonst wäre es ihm nicht gelungen, Hunnen und Germanen unter einer Herrschaft zu vereinen und das Reich bis zu seinem Tode fest in der Hand zu behalten.

Den bezwungenen Fürsten trat er großzügig gegenüber, um sie an seinen Staat zu fesseln. Er machte ihnen reiche Geschenke, wie sie in den Gräbern Osteuropas gefunden worden sind, und gewährte ihnen weitgehende Freizügigkeit.

Nur so ist es zu verstehen, daß er im Nibelungenlied als gütiger Herrscher auftritt, der mit dem niederträchtigen Überfall auf die Burgunder, die als Gäste in sein Reich gekommen waren, nichts zu tun hatte.

Auch in dem Waltharilied aus dem 9. oder 10. Jahrhundert, in dem weit zurückreichender Geschichts- und Sagenstoff verarbeitet worden ist, wird Etzel als freundlicher Friedensfürst geschildert:

Der Führer Attila hörte,
wie er's gewohnt war, freundlich sie an und redete also:
»Bündnisse wünsche ich mehr als Schlachten den Leuten
zu bringen.
Lieber herrschen die Hunnen in Frieden. Jedoch mit den
Waffen
schlagen sie nieder, ob ungern auch, die erkannt als
Empörer.«

Diese sympathische Darstellung von Attila war jedoch östlichen, gotischen Ursprungs. Im Westen blieb er meist der raubgierige Unhold, die »Gottesgeißel«, der große Vernichter: »In den Vorstellungen des Mittelalters gehörte jede Ruine auf Attilas Konto.«

Die Erscheinung von Etzel war so übermächtig, daß er heute noch in vielen Hünengräbern, Burgen und Ringwällen weiterlebt, von Ungarn über Österreich und Deutschland bis nach Frankreich, wobei diese Benennungen im Osten auf eine frühe Verehrung zurückgehen, im

Westen aber auf die Furcht vor dem dämonischen Tyrannen.

Der Hunnenkönig ist jedenfalls einer der großen Beweger der Weltgeschichte gewesen, dessen Deutung nach herkömmlichen Normen unmöglich war, der darum besonders Eingang in die Sage fand. Er wurde zur sagenhaften Erscheinung par exellence.

Im Frühjahr 451 setzte Etzel über den Rhein. Mit ihm kamen die unterworfenen Stämme, darunter die Ostgoten, Gepiden, Heruler und auch die Burgunder, soweit sie nicht in die Sapaudia umgesiedelt worden, sondern noch rechtsrheinisch ansässig waren. Am 7. April wurde Metz zerstört, geplündert und niedergebrannt. Andere Städte Galliens wurden genommen, und dann rückte Attila vor Orléans. Zu diesem Vormarsch passen die Verse des Waltharilliedes:

Schwer erschüttert vom Lauf der Rosse ächzte die Erde,
und von der Schilde Getön erschallte bebend der
Himmel.
Rötlich schimmernd ein eiserner Wald überstrahlt das
Gefilde,
gleich als wenn in des Morgens Frühe die Sonne die
Meere trifft und ihr Glanz von den äußeren Teilen der
Erde zurückstrahlt.
Bald schon hatte das Heer des Arars (Saône) und
Rodanus (Rhone) Tiefen
überschritten und ganz sich zerstreut, um Beute zu
machen.

Attila war nach Orléans vorgerückt, weil die von den Römern dort angesiedelten Alaner, ein Steppenvolk aus dem Kaukasus, unter Sangiban den Hunnen zugesagt hatten, ihnen die Stadt in die Hände zu spielen.

Aber der römische Feldherr Aetius war schneller, und zudem war es ihm gelungen, die Westgoten in sein Lager herüberzuziehen. Gegen die so abgeschirmte Stadt konnte Attila nichts ausrichten, zumal seine vorwiegend berittenen Truppen sich zwar in offener Feldschlacht bewährten, kaum aber bei einer Festungsbelagerung. So zogen die Hunnen wieder nach Osten und suchten ein für sie günstiges Gelände.

Das geeignete Gefilde bot sich irgendwo in der Champagne an, auf den »Katalaunischen Feldern«. Es maß nach Jordanis 30 Meilen in der Länge und 21 Meilen in der Breite. Hier errichtete Attila sein Lager und ließ es vom Troß dergestalt umgeben, daß eine Wagenburg entstand.

Wie üblich befragte der Hunnenkönig vor dem Gefecht das Orakel. Aus Muskeln, Knochen und Adern der Opfertiere lasen die Priester heraus, daß die Hunnen die Schlacht nicht gewinnen könnten, der feindliche Führer jedoch fallen werde.

Attila zögerte nach diesem Bescheid. Den Tod des gegnerischen Feldherrn bezog er auf Aetius. Da dieser überall seine Eroberungszüge störte, war er jedoch gewillt, sogar eine Niederlage zu riskieren, wenn damit Aetius ausgeschaltet würde. So ließ er die letzten Vorbereitungen treffen zum Kampf.

In langen Zügen verließen die Krieger die Wagenburg und formierten sich zu Fuß und zu Pferd zum Angriff. Attila und die Hunnen bildeten die Mitte der Streitkräfte, während an den Flügeln die Ostgoten unter Valamer, Theodemer und Vidimer standen, die Gepiden unter Ardarich, ferner die rechtsrheinischen Burgunder und andere Stämme.

Etwa sechs Kilometer entfernt hatten sich inzwischen die gegnerischen Truppen formiert. Aetius mit den Römern und Teilen der Westgoten unter Thorismund nahmen den linken Flügel ein, der rechte wurde von den

Westgoten unter ihrem König Theoderich gebildet, der nicht zu verwechseln ist mit dem Ostgotenkönig Theoderich dem Großen. Dazwischen hatten die Alanen mit Sangiban Aufstellung genommen; gegen sie herrschte seit der Geheimabsprache mit Attila über die beabsichtigte Übergabe von Orléans berechtigtes Mißtrauen, man wollte sie unter Kontrolle halten.

Weitere Kontingente auf römischer Seite stellten die Franken und die Burgunder aus der Sapaudia.

Zwischen beiden Heeren erstreckt sich eine Anhöhe, um die der Kampf zunächst entbrennt. Attila läßt seine Reiterei stürmen, aber Aetius und Thorismund leisten zähen Widerstand, werfen die Hunnen zurück und besetzen den Hügel.

Darauf sammelt Attila seine Scharen um sich und hält eine flammende Rede. Er spricht von den Siegen der Vergangenheit, dem Mut und der Unwiderstehlichkeit der eigenen und der Schwäche der gegnerischen Krieger.

Und wieder stürzen sich Hunnen und Germanen auf die feindliche Hauptmacht unter König Theoderich. Die hunnische Reiterei richtet unter den Westgoten schweres Unheil an, Pfeile, Lanzen und Säbel mähen die Truppen nieder.

Auch Theoderich versucht, den Mut seiner Krieger durch Zuspruch zu stärken. Der gotische Geschichtsschreiber Jordanis berichtet: »Indem Theoderich anfeuernd durch seine Schlachtreihen sprengt, wird er plötzlich vom Pferd geworfen und unter den Rossehufen seines Gefolges zertreten; nach anderen Aussagen soll er durch einen Wurfpfeil des Ostgoten Andax getötet worden sein. Das war nur die Erfüllung jenes Wahrspruches, den Attila irrig auf Aetius gedeutet hatte. Darauf trennen sich die Westgoten von den Alanen und dringen mit solcher Wucht auf die Hunnen vor, daß sie fast Attila selbst niedergehauen hätten.«

Obwohl der Kampf nur von drei Uhr mittags bis in die Abendstunden gedauert hat, war es eine der großen und folgenreichen Schlachten der Weltgeschichte. Die Hunnen wollten sich zu Herren Europas aufwerfen, die Römer aber versuchten, das wankende Weltreich gegen den östlichen Ansturm zu retten. Die Hilfsvölker auf beiden Seiten kämpften, weil sie auf die eine oder andere Partei eingeschworen waren oder als unterjochte Stämme dem Kriegsdienst nachkommen mußten. Einmal im Kampf, gab es keine Wahl.

Die Verluste waren außerordentlich. Jordanis berichtet in üblicher Übertreibung damaliger Zeit von 180 000. Er kennzeichnet das Gefecht als »eine grausige, vielgegliederte, ungeheure, hartnäckige Schlacht, die im Altertum nicht ihresgleichen hatte«. Die Sagen erzählen sogar, daß noch die Gefallenen in den Lüften weitergestritten hätten.

Attila vermochte dem gemeinsamen Ansturm der Römer, Westgoten, Franken, Alanen und Burgunder nicht zu widerstehen und wurde gezwungen, sich in seine Wagenburg zurückzuziehen. Er rechnete mit einer Niederlage und ließ einen Scheiterhaufen aus Pferdesätteln errichten, um eher den Flammentod zu sterben, als lebend in die Hände der Feinde zu fallen.

Ein Sieg über die Hunnen wäre wohl möglich gewesen. Die Franken drangen darauf, vor allem die Westgoten, nachdem ihr König gefallen und Thorismund zum neuen Herrscher ausgerufen worden war.

Doch Aetius wollte die vollständige Niederlage der Hunnen vermeiden; er dachte nicht nur militärisch, sondern auch als Staatsmann. Er fürchtete ein weiteres Erstarken der Germanen und riet darum den Goten und Franken, sich in ihre Heimat zurückzuziehen, was auch geschah. So blieb der Kampf unentschieden.

Die Heimkehrer berichteten überall von der Schlacht, die alles übertraf, was die Soldaten jemals erlebt hatten oder erleben sollten. Ihre Berichte waren um so erschütternder, weil Goten gegen Goten, Burgunder gegen Burgunder, ja Sippe gegen Sippe gefochten hatten. Daß die Hunnen maßgeblich beteiligt gewesen waren, verlieh den Erzählungen das Furchterregende.

Bald griffen die Sänger die Berichte auf. Während sich die Heldenlieder im 5. Jahrhundert noch in etwa an das hielten, was wirklich geschehen war, setzte man sich später mehr und mehr darüber hinweg und ließ der Phantasie freien Lauf. Die Kämpfe wurden nach der jeweiligen Parteinahme verändert, der »nationale« Gegensatz wurde zum menschlichen Konflikt. Auch blieben die Katalaunischen Felder nicht Ort der Handlung.

Der Germanist und Sagenforscher Hermann Schneider (141) erkennt in den »verwitterten Resten« eines westgotischen Liedes Darstellungen, die jener der Schlacht von 451 ähneln. Dieses Lied schildert den Bruderkampf zweier Goten, von denen der eine mit den Hunnen, der andere gegen sie kämpft. Die riesige Zahl der Hunnen wird eindringlich geschildert: »Sechs Völkerschaften stehen beim Feind, in jedem Volk fünf Tausend, jedoch im Tausend dreizehn Hundert, in jedem Hundert die Helden vierfach.«

Diese »Hunnenschlacht« der Goten hat allerdings im Osten stattgefunden. Ortsnamen verweisen auf Gebiete am Don und Dnjepr, auf das frühe gotische Reich, das von den Hunnen 375 vernichtet worden ist. Von hier gelangten Liedreste in den Westen und fanden Eingang in die anderen Heldenlieder.

Ähnliches gilt für die Burgunder, die ebenfalls auf beiden Seiten gestritten und außer auf den Katalaunischen Schlachtfeldern schon 436 bei Worms mit den Hunnen gekämpft und dabei ihr Reich verloren hatten. Beide

Schlachten flossen später in der Sage zu einer einzigen zusammen und wurden an den Hof von Etzel verlegt.

Der Kampf der Burgunder gegen die Hunnen blieb jedoch erhalten, und das Nibelungenlied spricht über diesen Streit in vielen Kapiteln. Wie bei den Westgoten wird auch der Konflikt von einem Schicksal der Völker zu einer menschlich-individuellen Tragödie abgeändert.

Hin und wieder scheinen noch Parallelen zu den Kämpfen auf den Katalaunischen Feldern durchzuschimmern. Jordanis sagte über das Gefecht in Gallien unter Benutzung maßloser Übertreibungen: »Dürfen wir älteren Personen glauben, so schwoll der das Schlachtfeld durchschneidende Bach vom Blut der Erschlagenen beinahe zum Strom an, so daß die ihren Durst zu löschenden Begierigen zugleich Blut und Wasser tranken.«

Diese Szene wird im Nibelungenlied bei der Schilderung des brennenden Saales der Etzelburg noch übersteigert:

Da sprach darinnen einer: »Wir finden hier den Tod
vor Rauch und vor Feuer, wie grimm ist diese Not!
Mir tut vor starker Hitze der Durst so schrecklich weh,
ich fürchte, mein Leben in diesen Nöten vergeh'!«

Da sprach von Tronje Hagen: »Ihr edlen Ritter gut,
wen der Durst will zwingen, der trinke hier das Blut.
Das ist in solcher Hitze besser noch als Wein;
es mag halt zu trinken hier nichts Besseres sein.«

Hin ging der Recken einer, wo er einen Toten fand:
er kniet ihm zu der Wunde, den Helm er niederband.
Da begann er zu trinken das fließende Blut.
So wenig er's gewohnt war, er fand es köstlich und gut.

Im Epos werden die Burgunder niedergemacht bis auf den letzten Mann. Auch auf den Katalaunischen Feldern mußten sie hohe Verluste hinnehmen, wie die Lex Gundobada beinhaltet, der in Lyon erlassenem Burgunderrecht.

Das Ereignis von 451 war für sie ein epochales Geschehen. Darum behielt man den Kampf nicht nur in der Sapaudia im Gedächtnis, nicht nur am Hof zu Genf, sondern später auch am Königshof zu Lyon. Diese Schlacht ist für die historischen wie für die legendären Burgunder das große weltgeschichtliche Ereignis gewesen, an dem sie in tragischer Mission teilgenommen haben.

Wo hat es tatsächlich stattgefunden?

Fährt man von Troyes auf der alten Römerstraße, die nach Orléans führt, bis nach Estissac und nimmt hier die nördliche Route, die ebenfalls schon in der Antike bestand, so erreicht man nach wenigen Kilometern am Ufer des Bétro ein Kreuz mit der Inschrift: »Heiliger Aubin, bitte für uns!« An dieser Stelle hat bis ins 18. Jahrhundert die Ortschaft Moirey bestanden. Auf einer Karte von 1647, sorgfältig in der Bibliothek von Troyes aufbewahrt, ist der Weiler mit fünf Häusern und einer Kirche eingezeichnet.

Niemand spräche jedoch von dieser ausgegangenen Ortschaft, von dieser »Wüstung«, wenn das Dorf nicht ursprünglich Mauriacum geheißen hätte und die Katalaunischen Felder auch unter dem Namen der Mauriacensischen Felder bekannt wären.

Bei Mauriacum und südlich davon sollen Attilas Heere gestanden haben, während Aetius und seine Mannen auf der anderen Seite des sich in vielen Windungen schlängelnden Baches ihr Lager bezogen.

Das Römerlager will man auf einer rund 70 Meter über dem Bétro gelegenen Anhöhe erkannt haben, und tatsächlich erstreckt sich am Hang ein großes rechteckiges Areal, das »Beauregard« genannt wird und sich in seiner Beschaffenheit deutlich von der Umgebung abhebt.

Am Fuß des Lagers fließt der Bétro mit der von Osten kommenden Vanne zusammen und bildet einen spitzen Winkel, der früher teilweise mit Sümpfen bedeckt war. Nur die Straße nach Troyes und ein schmaler Streifen blieben begehbar.

Die Verfechter der Theorie Moirey = Mauriacum erklären nun, der listige Attila habe hier Aetius eine Falle gestellt. Als Teile der Streitkräfte des römischen Feldherrn vom Lager in Richtung Troyes zogen, seien die Hunnen auf die Soldaten eingestürmt, um sie in die Sümpfe zu werfen.

Der kluge Aetius sei aber nicht in die Falle gegangen, er habe vielmehr zum Umfassungsangriff ausgeholt. Er selbst und Thorismund, also der linke Flügel der Alliierten, seien bei Moirey und Dierrey, wo es keine Sümpfe gab, vorgestoßen und hätten die Hunnen von Norden angegriffen, während im Süden der andere Angriff tobte.

Bei diesem Zangenangriff des Aetius habe der Bétro verschiedentlich die Grenze zwischen den Heeren gebildet. Jede Partei habe versucht, das niedrige Gewässer zu durchschreiten. »Dabei habe man im Bach selbst gekämpft. Es ist nicht möglich, daß dieser sich dabei rot verfärbte.«

Die Taktik des Aetius habe schließlich die Schlacht zugunsten der Römer entschieden. Attila mußte sich auf sein Lager zurückziehen, das in der Nähe von Dierrey aus rund 500 Wagen in einem Doppelkreis gebildet worden sei.

Die Verfechter dieser Theorie führen viele Gründe an, warum es nur so und nicht anders habe geschehen können. Abgesehen von dem Namen Moirey = Mauriacum und dem Römerlager »Beauregard« verweisen sie auch auf den Flurnamen »Les Batailles« östlich von Mauriacum oder auf die geographischen Verhältnisse und die Straßenführung damaliger Zeit. Ihre Rechnung stimmt jedoch nicht, wenn die Ortsbestimmung des Kosmographen von Ravenna einbezogen wird, der im 7. Jahrhundert lebte und eine Geographie in griechischer Sprache herausgegeben hat. Nach diesem hat der Kampf am fünften Meilenstein, mithin 7,4 Kilometer von Troyes stattgefunden; Moirey ist jedoch um mehr als das Doppelte von Troyes entfernt.

Ein anderer Einwand lautet, in diesem hügeligen Gelände hätten sich niemals riesige Heere zu entfalten vermocht. Dieser Einwurf wird jedoch mit der Begründung entkräftet, daß die Ziffer von Hunderttausenden von Kriegern unglaubwürdig sei.

Wahrscheinlich haben bei Mauriacum höchstens 60 000 Soldaten gekämpft, von denen keinesfalls mehr als 10 000 gefallen sind.

Die Beweisführung wird ferner gestützt durch den sensationellen Grabfund von Pouan an der Aube, 30 Kilometer nordöstlich von Moirey. Dort entdeckten französische Archäologen 1842 das Skelett eines Kriegers, daneben ein doppelschneidiges und ein einschneidiges Schwert (Scramasax) aus feinstem Metall, die Griffe aus Gold und mit Steinen besetzt. Ferner wurden goldene Reifen und andere Schmuckstücke von kostbarer Verarbeitung ausgegraben. Auf einem massiven Goldring waren die Buchstaben HEVA eingraviert.

Die Forscher haben versucht, aus der Gravierung auf die Identität des Beigesetzten zu schließen, was jedoch bisher nicht möglich war. Fest steht nur, daß es sich um einen Germanenfürsten aus dem 5. Jahrhundert handelt. Was aber lag näher, als ihn in Verbindung zu bringen mit der großen Schlacht jener Zeit?

Der »Schatz von Pouan«, im Museum von Troyes ausgestellt und von Besuchern aus dem In- und Ausland stark beachtet, wird meist dem westgotischen König Theoderich zugeschrieben. Doch ein schlüssiger Beweis fehlt, es könnte sich bei dem Herrscher genauso um einen Ostgoten handeln. Ferner ist denkbar, daß der Fürst, der an den Ufern der Aube prunkvoll bestattet wurde, ein Burgunder gewesen ist vom Königshof zu Genf.

Verlassen wir Pouan und Troyes. Die Straße Nr. 77 bringt uns über Arcis sur Aube und Sommesous nach Châlons-sur-Marne, dem antiken Catalaunum. Daraus werden die Katalaunischen Felder abgeleitet. Nördlich der Stadt, von der Piémont-Anhöhe, bietet sich ein Rundblick auf eine Landschaft mit gänzlich anderem Charakter als um Moirey. Wenn sich Bodenerhebungen abzeichnen, sind sie flach in eine riesige Ebene einbezogen. Hier wurde im Ersten Weltkrieg gekämpft, wie Tausende von Kreuzen auf den Friedhöfen bezeugen. Hier herrscht noch heute das Militär, das weite Gebiete zu Sperrzonen erklärt hat. Nicht nur französische, sondern auch deutsche Soldaten üben auf diesem Camp von Mourmelon.

Von der Piémont-Höhe, vor allem von dem hier errichteten Turm, reicht der Blick bis zur Suippe im Norden und der Noblette und der Vesle im Süden, drei Bächen, die nach Meinung der »Schule von Châlons« das ehemalige Schlachtfeld begrenzen.

Nordwestlich hatte Aetius seine Reihen formiert, südöstlich Attila, und Piémont war jene Höhe, die zu Beginn des Kampfes umstritten war, um schließlich von Aetius und Thorismund eingenommen zu werden. Auf der Höhe sollen die damaligen Einwohner des Ortes Suippes die Toten beigesetzt haben, wonach der Hügel auch »L'Ahan des Diables« (»Schwerarbeit der Teufel«) heißt.

Heftige Kämpfe fanden ferner nach der Lesart von Châlons an der Suippe und besonders an der Noblette und Vesle statt. Eines dieser Gewässer war jener Bach, aus dem die Krieger Blut und Wasser getrunken haben sollen.

Fast durchkreuzt wurde die Schlachtformation von einer alten Straße aus keltischer Zeit, die von Reims nach Toul und Basel führte, dann in der Römerzeit strategisch ausgebaut wurde und noch heute zu erkennen ist, auch teilweise noch benutzt wird. Die Straße trifft an der Noblette auf den Ort la Cheppe. Dieser hieß früher Mauriac und der Bach Mauriae, woraus sich wie bei Moirey die Mauriacensischen Felder ableiten lassen.

In nächster Nähe des Baches und des Ortes wurde in sehr frühen Zeiten ein erstaunliches Bauwerk angelegt, ein Ringwall, mehr als zehn Meter hoch mit einem Umfang von 1,761 Kilometer. Er ist von Gras überwuchert, während das Innere von Wiesen eingenommen wird, auf denen das Vieh weidet.

Fragt man den Hütejungen, der mit seinen Kühen im Gras liegt, wie der Ringwall heißt, dann sagt der Junge ohne Besinnen: »C'est le Camp d'Attila.« Und als »Attilas Lager« ist der Wall in den Karten eingetragen. Attila geht heute um in dieser Gegend, noch manches ist nach ihm benannt.

Dennoch erscheint es ausgeschlossen, daß wirklich der Hunnenkönig den Ringwall erbauen ließ. Zu seiner Errichtung müssen Tausende von Menschen jahrelang gearbeitet haben. Diese »Festungsanlage« reicht auch in weit frühere Zeiten zurück.

Natürlich ist es nicht unmöglich, daß Attila die bereits vorgefundene Anlage als Lager benutzte, daß er also von hier aus seine Truppen zur Schlacht formierte und sich nach dem Kampf hinter die Wälle zurückzog. Hier hätte er dann auch das Orakel befragt und den Scheiterhaufen aus Pferdesätteln errichten lassen.

Die »Schule von Châlons« verweist noch auf ein weiteres frühzeitliches Denkmal, um ihre These zu erhärten, auf den Tumulus von Poix, ein Hügelgrab, 13 Kilometer südöstlich von la Cheppe gelegen. Es steigt steil aus einer

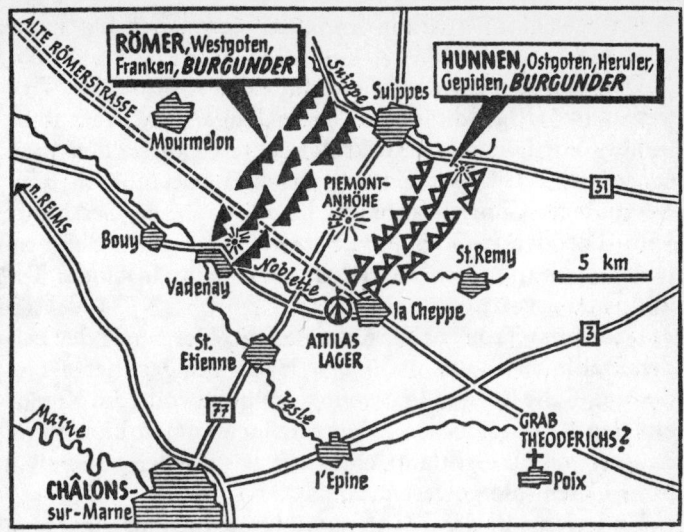

Die Schlacht auf den Katalaunischen Feldern nach der Schule von Châlons-sur-Marne.

Wiese an die 12 Meter hoch und ist ganz von Bäumen umwachsen.

Der Tumulus hat bereits im vorigen Jahrhundert die Neugier geweckt, so daß er 1840 und noch einmal 1858 ausgegraben wurde. Die erhoffte große wissenschaftliche Beute blieb jedoch aus, man stieß nur auf römische Ziegel, etwas Kupfergeld und Brandspuren.

Dennoch wird der Tumulus »Theoderich-Grab« genannt nach dem in der Schlacht gefallenen Westgoten Theoderich. Im Ort Poix ist an einer Scheune sogar ein Schild angeschlagen, dem zu entnehmen ist, daß der Weg zum Tumulus »Avenue Théodoric« heiße und das Grab noch 500 Meter entfernt ist. Das lockt allerdings keine Fremden, wie überhaupt die Katalaunischen Felder nicht einen einzigen Touristen anziehen, jedenfalls bis heute noch nicht.

Der Tumulus von Poix hat auch die »Schule von Troyes« beschäftigt, die durch diesen Hügel den Wert ihres Grabes vor Pouan beeinträchtigt sah. So bot sie den Wissenschaftler Georges Gourry auf und bat ihn um Stellungnahme. Gourry sagte nur lakonisch: »Die Geschichte vom Theoderich-Grab klingt unwahrscheinlich, denn zu jenen Zeiten wurden die Toten nicht mehr in einem Tumulus beigesetzt.«

Damit hat Troyes aber nicht gesiegt. Der Streit der beiden Städte bleibt unentschieden. Historisch gesichert ist jedoch, daß die Burgunder, wenn auch ungewollt, am Kampf auf den Katalaunischen Feldern teilgenommen haben und daß diese Völkerschlacht eines der wichtigsten Ereignisse ihrer Geschichte gewesen ist.

Und wenn in der Klage zum Nibelungenlied über den Burgunderuntergang am Etzelhof in Ungarn gesagt wird: »Dies ist die größte Geschichte, die je auf der Welt geschah und davon noch Junge und Alte sagen«, dann ist dies nicht nur dichterische Phantasie des 13. Jahrhunderts.

Es klingt das große historische Ereignis nach, das sich sieben Jahrhunderte zuvor auf gallischem Boden zugetragen hat.

5. Gibich, Giselher und Gunther

Der Burgunderpalast von Lyon und die Lex Burgundionum · Ursprünge des Nibelungenliedes · Ein fränkischer Sänger aus Köln · »... Lieder eines betrunkenen Burgunders« · Bischof Avitus als graue Eminenz · Vienne steckt voller Merkwürdigkeiten · Die Nibelungen an der Rhone · Burgund wird fränkisch

In den Sommermonaten hat Lyon, die Stadt am Zusammenfluß von Rhone und Saône, den Besuchern etwas Reizvolles zu bieten. An den langen, warmen Abenden wird im alten Viertel Fourvière im Freien Theater gespielt und zwar am selben Platz, von dem aus schon römische Schauspieler die Zuschauer im steinernen Halbrund begeisterten. Seit das Theater 1946 ausgegraben worden ist, scheint manches wieder so zu sein wie vor zweitausend Jahren. Ab und an sind es sogar dieselben Worte, die jetzt wie damals ausgesprochen werden, heute allerdings in französischer Übertragung.

Man möchte meinen, es habe sich nichts geändert seit der Zeit des römischen Kaisers Augustus, der das Theater errichten ließ, zumal auch das in der Nähe gelegene Odeon mit seinem Marmororchester und 16 Rängen vom meterdicken Schutt und dem Gestrüpp, das jahrhundertelang darüber wucherte, befreit worden ist.

Dennoch sind beide Theater in der heutigen Gestalt der Steinkulissen nur ein Schatten dessen, was sie gewesen sind, als Lyon, das alte Lugdunum, eine der Metropolen des Römerreiches und die Hauptstadt Galliens war. Modelle vermitteln einen Eindruck von der luxuriösen Ausgestaltung und der technischen Raffinesse. Solche Bauten vermochte nur ein Weltreich zu errichten.

Im Jahre 197 n. Chr. brach allerdings furchtbares Unheil über die Stadt herein. Bei der Auseinandersetzung zwischen dem römischen Kaiser Septimus Severus und seinem Rivalen Albinus hatte sich Lugdunum auf die Seite von Albinus geschlagen. Als dieser den Kampf verlor, nahm Severus Rache und vollzog ein grausames Strafgericht.

Tempel, Theater, Paläste, Aquädukte und Kunstwerke wurden in Schutt und Asche gelegt. Die Stadt stand in hellen Flammen, und der Brand auf der Höhe leuchtete gespenstisch weithin ins Saône-Rhone-Tal.

»Es war die vollständigste Katastrophe der Geschichte Galliens.«

Zwar konnte man in wenigen Tagen nicht ganz vernichten, was in zwei Jahrhunderten geschaffen worden war. Auch hat die Nachzeit manches aufgebaut. Aber Lugdunum hat sich nie wieder ganz von der Zerstörung durch Severus erholt. Als die Burgunder nach Lyon gelangten, war die Stadt für sie immer noch ein Beispiel von Größe. Sie hatten zwar römische Kultur in ihrer früheren Hauptstadt Genf kennengelernt, doch Genava war kaum zu vergleichen mit Lugdunum.

Die Burgunder waren 457 n. Chr. zum erstenmal nach Lyon gekommen; sie hatten gespürt, daß mit dem Verfall des römischen Staates im Westen ihres Reiches ein Vakuum entstanden war.

461 wiederholten sie den Vorstoß, um dann die Stadt nicht mehr zu räumen. Sie machten Lugdunum zu ihrer neuen Residenz.

In der Folgezeit reichte ihr Staat im Süden fast bis ans Mittelmeer, im Norden bis in jene Landschaft, die noch heute Burgundische Pforte heißt, im Westen über den Oberlauf der Loire hinaus und im Osten bis zur Durance und zum Bodensee. Die Burgunder bezogen damit eine geographische Mittellage mit vielen Möglichkeiten, aber noch größeren Gefahren.

Wie die Römer siedelten sich die Burgunder in Lyon

zunächst auf den Hügeln an, die westlich der Saône aufsteigen und eine natürliche Festung bilden. Der Königspalast lag als Burg auf einem vorspringenden Fels im Norden, dort, wo der Strom einige Hügel umfließt und bald darauf in die Rhone einmündet. Der Fels war gespalten, noch heute heißt er »Pierre Scize« wie auch der Quai am Fuß, der das rechte Saône-Ufer begleitet. Aus dem Palast von einst ist inzwischen das Gefängnis Roanne geworden.

Eine gepflasterte Straße bildete den Zugang zur Burg, beidseits mit meterhohen römischen Gräbern gesäumt, deren Steinplatten und Pylone im Hof des Lyoner Epitaphenmuseums ausgestellt sind, der größten Sammlung dieser Art in Frankreich.

Andere Römerstraßen überzogen die Hügel und mündeten auf dem Forum des Trajan, das noch in einem »Rest von Größe« bestand und erst 300 Jahre später ganz zusammenfiel. Heute wird der Platz, von dem aus man die Stadt in ihrer vollen Ausdehnung überblickt, von der kostspieligen und pompösen, aber künstlerisch unbedeutenden Notre Dame de Fournière eingenommen.

Südlich davon lagen die Theater, davor war das Haus Julians, das sich ein römischer Senator und ein Burgunderchef teilten. Dieser gab seinem Häuserblock den Namen »Flecking«.

Acht Kirchen zählte das Lyon der Burgunderzeit, zwei davon gehörten zur Oberstadt, St. Just und St. Irénée, wovon die letztere mit 48 Kapellen, bunten Glasfenstern, Mosaiken und marmornen Säulen prunkvoll ausgestattet war und als die schönste galt. Im unteren Mauerwerk am Chor sind die frühen Bauelemente noch unverkennbar, und die Krypta ist mit ihren Gewölben, Säulen und Sarkophagen fast ganz im alten Zustand erhalten geblieben.

Die größte Kirche des damaligen Lyon erstand unter dem baulustigen Bischof Patiens direkt am Saône-Ufer, und dieser Basilika wurde auch der katholische Bischofssitz angegliedert. Heute wird der Platz von der romanischen Kathedrale eingenommen, in deren Boden die Fundamente der alten Apsis, Marmorstufen und Mosaiken eingeschlossen sind.

Die Burgunderstadt umfaßte nicht nur die Höhen der Fourvière und das rechte Saône-Ufer; mehr und mehr wurde die Halbinsel zwischen Saône und Rhone besiedelt, mit der Kirche St. Nizier als Mittelpunkt — ein Gebiet, das von den Plätzen Terreaux und Cordeliers begrenzt wird. Auch die damals dieser »Fluß-Stadt« vorgelagerte Insel, die nicht mehr besteht, sondern jetzt Teil der Halbinsel ist, wurde erschlossen. Weinhändler besaßen hier Niederlagen, und sie hatten sogar einen Hafen erbaut.

Nach der Legende sollen auf der Insel zahlreiche Märtyrer, darunter Maturus, Blandine und Pontique, wilden Tieren vorgeworfen worden sein. Zur Erinnerung an die Märtyrer erwuchsen auf der Insel drei Kirchen, wovon St. Ainay in abgewandelter Gestalt allein erhalten geblieben ist. Ihre Steinreliefs und Kapitelle mit lustigem Getier und schwerblütigen Menschen mit Christus und den Heiligen, zählen zu den bedeutenden Skulpturen französischer Romanik.

Beim Ausbau der Kirche im Jahre 612 hat übrigens die Merowingerkönigin Brunhild mitgewirkt, der wir damit zum ersten Mal begegnen und die vielleicht historisches Vorbild gewesen ist für die Brünhild im Nibelungenlied.

Die Vorgeschichte der Insel bleibt ziemlich ungewiß, aber sie gewann im religiösen Leben zumindest jene Bedeutung wie die Oberstadt oder die Halbinsel. Dazu trug auch das Kloster St. Michel bei, das von einer Burgunderfürstin Caretene gestiftet und von Bischof Avitus eingeweiht worden war. Caretene starb im Jahre 506, und über ihrem Grab in diesem Kloster befand sich ein Epitaph, auf dem unter anderem zu lesen war:

Caretene wünschte, daß ihre Gebeine hier beigesetzt würden.

Die Verse stammen wohl von Venantius Fortunatus, den man den letzten römischen Dichter genannt hat, ein fahrender Poet, gern gesehen an den Höfen und Bischofssitzen, später sogar selbst Bischof von Poitiers. Er hinterließ eine Vielzahl von Versen kirchlicher wie auch weltlicher Art; ein Gedicht bezieht sich auf die Hochzeit von Brunhild mit Sigibert I.

Aus seiner Grabinschrift für Caretene geht hervor, daß diese eifrig religiösen Übungen nachging. Als Katholikin war sie darüber besorgt, daß ihr Mann Arianer war. Darum wachte sie eifersüchtig darüber, daß ihre Kinder und Enkel im orthodoxen Glauben erzogen wurden.

Wer Caretene war, ist nicht ganz geklärt. Sie kann die Gemahlin Chilperichs II. oder des von 480 bis 516 herrschenden Burgunderkönigs Gundobad gewesen sein. Mit einer gewissen Wahrscheinlichkeit ist anzunehmen, daß auch Gundobad in diesem Kloster St. Michel beigesetzt worden ist.

Gundobas Name ist eng mit Lyon verbunden. Er herrschte im Palast »Pierre Scize« an der Saône. Über Bedeutung oder Unwert seiner Persönlichkeit wird gestritten. Man bezeichnet ihn als bedeutenden Herrscher, aber auch als weichlichen Mann. Seine zahlreichen Gegner, wie etwa der Bischof Gregor von Tours, berichten über ihn die allerschlimmsten Dinge, was aber nichts als Verleumdung ist.

Der Köng war ein eifriger Förderer römischer Kultur und Zivilisation. Seine Gelehrsamkeit wird mehrfach gerühmt und man vergleicht ihn mit dem Ostgotenkönig

Theoderich dem Großen, der wie Gundobad um die Erhaltung antiker Kultur besorgt gewesen ist.

Gundobad sprach fließend Latein, er las geistliche und weltliche Schriften und pflegte Römer und Burgunder zum Zwiegespräch um sich zu versammeln. Die Bibel zog ihn mächtig an. Oft diskutierte er mit Bischof Patiens von Lyon, besonders aber mit Bischof Avitus von Vienne über die Heilige Schrift. Aus einem Gespräch mit Avitus ist die Frage Gundobads überliefert:

»Sagt mir doch, ob die Zeiten schon gekommen sind, von denen geschrieben steht: ›Dann werden sie ihre Schwerter umschmieden in Pflugscharen und ihre Lanzen in Sensen. Dann wird kein Stamm das Schwert erheben wider den anderen, sondern sie werden vom Kriege abstehen.‹«

Dabei wußte sich Gundobad durchaus im Kampf zu behaupten. Wenn er aber schon um 500 den Krieg als Mittel der Politik in Zweifel zog, dann sollte man ihn zu den modernen, aufgeklärten Herrschern zählen.

Gundobad hatte als König ein beträchtliches Vermögen. Er konnte weitgehend allein über die Staatseinkünfte verfügen, die aus Domänen, Äckern, Wäldern, Weideland, Weinbergen und Eisengruben flossen und von Unfreien bewirtschaftet wurden.

Das Königshaus hatte auch in Lyon — wie in Genf und Valence — eine eigene Münze. Sie war von den Römern begründet worden und lag neben dem Palast in der Oberstadt. Unter Gundowech und Chilperich I. wurden die Münzen in überkommener Art weitergeprägt: mit dem Kopf des römischen Kaisers. Sie wurden aus Kupfer, Silber und Gold geschlagen.

Gundobad verankerte die Währung und ihre Wertbemessung in der Lex Burgundionum und legte im Gesetz auch Strafen für Münzvergehen fest. Im übrigen änderte er — wie später sein Sohn Sigismund — die Münzen ab:

neben dem Kaiserbild wurde nun auch sein eigener Name eingraviert. Von solchen Münzen, die die Buchstaben GVNBA = Gundobadus und L. D. = Lugdunum trugen, sind verschiedene erhalten.

Obwohl Gundobad ein Freund der Römer und bestrebt war, das Verhältnis zwischen beiden Nationen erträglich und fruchtbar zu gestalten, fehlte es nicht an Gegensätzen. Burgunder und Römer waren zu unterschiedlich in Lebensart und Temperament, in Bildung und Herkommen, in Lebenssitte, Essen, Kleidung und Religion.

Ehen zwischen den Völkern wurden zu einem Problem; darum blieb es einer römischen Frau lange Zeit hindurch bei Strafe der Enterbung untersagt, ohne Wissen und Willen der Eltern einen Burgunder zu heiraten. Diese Gegensätze milderten sich auch nicht. Sie wuchsen durch manche Eigenmächtigkeiten der Neuankömmlinge sogar noch an.

Um Zwischenfälle möglichst zu vermeiden und ein klares Rechtsverhältnis herzustellen, erließ Gundobad die Lex Burgundionum, die nach ihm auch Lex Gundobada genannt wurde. Das Gesetz fand in rein burgundischen oder in Mischfällen Anwendung, während römische Angelegenheiten unter die Lex Romana Burgundionum fielen, die ebenfalls unter Gundobad abgefaßt wurde.

In Lyon, wohl auf der Burg von »Pierre Scize«, hat Gundobad im Jahre 501 die Gesetze verkündet. Sie waren von solcher Tragkraft, daß sie nicht nur den König und das Burgunderreich überlebten, sondern in einzelnen Fällen noch im 11. Jahrhundert angewendet wurden, also zu einer Zeit, als Burgund ins Römische Reich eingegliedert worden war.

Ein Nebengrund für den Erlaß der Gesetze mag auch darin gelegen haben, daß sie dem Herrscher die Möglichkeit boten, seine zentrale Machtstellung zu stärken. Die Gesetze mußten von allen 32 Reichsgrafen gebilligt werden, die mit ihrer Unterschrift die Abhängigkeit vom König bekundeten. Damit trat aber Gundobads Bruder Godegisel, der zu Genf residierte und mit dem es zu schweren Auseinandersetzungen gekommen war, als burgundischer Fürst in den Hintergrund.

Aufschlußreich ist der Hinweis auf die Schlacht auf den Katalaunischen Feldern von 451. Nach der Lex Gundobada sind alle Rechtssachen, die vor dem Kampf nicht mehr erledigt werden konnten, hinfällig. Das kann nur bedeuten, daß in der Völkerschlacht zahlreiche Burgunder gefallen sein müssen und es nachträglich unmöglich war, Streitfälle noch gerecht zu entscheiden.

»Der Tod so vieler streitbarer, eidesfähiger Männer ließ es aussichtslos erscheinen, aus der Zeit vor jenem Ereignis vollgültige Zeugnisse zu erbringen.« (140)

Jedenfalls ist die Schlacht ein denkwürdiges Ereignis gewesen, das nicht nur das Rechtsleben der Burgunder beeinflußt hat.

Die Lex Burgundionum, von der ein Exemplar in der Pariser Nationalbibliothek aufbewahrt wird, gilt als eines der wichtigsten Dokumente jener Zeit, geeignet, das sonst weitgehende Dunkel der Epoche etwas aufzuhellen. Im Gesetzbuch gibt Gundobad auch Auskunft über seine Vorfahren. Er nennt die Könige Gibica, Gundomaris, Gislaharius und Gundaharius — Namen, die uns aus dem Nibelungenlied oder anderen Heldenliedern vertraut sind. So heißt es im Waltharilied:

Gibicho starb indessen; und Gunthari selbst in der Herrschaft folgte dem Vater.

In solcher Nähe der alten Dichtungen möchten wir eine Frage aufwerfen, die ungeklärt und widersprüchlich beantwortet wird, aber zur interessanten Problematik des

Nibelungenliedes gehört: Wo liegen die Ursprünge, wo und wann entstanden die allerersten Preis- und Heldenlieder und Sagen, die dann auf Umwegen ins Epos einmündeten?

Vor solcher Nachforschung wird manchmal gewarnt: »Man kann, wenn man die direkten Vorläufer des Autors des Nibelungenliedes sucht, zurückgehen bis zum 9. oder 8. Jahrhundert. Aber es ist klug, dort zu verweilen und nicht in eine Periode vorzustoßen, die weiter zurückgeht.« (157)

Dennoch ist der Vorstoß mehrfach unternommen worden. Er endet im 5./6. Jahrhundert. Meist ist man dabei auf die Merowinger-Franken gestoßen.

Für den späteren Beobachter war das Frankenreich nach der Einverleibung von Burgund im Jahre 534 die entscheidende, maßgebliche Macht. Man sprach von merowingisch-fränkischen Königen, fränkischer Politik, fränkischer Sprache und Kunst. Das Burgundische war überdeckt, und manches wurde als fränkisch bezeichnet, was burgundisch war. So hat sich eine fränkische Autorenschaft des Nibelungenliedes durchsetzen können. Doch das ist ungenau.

Die Burgunder haben ihre sprachliche und kulturelle Eigenständigkeit im Merowingerreich aufrechterhalten. Gregor von Tours unterscheidet Ende des 6. Jahrhunderts zwischen Burgundern und der übrigen Bevölkerung. Burgund erlangte als Teilreich der Merowinger mehrfach eine gewisse Selbständigkeit, so unter König Guntram, der seine Hauptstadt von Orléans ins nordburgundische Chalon verlegte.

Im merowingischen Nordburgund, wo die sagenhafte Brunhild regierte, deren Spuren im Nibelungenlied zu finden sind, kam es von seiten des burgundischen Adels zum Aufstand gegen die Franken. Hier blieb der burgundische Einfluß trotz besonders enger Berührung mit Franken und Romanen bestehen. In Nordburgund sind viele Fäden des Nibelungenliedes zusammengelaufen, teils burgundischen, teils merowingischen, teils ostgotischen Ursprungs.

Der zweite Teil des Nibelungenliedes, der Burgunderuntergang, dürfte aber ins Rhonereich zurückzuführen sein. Die historisch bedeutenden Erlebnisse der Burgunder wie der Untergang ihres Reiches am Rhein, der Kampf auf den Katalaunischen Feldern und die Begegnung mit Attila wurden bereits an den Höfen von Genf und Lyon vorgetragen.

Diese Auffassung setzt sich neuerdings durch. Der Tübinger Professor Karl Friedrich Stroheker (154) schreibt: »Die begründete Vermutung, daß trotz aller späterer Zutaten die ursprüngliche Gestaltung der Gunthersage im burgundischen Bereich zu suchen ist, trifft damit ebenso zusammen wie die günstige historische Voraussetzung, die in dem selbstbewußten Wiederaufstieg der Burgunder nach der Mitte des 5. Jahrhunderts und vor ihrer allmählichen Romanisierung lag.«

Die Heldenlieder wurden nicht aufgeschrieben, obwohl die Burgunder ihre eigene Schrift besaßen, die Runen, die auch im Rhonereich gebräuchlich waren. Eine berühmte Spange, in den dreißiger Jahren des 19. Jahrhunderts in einem Gräberfeld bei Charnay, in der Nähe von Mâcon, aufgefunden und heute im Museum von St. Germain-en-Laye aufbewahrt, bezeugt die burgundische Runenschrift. Die Zeichen sind auf der Rückseite der 8,8 cm langen silbernen Bügelfibel eingeritzt. Die Inschrift drückt den Wunsch aus, daß das Mädchen Liano beim Entziffern der Runen den Namen des jungen Mannes Idda herausfinden möge.

Die Lieder waren kurze, stabreimende Gedichte. Sie wurden von Sängern vorgetragen, die sich auf einer Leier begleiteten. Die Instrumente ähnelten der altgriechischen

Lyra. Sie waren aus Holz und mit sechs Saiten bespannt, die vom Saitenhalter über den Steg zu den verstellbaren Wirbeln führten.

Jedenfalls ergibt sich dieses Bild aus den Resten der Leier, die man in einem Grab unter der Kölner Severinskirche gefunden hat. Hier lag in einem Steinsarkophag ein fränkischer Sänger, der in seiner rechten Hand das Musikinstrument hielt. Seine hohe gesellschaftliche Stellung, die er etwa um 700 eingenommen hat, geht daraus hervor, daß er in ein golddurchwirktes Gewand gekleidet und auf Heckenrosen gebettet war.

Wir stellen uns die burgundischen Sänger ähnlich vor. Der in Lyon geborene römische Dichter Sidonius Apollinaris spricht von ihnen. Es ist auch überliefert, daß am Hofe von Lyon manche Taten Gundobads von einem Sänger Heraclius gewürdigt wurden. Freilich ist kaum anzunehmen, daß diese Sänger jene Sagen zum Thema gewählt haben, auf deren Spur wir sind; Heraclius war Römer. Die Lieder vom Schicksal der Burgunder wurden vielmehr von diesen selbst in ihrer eigenen Sprache vorgetragen.

Die Römer hatten kein Verständnis für die Gesänge. Auch die Kirche, die zweite Macht im Staate, lehnte sie ab. Die Kirche bediente sich zwar der burgundischen Sprache, um sich im Volk verständlich zu machen, aber sie bekämpfte die germanische Dichtung, weil sie weltlich und heidnisch war. Sie wandte sich auch gegen die Runenschrift, die ja gerade ein Ausdruck dessen war, was die Kirche ablehnte.

Trotz dieser Widerstände müssen die Lieder unter den Burgundern ein außerordentliches Echo gefunden haben. Sie gelangten später auch an die Höfe der Merowinger. An der Rhone sind sie so lange erhalten geblieben, bis das Romanische das Burgundische vollständig überlagert und aufgesogen hatte.

Die Antike näherte sich ihrem Ende. Aber noch im Absterben erschien sie Nichtrömern faszinierend, mit dem Wissen und den Erkenntnissen eines Weltreiches, mit einer eleganten Sprache und einer Bildung, die von bedeutenden Denkern verfeinert und vertieft worden war. Dennoch war der Abstieg unverkennbar, denn diese »Bildung hat kaum noch Zusammenhang mit ihren Quellen und droht darum zu verdorren. Eine tausendjährige Geistesarbeit wurde nur noch weitergegeben durch Schulbücher und Arbeiten für Schulmeister und Schulunterricht. Bildung und Wissen wurden immer unselbständiger, schrumpften ein und vertrockneten.« (38) Aber selbst unter solchen Bedingungen war der Abstand zu den Burgundern groß, und die Römer ließen es die Eingewanderten spüren: Für die Römer blieben die Burgunder Barbaren.

So schreibt Sidonius Apollinaris an einen Freund: »... der ich unter langhaarigen Horden wohne, der ich gezwungen bin, germanische Worte zu ertragen, den Liedern eines betrunkenen Burgunders zu applaudieren, dessen Haare mit ranziger Butter bestrichen sind. Glücklich deine Ohren, glücklich selbst deine Nase, die nicht jeden Morgen zehnmal den Geruch von Knoblauch und stinkenden Zwiebeln wahrnehmen muß.«

Machtvollster Vertreter verfeinerter Sitte und römischer Kultur war der Vetter von Sidonius, Bischof Avitus von Vienne, ein Neffe des römischen Kaisers. Er hatte eine klassische Ausbildung auf der Rhetorenschule erhalten und genoß als Großgrundbesitzer ein Leben im Luxus. Er nahm aktiv am politischen Leben teil, stand aber über dem Geschehen. Mitten im Kriegslärm bestellte er mit genauen Angaben einen Siegelring mit Delphinen aus feinstem Gold.

Avitus unterhielt einen umfangreichen Briefwechsel mit den Großen seiner Zeit. In seiner Bibliothek in Vienne, die vollgestopft war mit klassischen Werken und theologischen Schriften, widmete er sich der Dichtung. Er schrieb über die Erschaffung der Welt, die Erbsünde, den Fall Adams, die Sintflut oder den Zug durchs Rote Meer. Seine Dichtungen haben im 17. Jahrhundert den Engländer Milton veranlaßt, das »Verlorene Paradies« zu schreiben.

Am Hofe Gundobads war Avitus der wichtigste Berater: der zweite Mann im Staat. Er hat den König bei vielen Entscheidungen beraten und beeinflußt. Als Mann der Kirche war es sein Ziel, den König vom Arianismus zum Katholizismus zu bekehren. Das mißlang bei Gundobad, es glückte bei dessen Sohn Sigismund und bei dem Frankenkönig Chlodwig.

Bei allen Unternehmen blieb Avitus als intellektueller Typ kühl bis unter die Haut. Wenngleich er Berater Gundobads war, hat er auch gegen ihn intrigiert und teil daran gehabt, daß der Katholik Chlodwig gegen den Arianer Gundobad im Jahre 500 zum Krieg aufbrach. Avitus wollte der Orthodoxie zum letzten Durchbruch verhelfen, und Chlodwigs Kampf gegen Burgund erschien ihm dabei ein geeignetes Mittel.

In diesem Krieg unterlag Gundobad, zumal sich Chlodwig mit Gundobads Bruder Godegisel verbündete. In einem Geheimvertrag hatte Godegisel dem Frankenkönig einen Teil Burgunds zugesagt, sofern dieser ihn nach dem Sieg als burgundischen König anerkennen würde.

Chlodwig und Godegisel siegten bei Dijon. Der geschlagene Gundobad floh durch sein Reich bis nach Avignon. Chlodwig sah damit den Krieg als entschieden an, zog sich zurück und ließ 5000 Mann zur Unterstützung von Godegisel in Vienne.

Aber Gundobad gab nicht auf. Mit Unterstützung der Westgoten zog er gegen seinen Bruder und belagerte Vienne, das sich hartnäckig verteidigte. Als die Lebensmittel in der Festung knapp wurden, ließ Godegisel die nichtwaffentragende Bevölkerung ausweisen, darunter auch einen Baumeister, der die Wasserleitungen der Stadt ausgebessert und erneuert hatte. Dieser Mann meldete sich bei Gundobad und ließ ihn wissen, wie man die Stadt trotz ihrer mächtigen Mauern einnehmen könne: Man müsse die Truppen durch den unterirdischen Aquädukt führen, dessen Verlauf der Baumeister natürlich kannte.

So geschieht es. Burgunder und Westgoten dringen durch die Wasserleitung in Vienne ein. Die Besatzung ist völlig überrascht und leistet nur geringen Widerstand.

Gundobad greift selbst in den Kampf ein und trifft auf Godegisel, der vor ihm in eine Kirche flieht. Doch der König setzt seinem Bruder nach und erschlägt ihn eigenhändig im Gotteshaus.

Damit nicht genug, läßt Gundobad, der nun wieder die volle Herrschaft errungen hat, auch seine burgundischen und römischen Ratgeber foltern und hinrichten. Doch Avitus kommt heil davon.

Das Gepräge von Vienne war so römisch wie jenes von Lyon, und glücklicherweise ist vieles herübergerettet worden in die Gegenwart: das Theater am Pipet-Hügel mit über 12 000 Sitzplätzen, die mächtigen Portale am Cybele-Tempel, die Steilpyramide des Amphitheaters, die Thermen des Spiegelpalastes oder die römische Straße im Stadtgarten.

Am eindrucksvollsten ist der Tempel von Augustus und der Livia mit sechs korinthischen Säulen am Eingang und jeweils sechs Säulen und zwei Pilastern an den Seiten. Neben der »Maison carée« in Nîmes ist dieser Tempel das einzige römische Bauwerk Galliens, das unversehrt geblieben ist. Das mag daran gelegen haben, daß der Tempel später als Kirche diente und damit dem Zugriff jener entzogen blieb, die die römischen Bauten als Steinbrüche nutzten.

Der Tempel hieß die »alte« Kirche, und es ist nicht ausgeschlossen, daß Godegisel dorthin flüchtete und hier von

Gundobad erschlagen wurde. Dies ist um so wahrscheinlicher, weil auf demselben Platz das Burgunderpalais gestanden hat, in dem die Prinzen residierten und die Könige bei ihren Durchreisen Aufenthalt nahmen.

Auch die Kirche St. Pierre — so romantisch gebaut, daß das römische Vorbild überdeutlich wird — geht in die Zeit Gundobads zurück, ja, sogar bis ins 4. Jahrhundert. Trotz späterer Umbauten wurde mancher Stein zur Burgunderzeit gelegt.

St. Pierre gilt als eine der ältesten Kirchen Galliens. So können wir uns vorstellen, daß Bischof Avitus von Vienne die Basilika oft besucht hat; die römischen Statuen, die im Innern aufgestellt sind, dürften ihm nicht fremd gewesen sein.

Noch etwas führt zurück in die Zeit Gundobads: der Aquädukt. Am linken Ufer der Gère, die in Vienne in die Rhone mündet, noch fast im Stadtgebiet, läuft längs der Straße die gewölbte Steinkonstruktion, größtenteils vom Gesträuch überwuchert oder in den Hang einbezogen, streckenweise aber in ihrer Bestimmung als Wasserleitung durchaus erkennbar. An einem Aufbruch ist die beträchtliche Dicke des Gemäuers ersichtlich und die außerordentliche Innenhöhe des Aquäduktes, der bis 883 die Stadt mit Frischwasser aus dem Gèretal versorgte.

Damals war es ein leichtes, die Wasserleitung aufrecht zu durchschreiten, wie es Gundobad und seine Männer getan haben, als sie sich anschickten, durch diese Wasserleitung in die Stadt einzudringen und im überraschenden Zugriff Vienne zu erobern.

Die Stadt steckt noch voller Merkwürdigkeiten und bietet immer neue Überraschungen. Wer in seinem Garten gräbt, stößt leicht auf die Vergangenheit, und so wird die Stadt immer reicher an Funden.

Am Platz von St. Pierre befinden sich größere Absperrungen: Bei Ausschachtungen stieß man hier auf römische Häuser. Mehrere Mosaiken sind bereits freigelegt, die Arbeiter machen sich an die Bergung einiger Vasen. Der Leiter des Syndicat d'Initiative, ein engagierter Altertumsfreund, deutet auf die Innenwände der alten Häuser, an denen Fresken mit rotem Untergrund erscheinen.

Auf die Burgunder angesprochen, empfiehlt er den Besuch des romanischen Kreuzganges von St. André-le-Bas. In diesem Wunderwerk der Rhoneschule aus dem 12. Jahrhundert hat man Epitaphen verschiedener Perioden zusammengetragen. Auf den verwitterten Steintafeln lesen wir, daß im Jahre 483 in Vienne ein burgundischer Bürger namens Idigernus starb, 485 Annemundus und 491 die Jungfrau Aisberga, 24 Jahre alt. Und weiter: 509 Ananthailda, 523 Aliberga, 537 das vierjährige Kind Ingildus, 546 Arigunde, 547 Gundiiscus und schließlich 629 Burgondio.

Noch eindeutigere Namen fand der Sprachforscher Ernst Gamillscheg (63) bei seinen Untersuchungen in Burgund und gab dazu den Kommentar: »Die aus der Heldendichtung um den Burgundenuntergang entstandenen Namen wie Gislaharius = Giselher, Hagins = Hagen, Nibilings/Nibilingôs haben in den Ortsnamen des burgundischen Siedlungsgebietes seit 443 zahlreiche Spuren hinterlassen.« Damit wären die Nibelungen bis ins Rhonereich zu verfolgen. Bezieht man diesen Namen auf das damalige Königshaus, dann gewinnt eine bereits um die Jahrhundertwende geäußerte Vermutung an Interesse. Nach dieser Theorie hätte das burgundische Herrschergeschlecht den Namen Nibelungen getragen wie die ostgotische Königsfamilie Amelungen hieß (82).

Auch im heutigen Vienne könnte man einige Namen der Bewohner zurückführen auf solchen Ursprung, allerdings sind alle Namen seit über tausend Jahren romanisiert.

Im übrigen ist die Gesamtzahl der Burgunder nie sehr

groß gewesen. Es waren kaum 30 000, und das Rhonereich hat insgesamt auch nur wenige Jahrzehnte bestanden.

Die geringe Zahl und die gefährdete Lage hätten die Burgunder zur Wachsamkeit zwingen müssen — und zur Wahl guter Verbündeter. Hierbei hätten sich die Westgoten, die Feinde der Franken, angeboten, denn die Franken waren das Schicksal Burgunds. Aber die Politik, die in Lyon getrieben wurde, war nicht weitsichtig. Das war bei anderen Völkern ähnlich, und einige konnten es sich auch erlauben, Burgund jedoch nicht.

So nahm die Geschichte ihren tragischen Verlauf. Noch unter Gundobad und dann erneut unter Sigismund fielen Franken und Ostgoten in Burgund ein und entrissen dem Land wichtige Gebiete.

Als Godomar II. 524 seinem Bruder Sigismund als Herrscher folgte, gelang ihm noch ein letzter Erfolg. Er schlug den Frankenkönig Chlodomer bei Visorontia. Chlodomer, der sich weit nach vorn ins Schlachtgetümmel gewagt hatte, wurde von einem Speer tödlich getroffen.

Die Burgunder ergriffen den Frankenkönig, schlugen ihm den Kopf ab, steckten diesen auf eine Lanze und zeigten ihn den fränkischen Kriegern. Die Franken waren über den Tod ihres Feldherrn so verwirrt, daß sie den Burgundern nicht mehr standhielten.

Die Schlacht war verloren, Godomar diktierte den Frieden.

Visorontia ist Véséronce, östlich Lyon bei Morestel. Die bescheidenen Häuser des Dorfes kuscheln sich in die breite Ebene des Rhonetales, über der die Berge ringsum ansteigen, im Hintergrund überragt von den Schneegipfeln der Alpen.

Nordwestlich von Véséronce breitet sich in freier Landschaft wie ein Schildkrötenpanzer ein etwa 15 Meter hoher Hügel aus. In seiner Nähe fand man 1879 einen Helm der Schlacht von 524 und reihte ihn in die Bestände des Museums von Grenoble ein.

Der Hügel, mit Gras und vereinzelten Büschen überdeckt, erscheint den nahe wohnenden Bauern nicht geheuer, er ist für Spukgeschichten wie geschaffen. Man nennt ihn Molar de Kouène, abgeleitet von dem germanischen Wort König, und erzählt sich, dies sei das Grab des fränkischen Heerführers Chlodomer.

Einige hundert Meter weiter, auf einem Plateau, steckt im Dickicht von Schlingpflanzen und Bäumen das zerfallene Gemäuer einer Burg. Der kantige Turm, aus rohen Steinen errichtet, reckt sich zerborsten über die Bäume. Ging der Kampf im 6. Jahrhundert auch um diese Festung?

Nach der Schlacht von Visorontia vermochte Godomar noch einmal das Reich fast im alten Umfang wiederherzustellen, doch nur für kurze Zeit.

532 kam es bei Autun erneut zum Kampf mit den Franken, bei dem Godomar unterlag, und 534 wurde Burgund unter die Söhne Chlodwigs aufgeteilt.

Burgund wurde den Franken heer- und tributpflichtig, wenngleich es seinen Namen als Teil des Frankenreiches behielt. Aber es gab kein einheimisches Herrschertum mehr, alle Aufstände wurden von den Merowingern niedergeschlagen.

Das burgundische Bewußtsein blieb noch lange erhalten. Die Ereignisse von 534 lebten weiter, verbunden mit der Katastrophe von Worms hundert Jahre zuvor und dem Kampf auf den Katalaunischen Feldern, auf denen die Burgunder so hohe Verluste erlitten hatten.

Drei Katastrophen in einem Jahrhundert, die zur Vernichtung der Eigenstaatlichkeit geführt hatten, konnten die Überlebenden und die folgenden Generationen nicht vergessen. Die Sänger griffen sie auf, wandelten sie ab und formten schließlich daraus ein einziges tragisches Geschehen: den Untergang der Burgunder.

6. Die Blutrache der Königinnen

Brunhilds prunkvolle Hochzeit · Fredegundes Mordanschläge · Worms als Residenz der Merowinger · Chlotar nimmt Rache an seiner Tante · Der Sarkophag der Brunhild in Autun · ». . . durch zweier Frauen Streiten ging da mancher Held verloren«

Gregor von Tours, Bischof und Geschichtsschreiber, Abkömmling einer wohlhabenden römischen Senatorenfamilie, der von 540 bis 594 lebte, berichtet in der Vorrede zu seiner Niederschrift über die Merowingerzeit:

»Da die Pflege der schönen Wissenschaften in den Städten Galliens vernachlässigt, ja sogar gänzlich in Verfall geraten ist, hat sich kein in der Kunst der Dialektik Erfahrener und kein Grammatiker gefunden, um in Prosa oder Versen zu schildern, was sich unter uns zugetragen hat. Und dennoch hat sich vieles ereignet, Gutes wie Böses, es rasten die wilden Scharen der Gottlosen, und die Wut der Könige wurde groß, von den Irrgläubigen wurden die Kirchen angegriffen und geschützt von den Rechtgläubigen, in vielen erglühte und in nicht wenigen erkaltete der Glaube an Christus, die heiligen Stätten wurden von den Frommen reich geschmückt und geplündert von den Gottlosen.«

Dabei ist die Geschichte der Merowinger erschreckender und abgründiger, als sie hier andeutungsweise geschildert wird. Zwar melden die Zeiten vorher und nachher auch viele Grausamkeiten, im 5. und 6. Jahrhundert hat jedoch ganz besonders die Niedertracht geherrscht. Mit dem Umbruch der Zeiten und dem sich langsam ankündigenden Neubeginn schien alles erlaubt und jede Norm in Frage gestellt.

Leidenschaften wurden zu Exzessen, der Machtwille überschlug sich, Bruderkrieg und Verwandtenmord mit

Dolch, Gift oder Folterung waren nichts Ungewöhnliches. Die Verwirrung wurde gefördert durch das Erbrecht der Merowinger, wonach das Reich beim Tod eines Herrschers auf die Söhne aufgeteilt wurde und diese sich alsdann bekämpften. Jeder trachtete danach, die Alleinherrschaft zu erringen.

In dieser Zeit lebte Brunhild, Tochter des westgotischen Königs Athanagild in Spanien. Um sie warb König Sigibert I., Herrscher von Austrasien, jenem Land, das zusammen mit Neustrien und Burgund das Frankenreich bildete. Die Werbung und die anschließende Hochzeit im Jahre 567 schildert Gregor von Tours recht farbig:

»König Sigibert aber schickte, da er sah, daß seine Brüder Weiber wählten, die ihrer nicht würdig waren, und daß sie sich so weit herabließen, selbst Mägde zur Ehe zu nehmen, eine Botschaft nach Spanien, übersandte reiche Geschenke und freite um Brunichilde, die Tochter Königs Athanagild. Denn diese war eine Jungfrau von feiner Gestalt, schön von Angesicht, züchtig und wohlgefällig in ihrem Benehmen, klugen Geistes und anmutig im Gespräch.

Der Vater aber versagte sie ihm nicht und schickte sie mit großen Schätzen dem König.

Da versammelte er die Großen seines Reiches, ließ ein Gelage zurichten, und unter unendlichem Jubel und großen Lustbarkeiten nahm er sie zu seiner Frau. Und da sie dem Glauben des Arius ergeben war, wurde sie durch die Belehrung der Bischöfe und die Zusprache des Königs selbst bekehrt, glaubte und bekannte die heilige Dreifaltigkeit und erhielt das heilige Salböl.«

Auch der Bruder Sigiberts, der außergewöhnlich gebildete Chilperich I. von Neustrien, war von Brunhilds Erscheinung, von ihrem gewandten Auftreten, ihrem politischen Instinkt und ihrer Klugheit angetan. So warb er bei Athanagild um Brunhilds Schwester Galswintha.

Der Westgotenkönig schickte auch seine zweite Tochter mit großem Gefolge und vielen Schätzen ins Merowingerreich, und hier gab es eine neuerliche, glanzvolle Hochzeit, die jener von Brunhild mit Sigibert um nichts nachstand.

Aber Chilperich hatte noch eine Nebenfrau. Sie hieß Fredegunde und war ursprünglich die Dienerin von Audovera gewesen, der ersten Frau Chilperichs. Auf Fredegundes Wunsch war Audovera ins Kloster geschickt worden.

Als nun Galswintha Königin war, ruhte Fredegunde nicht, ihre Nebenbuhlerin tagtäglich zu kränken. Galswintha beschwerte sich beim König, der zu vermitteln versuchte, oder auch zu Ausreden Zuflucht nahm, aber nichts änderte.

Schließlich ließ Fredegunde durch gedungene Mörder ihre Gegnerin im Bett erdrosseln.

Brunhild erfuhr von diesem Mord an ihrer Schwester. Sie war außer sich und schwor Fredegunde Blutrache.

Die Fehde zwischen den beiden Frauen hat Jahrzehnte gedauert und sich sogar auf die Nachkommen übertragen. Zahlreiche Könige fielen den Intrigen zum Opfer, auch Brunhilds Mann Sigibert I.

Dieser war bald in einen Kampf mit seinem Bruder Chilperich geraten. Als der Krieg schon über zehn Jahre gedauert hatte und Sigibert kurz vor dem endgültigen Siege stand, ließen ihn die Adeligen von Neustrien wissen, sie wollten ihren bisherigen Herrscher Chilperich absetzen und ihn, Sigibert, zum König haben. Sigibert hörte das mit Vergnügen und folgte einer Einladung der Adeligen nach Vitry.

»Als er nach dem königlichen Hof gelangte, der Vitry genannt wird«, so berichtet Gregor, »sammelte sich um ihn das ganze Heer der Franken, hob ihn auf den Schild und wählte ihn zum König. Es drängten sich aber zwei Dienstleute, die waren von Fredegunde berückt, an ihn, als ob sie ihm eine Sache vorzutragen hätten und stießen ihm in jede Seite ein tüchtiges Messer — Scramasax, wie man es zu nennen pflegt —, das in Gift getaucht war. Da schrie er laut auf, stürzte zusammen und hauchte nicht lange danach den letzten Atem aus.«

Fredegunde, schön von Gestalt, aber hart, ehrgeizig und ohne Skrupel, betrachtete den Mord als geeignetes Mittel, um ihre Wünsche durchzusetzen. Fredegunde ähnelt der Kriemhild der Dichtung, die nach dem Tod von Siegfried und als Frau von Etzel ihre eigenen Verwandten umbringen ließ, um Rache zu nehmen. Fredegunde, Königin von Neustrien, und Kriemhild, Königin im Hunnenland, werden beide zur »vålandinne«, zur Teufelin, wie es am Schluß des Nibelungenliedes heißt.

Um am austrasischen Hof die Dinge in ihrem Sinn zu steuern, schickte Fredegunde einen von ihr bestochenen Geistlichen zu ihrer Widersacherin Brunhild, und der Bote mußte der Königin berichten, er habe sich mit Fredegunde überworfen und bitte um Schutz.

Brunhild schöpfte Verdacht. Sie ließ den Fremdling beobachten, und bald stellte sich heraus, daß er mit Mordabsichten gekommen war. Brunhild bestrafte ihn hart; sie ließ ihn geißeln und an Fredegundes Hof zurückschicken. Fredegunde war empört über die Unfähigkeit ihres Boten und ließ ihm Hände und Füße abschlagen.

Fredegunde ruhte nicht. Nach einer Weile sandte sie zwei Geistliche an den Hof von Childebert II., Sohn von Brunhild, der nach dem Tod von Sigibert I. mit fünf Jahren zum Herrscher von Austrasien ausgerufen worden war und für den Brunhild die Regierung führte. Fredegunde übergab ihren Beauftragten vergiftete Dolche und einen »Zaubertrank«, der Mut machen sollte, und sagte:

»Nehmt diesen Dolch und eilt so schnell wie möglich zu König Childebert. Stellt euch, als wärt ihr Bettler und werft euch ihm zu Füßen, als ob ihr um eine Gabe bätet, und dann durchbohrt ihm beide Seiten! Auf daß endlich Brunichilde, deren Hochmut nur auf seiner Macht fußt, durch seinen Sturz ins Verderben gerate und sich mir unterwerfen muß.

Sollte der Knabe aber so ängstlich bewacht werden, daß ihr nicht zu ihm gelangen könnt, so tötet sie selbst, meine Feindin.

Laßt alle Furcht fahren und bannt das Todesbangen aus eurem Herzen. Denn der Tod steht uns allen doch bevor. Rüstet euch also mit Mannhaftigkeit und bedenkt: Schon oftmals sind tapfere Männer im Kampf gefallen, ihre Angehörigen aber zum Adel emporgestiegen und ragen dafür jetzt über alle an unermeßlichen Schätzen empor und sind die ersten im Reich. An dem Tage, an dem ihr vollführt, was ich euch geboten habe, nehmt morgens, ehe ihr euer Werk beginnt, diesen Trank, und es wird euch an Kraft nicht gebrechen.«

Die Geistlichen wurden aber schon bei ihrem Eintreffen in Soissons, wo der junge König Childebert mit seiner Mutter Brunhild residierte, gefangengenommen. Als nun Fredegunde, die gespannt auf eine Nachricht wartete, nichts erfuhr, sandte sie einen Boten aus, der erkunden sollte, was sich ereignet habe. Doch der Bote stellte sich wie die Geistlichen so ungeschickt an, daß er ebenfalls ertappt wurde. Alle drei gestanden, wer sie gesandt hatte, und alle drei wurden zu Tode gefoltert.

Die Fehde zwischen Fredegunde und Brunhild spitzte sich weiter zu, als die letztere nach dem Tod von Sigibert erneut heiratete: ausgerechnet Fredegundes Stiefsohn, den Sohn von Chilperich und dessen erster Frau Audovera, Merowech. Er ehelichte mit Brunhild seine eigene Tante.

Die Hochzeit wurde von Bischof Prätextatus vollzogen. Daraufhin geriet Fredegunde über den Bischof in solchen Zorn, daß sie ihn in der Kirche von Rouen erdolchen ließ, und als zu seiner Bestattung Bischof Romacher von Coutance erschien, reichte sie ihm den Giftbecher.

Damit nicht genug, veranlaßte sie — die näheren Umstände sind unbekannt — den Selbstmord von Brunhildes zweitem Mann Merowech. Im übrigen ließ sie auch die anderen Söhne von Audovera aus dem Weg räumen und im Jahre 580 Audovera selbst.

Als schließlich ihr eigener Mann Chilperich 584 auf mysteriöse Art verstarb und Fredegunde im Anschluß daran zu ihrem Schwager Guntram floh, dem Herrscher von Burgund, wollten die Gerüchte nicht verstummen, die besagten, Fredegunde habe ihren eigenen Mann umgebracht. Fredegunde stellte sich jedenfalls nach dem Tod ihres Mannes zusammen mit ihrem Sohn Chlotar II. unter den Schutz des Burgunderherrschers.

Als Guntram 593 starb, fiel Burgund nicht an Fredegundes Sohn Chlotar II., sondern an Brunhildes Sohn Childebert II. Daraufhin entflammte Fredegundes Zorn gegen ihre Rivalin erneut. Aber der Streit zwischen den Königinnen dauerte nun nicht mehr lange, denn Fredegunde starb 597. Doch ihr Haß gegen Brunhild war so unerbittlich gewesen, daß er sich auf ihren Sohn Chlotar übertragen hatte, der nun seinerseits danach trachtete, Brunhild zu beseitigen.

Zunächst übernahm Brunhild die Herrschaft von Austrasien und Burgund, denn ihr Sohn Childebert II. starb schon 596 und seine beiden Söhne, Brunhilds Enkel, Theuderich II. und Theudebert II., waren noch nicht volljährig. Als sie heranwuchsen, kam es bald zu Auseinandersetzungen zwischen ihnen, bis Theuderich seinen Bruder ermorden ließ.

Zusammen mit seiner Großmutter Brunhild trachtete Theuderich jetzt danach, auch Neustrien dem Reich einzuverleiben. Darum wurde zum Krieg gegen Chlotar II., Fredegundes Sohn, gerüstet. Da starb jedoch Theuderich, und Brunhild ernannte nun eines seiner vier unehelichen Kinder, Sigibert II., zum König. Da dieser aber erst 11 Jahre alt war, übernahm seine Urgroßmutter Brunhild die Regentschaft und war damit in der dritten Generation zur Vormundschaft berufen.

Der Krieg gegen Chlotar wurde aufgeschoben. Brunhild begab sich mit ihrem Urenkel nach — Worms. Dieser Aufenthalt ist durch mehrere Quellen belegt, so durch Fredegar und Aimoin. Die geschichtliche Brunhild hat also am Rhein residiert wie die Brünhild der Dichtung, die Gemahlin des Burgunderkönigs Gunther. Diese Identität ist eigenartig und überraschend.

Die geschichtliche Brunhild residierte in Worms-Neuhausen. Auch Theudebert II. hat sich hier in einem mit Gartenanlage umgebenen Palast aufgehalten, wie berichtet wird.

Später hielt der Nachfolger von Chlotar II., Dagobert, in Worms-Neuhausen Hof. Seinen Namen trug die »Aula Dagoberti regis Francorum« (Hof des Frankenkönigs Dagobert), die Dagobert später in eine Basilika umwandeln ließ. Daraus wurde das Cyriacus-Stift. Eine im 16. Jahrhundert noch vorhandene Steininschrift der Kirche hat darauf verwiesen, daß an dieser Stelle ein alter Königssitz gewesen sei. Merkwürdigerweise war das Siegel des Cyriacus-Stiftes der Lindwurm.

Früher war Neuhausen mit Wällen und Mauern befestigt und mit einem aus dem Mühlgraben abgeleiteten Wasserlauf umzogen. Aber im 13. Jahrhundert haben die Wormser die Befestigungsanlagen abreißen lassen; sie fürchteten, der Erzbischof von Mainz könne hier Fuß fassen und würde dann gegen ihre Stadt vorgehen.

Heute zeigt Neuhausen in seiner Anlage noch Spuren der alten Zeit. Unverkennbar ist der erhöhte Platz, auf dem die Kirche steht und früher die Burg errichtet war, deutlich kann man aus den schmalen Gassen und den Gräben auf die einstmaligen Befestigungen schließen. Einige der Anlagen waren sogar nach der merowingischen Königin benannt. So gab es 1141 eine »Brunhiltwisi« und 1355 einen »Brunhiltegraben«.

Eugen Kranzbühler (102), Jurist von Haus aus, dessen Steckenpferd die Geschichte seiner Heimatstadt Worms gewesen ist, macht darauf aufmerksam, daß in Worms auch Münzen der Brunhild geprägt worden sind; ein Exemplar der kleinen Geldstücke wird in der Pariser Nationalbibliothek aufbewahrt. Es ist ein merowingischer Triens von 1,1 Zentimeter Durchmesser und einem Gewicht von 1,17 Gramm. Auf der Vorderseite ist ein Frauenkopf mit langen Haaren eingraviert. Die Rückseite zeigt ein Kreuz mit Kugeln und die Worte VARMACIA FIT: in Worms hergestellt. Es handelt sich um eine Münze Brunhilds, die diese 613 in Worms prägen ließ, gerade zu dem Zeitpunkt, als sie um den Bestand ihres Reiches kämpfte.

Von Worms aus plante Brunhild den verschobenen Kampf gegen Chlotar II. Es war ein gewagtes Unterfangen, denn die Großen in allen drei Reichsteilen hatten sich mittlerweile gegen die Herrscherin gewandt. Chlotar II., dem Sohn Fredegundes, gelang es in wachsendem Maße, die Unzufriedenheit von Neustrien, Austrasien und Burgund um sich zu sammeln. Ihre Zahl wuchs so bedrohlich, daß schließlich fast alle Adeligen von Brunhild abgefallen waren, sogar ihr Palastvorsteher Garnier. In höchster Not floh sie nach Orpa, jenseits des Jura, wurde hier aber von Marschall Erpo aufgegriffen und zusammen mit ihren Angehörigen vor Chlotar II. gebracht.

Chlotar ließ Brunhilds Urenkel, die Nachkommen Theuderichs II., bis auf einen hinrichten. Dann rechnete er seiner Feindin vor, daß durch ihre Schuld zehn Frankenfürsten ums Leben gekommen seien. Anschließend vollzog er an seiner Tante jene Rache, die sich seine Mutter Fredegunde jahrzehntelang gewünscht hatte.

Fredegar, der wichtige Chronist des 7. Jahrhunderts, schreibt über die letzten Tage von Brunhild im Jahre 613:

»Chlotar ließ sie drei Tage lang auf verschiedene Weise martern, dann zuerst auf ein Kamel setzen und so durch das ganze Heer führen, hierauf mit dem Haupthaar, einem Arm und einem Fuß an den Schwanz eines Pferdes binden, und so ward sie von den Hufen des davonsprengenden Pferdes zerschlagen.«

Fredegar schreibt nichts Günstiges über Brunhild. Er hat sie gehaßt. Er bezieht auf Brunhild, die vor ihrer Heirat im Westgotenreich Bruna geheißen hatte, das Wort der Sibylle:

»Von Spanien wird kommen Bruna, durch die viele Völker zugrunde gehen werden.«

Er nennt sie die Verfolgerin der Propheten, eine Baalsdienerin und Erwerberin verbrecherischen Besitzes. Fredegar schließt sich der damals vorherrschenden Meinung des merowingischen Adels an. Doch dies ist kein zutreffendes Bild.

In Wirklichkeit war Brunhild eine ungewöhnliche Frau, von großem Ehrgeiz und starkem Willen, aber auch selbstverständlicher Autorität und sogar staatsmännischen Qualitäten. Sie ist nur bedingt mit ihrer mächtigen Gegenspielerin Fredegunde zu vergleichen, die grundsätzlich jeden aus dem Weg räumen wollte, der Kritik an ihr übte oder ihre Politik beeinträchtigte.

Die neuere Forschung warnt zwar bei der Beurteilung von Brunhild vor einer Übersteigerung ihrer Persönlichkeit, und diese Warnung wird zu Recht erteilt. Nur darf man nicht übersehen, daß Brunhild politische Ideen verfochten hat und nicht nur von Launen und Leidenschaften bestimmt war.

Brunhild wollte das große Einheitsreich unter straffer Regierung und mit einer Verwaltung, für die das römische Vorbild gelten sollte. Sie richtete ein neues Steuersystem ein und ließ die Grundbücher derart umschreiben, daß die Reichen mehr zahlen mußten und die Armen weniger. Sie wünschte eine Gerichtsbarkeit, der auch die Adeligen unterworfen sein sollten. Sie förderte den Handel und ließ die keltisch-römischen Wege wieder herrichten. Noch heute heißen nach ihr einige »Chaussées Brunehaut« oder »Chaussées de la Reine«. Nicht nur Straßen sind an ihren Namen gebunden, auch Kulturdenkmäler, die sogenannten »Dolmen« der Megalithkultur, die in bestimmten Gebieten Frankreichs recht zahlreich sind; einige heißen »Pierres Brunehaut«, Brunhildsteine.

Der große Felsen auf dem Feldberg im Taunus wurde ebenfalls Brunhildfelsen genannt, wie eine urkundliche Erwähnung von 1043 besagt.

Reste von Burgen und Schlössern, wie etwa der Brunhildturm zu Cahors oder das Schloß Vaudémont in Lothringen, tragen ihren Namen, und zahlreiche Kirchen gehen auf sie zurück, mit Sicherheit die Kirchen von St. Vincent in Laon, St. Martin und St. Jean in Autun oder St. Martin in Metz.

Brunhild unterhielt eine weitgestreute Korrespondenz. Zahlreiche Briefe hat sie mit Papst Gregor I. gewechselt, von dem sie für ihre Kirchenbauten Reliquien erhielt. Überhaupt wünschte sie in Anlehnung an die römische Geschichte eine engere Bindung zwischen Rom und dem Frankenreich. Aber darin sahen die geistlichen und weltlichen Adeligen eine zu glanzvolle Betonung der Stellung Brunhilds, wie sie grundsätzlich den politischen Maßnahmen der Herrscherin mißtrauten. Sie fürchteten — und nicht zu Unrecht — daß die merowingische Königin die Belange der Kleinfürsten schmälern würde.

Da Brunhild überdies ihre Wünsche recht selbstherrlich

durchzusetzen pflegte, hatte sie immer weniger Freunde unter den Großen in allen drei Reichsteilen. Als diese sich dann mit Chlotar verbanden, war ihr Untergang nur eine Frage der Zeit.

Nach dem gräßlichen Tod in Renève wurde ihr Leichnam verbrannt. Knochen und Asche gelangten unter Zustimmung von Chlotar nach Autun, um dort in der Martinsabtei beigesetzt zu werden.

Diese Abtei, die Brunhild für 300 Mönche gestiftet hatte, ist aus Beschreibungen bekannt. Sie war in Form einer Basilika errichtet, die Apsis mit vergoldeten und blauen Mosaiken des Tierkreises ausgelegt.

Brunhilds Sarkophag wurde in der Krypta der Abtei unter dem Hauptaltar beigesetzt, hier ruhte er einige Jahrhunderte. 1462 wurde der Bleisarg in die Hauptkirche von Autun gebracht und von einem auf Säulen stehenden Marmorsarkophag umgeben. Kardinal Rolin ließ darüber einen Marmorbogen errichten und die Inschrift einmeißeln:

Brunehaut fut jadis Royne de France
Fondaterresse du saint lieu de céans,
Cy inhumée en 614,
En attendant de Dieu vraie indulgence.
(Brünhild, ehemalige Königin von Frankreich,
Gründerin dieses heiligen Ortes,
wurde hier 614 beigesetzt
und erwartet von Gott wahre Vergebung.)

1633 wurde das Grab von Bischof Ragny geöffnet, dabei fand man einige Knochen, Asche, Kohle, Erde und einen Reitersporn. 1767 wurde der Sarkophag erneut verlagert. Man schaffte ihn zurück in die zwischenzeitlich zerstörte, aber wiederaufgebaute Martinskirche und brachte eine Inschrift an, die Brunhild nun als Heldin feierte. Noch

1848 bestand das Grab und wurde als schwarzer Marmorsarkophag beschrieben, der auf vier Pfeilern von grünem Marmor ruhte.

Die alte Martinskirche und die Martinsabtei von Autun bestehen heute nicht mehr, eine kleine Kapelle wurde Nachfolgerin. Man erreicht sie, wenn man die Stadt in nordöstlicher Richtung durch das noch erhaltene römische Tor St. André verläßt, einen Bach überquert und im Stadtteil St. Pantaléon eine Anhöhe ersteigt.

Hier liegt in der Mitte eines Plateaus, fast ganz von Bäumen verdeckt, die neuromanische Kapelle St. Martin. Sie wurde an der Stelle errichtet, auf der die frühere Kirche gleichen Namens erbaut worden war. Doch auch die heutige Kapelle ist dem Verfall preisgegeben. Daß an diesem Ort einmal ein religiös-historischer Mittelpunkt gewesen ist, interessiert die Anwohner wenig. Auf dem nahen Bauernhof kennt man nur vage die Vergangenheit des Platzes. Wichtiger ist den Bewohnern die Zukunft, die Tatsache, daß in der Nähe Ausschachtungsarbeiten für einen Industriebezirk vorgenommen werden.

Aufgeschlossen für die Geschichte sind dagegen die Nonnen im Internat St. Andoche im Westen der Stadt. Der Internatsbau grenzt unmittelbar an die alte Stadtmauer, und direkt auf der Mauer erhebt sich ein quadratischer Turm. Er stammt aus der Römerzeit, römisch sind die flachen roten Ziegel und die Bogenfenster. Andere, rechteckige Fenster kamen später hinzu. Insgesamt erscheint der Turm, dessen Dach von einem Schornstein überhöht ist und von einer Regenrinne umrandet wird, als Mischung von fernster und naher Vergangenheit. Er fällt mit seinem burgartigen Charakter aus dem sonstigen Bild des Internats heraus.

Die Nonnen nennen ihn Brunhildsturm.

Er war Teil des Klosters St. Andoche, das früher hier

an Stelle des heutigen Internats gestanden hat. Das Kloster war von Brunhild für arme Durchreisende gegründet worden, so wie die Königin auch in der Stadt ein Frauenkloster St. Jean hatte errichten lassen. Von ihm ist nichts erhalten geblieben, an der Stelle des alten Klosters steht heute die Kirche St. Jean.

Von St. Andoche gibt es jedoch noch Mauerwerk aus Brunhilds Zeit. Wenn man südöstlich des Römerturms die Kellerräume des Internats betritt und die Waschküche durchquert, gelangt man in einen unterirdischen Raum, der in keinem Reiseführer verzeichnet ist und den auch nur wenige Bewohner von Autun besichtigt haben, obwohl er mit zu den ursprünglichen Bauwerken der Stadt gehört.

Große Quader fügen sich zu Pfeilern mit vorkragenden einfachen, zum Teil primitiv verzierten Kapitellen. Von diesen schwingen sich gemauerte Bögen und flache Gewölbe zu den nackten Wänden.

Es ist ein alter merowingischer Bau, von einem seltsamen Modergeruch durchsetzt: die Krypta des Klosters St. Andoche, die vor weit mehr als tausend Jahren oft von ihrer Gründerin besucht worden ist. Die Nonnen, die die Krypta heute als Abstellraum benutzen, sind sich der Geschichtlichkeit des Mauerwerks bewußt. Darum verweisen sie ihre Schülerinnen im Unterricht darauf, daß die vielfältige Geschichte Burgunds bis in das Internat hineinreicht.

Autun hat jedoch noch einen direkteren Bezug zur Königin der Merowinger, und zwar im Museum Rolin, ganz in der Nähe der Kirche St. Lazare. Diese Kathedrale gilt als Prunkstück der Stadt, obwohl sie unter vielen Zerstörungen im Lauf der Jahrhunderte gelitten hat. Immerhin wurden einige Kostbarkeiten aus Stein gerettet und später ins Rolin Museum gebracht, so die Skulpturen des Lazarus-Grabes, Andreas, Martha und Maria Magdalena,

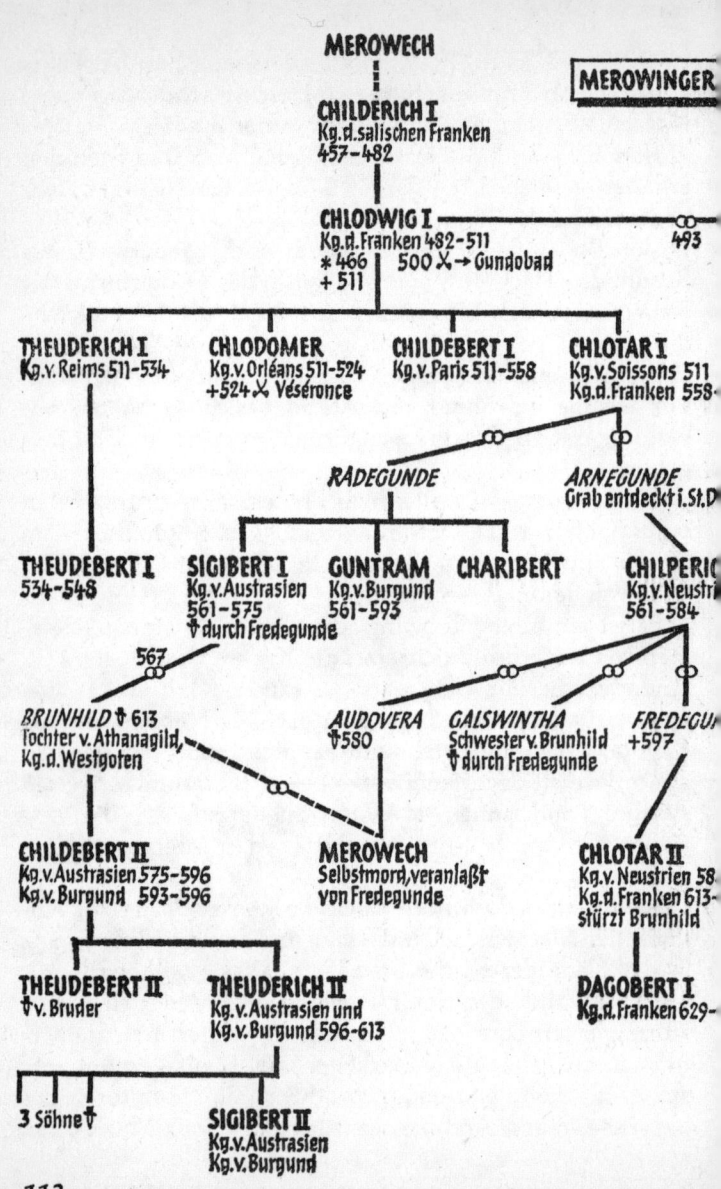

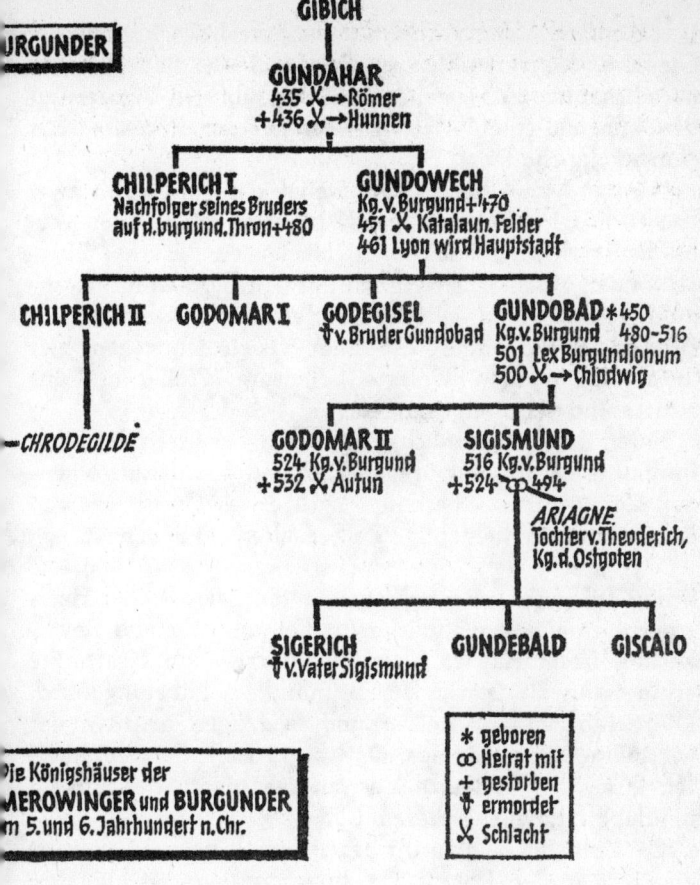

und das Relief der Eva vom Seitenportal der Kathedrale. Die Eva, die verstohlen durchs Laub des Baumes zum Paradiesapfel greift, gehört mit den übrigen Figuren zu den burgundischen Meisterleistungen der Romanik aus dem 12. Jahrhundert.

Wenige Meter neben dem Relief der Eva liegen zwei dachförmig geschnittene, große Marmorsteine, deren verbindendes Mittelstück fehlt. Die meisten Besucher übersehen den Marmor, sie wissen mit den Blöcken nichts anzufangen. Es sind jedoch die Reste vom Oberteil des Brunhild-Sarkophages, die nach vielen Umwegen hier aufgestellt wurden. Unterteil, Bleisarg, Pfeiler und Inschrift sind verlorengegangen.

Sicher ist es erstaunlich, daß nach den Wirren der Jahrhunderte, nach blindwütigem Haß und den darauffolgenden Zerstörungen überhaupt noch etwas Greifbares von Brunhild bis in die heutige Zeit erhalten geblieben ist.

Schon für ihre Zeitgenossen war die Merowinger-Herrscherin eine ungewöhnliche Erscheinung, die die Bevölkerung beeindruckte. Man bewunderte ihre Kraft. Sie erinnert an die Stärke der Brünhild im Nibelungenlied. Die Strapazen auf Reisen und Feldzügen machten der Merowingerin wenig aus. Daß sie fast alle Persönlichkeiten ihrer Zeit und ihre Verwandten bis zu den Enkeln überlebt hat, paßt zu diesem Bild.

Die Soldaten folgten ihr begeistert, wenn sie gepanzert zu Pferd in den Kampf ritt. Ihre Sprachgewalt und ihre geistige Beweglichkeit wurden gerühmt. Weil sie ihre Zeitgenossen an Intelligenz, Klugheit, Wissen und Diplomatie überragte, aber auch an Einsatz und Härte, wurde sie gehaßt und geliebt zugleich. Ihr grauenhafter Tod hat ihr legendäres Bild noch überzeichnet.

Brunhild erinnert an eine andere Frauengestalt der französischen Geschichte, an Jeanne d'Arc, die rund 1000

Jahre später Frankreich in Aufruhr versetzte. Auch sie lebte unter Soldaten, riß die Truppen mit sich und gewann aussichtslose Schlachten. Sie hatte nicht nur Macht über Soldaten, auch über Politiker und Kirchenleute. Und sie nahm ein tragisches Ende. In ihrer Person verbanden sich das Nationale, das Heldische und das Religiöse, sie wurde zur Nationalheldin Frankreichs. Da auch das Tragische und das Dämonische ihr Leben bestimmt haben, wurde Jeanne d'Arc ferner Figur der künstlerischen Phantasie, eine Gestalt der Weltliteratur. Sie hat die Vorstellung der Naiven und die Einbildungskraft der Intellektuellen beflügelt — wie Brunhild Jahrhunderte zuvor.

Als Brunhilds Asche in die Martinskirche von Autun überführt worden war, setzte alsbald ein Strom von Neugierigen ein, die die Grabstätte der Königin sehen wollten. Bald wurden die Besucher zu Pilgern, die aus Brunhild eine Märtyrerin machten. Man wallfahrte zu ihrem Grab. Es wurden Pilgerzüge in solcher Zahl unternommen, daß sie mit den Massenwallfahrten nach Santiago de Compostela in Spanien verglichen wurden. Die Kirchen legten Wert darauf, mit Brunhild in Verbindung gebracht zu werden.

»Im Jahre 1000 gab es eine so große Zahl von Kirchen, die angeblich von Brunhild gegründet sein sollten, daß es unglaubwürdig war.«

Wer im 6. oder 7. Jahrhundert von Brunhild sprach, der dachte auch an ihre Gegenspielerin Fredegunde und die Blutrache, die das Leben beider bestimmt hatte. Die Todfeindschaft der Königinnen hat auch die Sänger beschäftigt, die ihren Liedstoff aus der Gegenwart oder der nahen Vergangenheit nahmen.

Darum ist es nicht ausgeschlossen, daß der geschichtliche Streit der Königinnen eine der Quellen war, die im Nibelungenlied zum Streit von Brünhild und Kriemhild wurde.

Macht, Prestige, Geltungsdrang, Herrschsucht, Mord und Rache waren hier wie dort die Motive der beiden Frauen und lösten in der Geschichte wie im Epos Tragödien von großer Tragweite aus.

Überraschende Übereinstimmung: Die historische wie die dichterische Brunhild kamen aus einem fernen Land, verfügten über außergewöhnliche Kräfte, hatten in Worms gelebt und in Burgund residiert.

Zwar fehlt der Name der Kriemhild in der Merowingergeschichte, auch Siegfrieds Namen vermissen wir. Aber Brunhilds Mann und Urenkel trugen beide den ähnlich klingenden Namen Sigibert, und beide wurden umgebracht.

Wer jedoch das Epos und die Merowingergeschichte in eine direkte Beziehung setzen will, der gerät auf Irrwege. Es gibt im frühen Mittelalter auch noch andere Geschehnisse, die den im Epos geschilderten Ereignissen nahekommen.

Frappierend ist etwa eine Begebenheit aus der ostgotischen Geschichte. Wie der oströmische Geschichtsschreiber Prokop im 6. Jahrhundert berichtet, beleidigte eine vornehme Gotin die Königin im Bad. Diese war darüber so verletzt, daß sie von ihrem Mann, König Ildibad, Vergeltung verlangte. Ildibad erklärte sich dazu bereit und ließ den Mann der Gotin, Uraja, der über einen großen Schatz verfügte, verleumden und durch Mord umbringen.

So war der Streit der Frauen Angelpunkt in der ostgotischen und der merowingischen Geschichte wie im Nibelungenlied. Ein Zufall?

Die absolute Beweisführung ist unmöglich, dafür liegen die Geschehnisse zu weit zurück. Zu viele unterschiedliche Strömungen und Einflüsse aus ganz Europa haben auf das Epos eingewirkt. Tausende von Fäden bilden das Netz der Entstehungsgeschichte, und nur einige sind Ariadnefäden und zeigen den Weg aus dem Labyrinth. Die meisten verwirren sich.

Dennoch glaubt man, hier und dort Ursprüngliches aus den frühen Zeiten zu erkennen. Das mag beim Namen Brunhild der Fall sein. Die Merowingerherrscherin ist eine solch unvergleichliche Erscheinung gewesen, daß sie zum idealen Vorwurf für die Sänger an den Herrenhöfen werden mußte. Sie war prädestiniert für die unwirkliche, sagenhafte Gestalt der Dichtung.

Und wenn man im Nibelungenlied die Zeile liest

... durch zweier Frauen Streiten ging da mancher Held verloren,

dann kann man den Vers sowohl auf Brünhild und Kriemhild beziehen als auch auf die Königinnen Brunhild und Fredegunde.

III. Abschnitt

DIE NIBELUNGEN AM RHEIN

7. Siegfried von Xanten, Hagen von Tronje und Volker von Alzey

Das Doppelgrab im gläsernen Sarg · Ist Siegfried der heilige Viktor? · Der Drachenkampf auf der Gnitaheide · Viele Orte bewerben sich um die Heimat von Hagen · Die seltsame Gelehrtenfabel der Franken · Hagen von Tronje bedeutet Hagen von Troia · Xanten als »Klein-Troia« · Das Wappen von Alzey zeigt die Fiedel von Volker

Wer nach Xanten kommt, fragt nach Siegfried.

Der jugendliche Krieger, der jeden Ritter bezwang, dessen Waffen von ungewöhnlicher Größe waren, der den Drachen erschlug, in seinem Blut badete und damit fast unverwundbar wurde, soll nach der Sage in dieser Stadt heimisch gewesen sein. Siegfried, der von seinen Feinden heimtückisch ermordet wurde, weil seine Frau Kriemhild ihre Schwägerin Brünhild beleidigte, ist nach dem Nibelungenlied in Xanten als Sohn von König Siegmund und Königin Siegelind aufgewachsen.

Der Durchreisende, der die Xantener nach ihrem berühmten Mitbürger aus grauer Vorzeit befragt, erhält keine enttäuschende Antwort. Viele Bürger der niederrheinischen Stadt sind davon überzeugt, daß mit der Sage Geschichtliches überliefert wurde. Zur Bestätigung ihrer Meinung deuten sie auf zwei Steinreliefs an der Michaelkapelle, dem Zugang zum Dombezirk.

Die Tafeln sind neu geschaffen, nachdem die aus dem 11. Jahrhundert stammenden Skulpturen im Kriege zerstört worden sind. Auf den alten Kalksteinplatten, die man römischen Bauten entnommen hatte, waren zwei frühzeitliche Recken zu sehen mit Helm und Schwert, einen Fuß und die Lanze auf besiegte Ungeheuer gesetzt. Die neuen Steinbilder sind einfacher und stilisiert. Auf die legendären Tiere wird ganz verzichtet.

Die Reliefs stellen die römischen Märtyrer Viktor und Gereon dar. Für die Xantener Nibelungenfreunde ist Viktor von besonderem Interesse. »Übersetzen Sie den lateinischen Namen ins Deutsche«, wird der wißbegierige Durchreisende aufgefordert, »dann erhalten Sie den Namen Sieger oder Siegfried.«

Viktor und Gereon waren zum Christentum übergetretene Soldaten der Thebäischen Legion, von der wir schon in St. Maurice in Wallis hörten. Zwar hat diese Legion in Wirklichkeit nie bestanden. Aber das ist nicht so wichtig. In der kirchlich-religiösen Vorstellung hat die Truppe existiert.

Viktor, nach den örtlichen Legenden Hauptmann in der Thebäischen Legion, gelangte mit 330 Soldaten nach Xanten. Als er sich hier mit seiner Kohorte weigerte, römischen Göttern zu opfern, wurde die ganze Truppe niedergemacht. Die Leiber sollen in den Sümpfen in der Nähe von Xanten versenkt worden sein. Die Hinrichtung ist nach der Legende Anfang des 4. Jahrhunderts erfolgt.

Nun gab es im gleichen Jahrhundert tatsächlich Christenverfolgungen in Xanten. Die Märtyrer sind südöstlich der damaligen Zivilsiedlung Colonia Traiana beigesetzt worden, im heutigen Stadtgebiet von Xanten.

Dieses frühchristliche Gräberfeld ist durch Ausgrabungen bekannt geworden. 1933 stieß der Bonner Archäologe Walter Bader (4) im Xantener Münster auf den Mittelpunkt des Friedhofes und damit auf die Urzelle des Domes. Bader legte ein Doppelgrab frei, das seitdem in der neu gebauten Krypta Zehntausende von Besuchern anzieht.

Über die schmalen Steintreppen, die durch sechs frühere Kirchenböden gebrochen wurden, gelangt man mitten ins Gräberfeld. Ein Steinsarkophag ragt hier über frühgeschichtliches Mauerwerk und neuzeitliche Betonwände. Darunter — in fast mystisch-unheimlicher Atmosphäre — unter einem gläsernen Sargdeckel das Doppelgrab: Noch im ursprünglichen Boden ruhen Schädel und Knochen zweier 35 bis 40 Jahre alter Männer.

Sie sind gewaltsam umgebracht worden, wie die Untersuchungen ergeben haben. Durch einen Münzfund kann die Beisetzung in die zweite Hälfte des 4. Jahrhunderts datiert werden. Seit dieser Zeit wurde das Grab nicht berührt. Die Beisetzung bezeichnet den Beginn des frühen christlichen Friedhofs von Xanten.

Die Märtyrer wurden bald nach ihrem Tode von der christlichen Gemeinde von Xanten verehrt. Professor Bader hat sogar Fachwerkreste des ersten Baues freigelegt, der über dem Doppelgrab gestanden hat und in dem Totenmahle veranstaltet worden sind. In den folgenden Jahrhunderten sind immer neue Bauten über den Gräbern errichtet worden. Aus kleinen Räumen wurden größere Kirchen, und hieraus entwickelte sich schließlich über dem Doppelgrab der Dom von St. Viktor. So sind nach 1170 bis 1230 der romanische Westbau entstanden und von 1263 bis 1550 das gotische Münster.

Bei den Ausgrabungen von 1933 ist Bader auch auf einen Schacht gestoßen, der schon vor langer Zeit vom Inneren der Kirche aus in den Boden getrieben worden war. Es handelte sich um die »erste archäologische Grabung Xantens«, um eine Suchaktion des 8. Jahrhunderts, bei der man offenbar die Reliquien des heiligen Viktors zu finden hoffte.

Von Viktors Grab hatte Gregor von Tours Ende des 6. Jahrhunderts berichtet, jener Bischof der Merowingerzeit, der als Geschichtsschreiber bekannt geworden ist und der in das politische Geschehen seiner Zeit selbst verstrickt war. Er berichtet, was er über die Auffindung eines anderen Märtyrers der Thebäischen Legion, Mallosus, in Birten bei Xanten gehört hat und sagt:

»Man erzählt, ebenda sei auch der Märtyrer Viktor begraben, aber ich habe bisher nicht erfahren, daß er offenbart worden ist.«

Bei der Suche im 8. Jahrhundert hätte man beinahe die Heiligen gefunden, der Schacht ist nur um weniges an dem Doppelgrab vorbeigeführt worden. Man hat jedoch verschiedene andere Gräber freigelegt und geglaubt, es handele sich um die Märtyrer.

Die zahlreichen Funde führten schließlich zu neuer Namensgebung. Die Stadt wurde »ad Sanctos« genannt, »zu den Heiligen«. Daraus ist später — auch im Nibelungenlied — »ze Santen« oder »Santen« geworden und schließlich Xanten.

Einen der gefundenen Toten hielt man jedenfalls für den heiligen Viktor und setzte ihn in der damaligen karolingischen Kirche bei. Doch die Reliquien fanden keine Ruhe. Als die Normannen 863 rheinaufwärts nach Xanten gelangten und alles niederbrannten, auch die Kirche, flüchtete der Probst von Xanten mit Viktors Gebeinen vor sich auf dem Pferd nach Köln. Die Reliquien sind später nach Xanten zurückgekehrt und wurden dann in der ottonischen Stiftskirche beigesetzt.

Der Viktorkult in Xanten ist also sehr alt, er reicht über anderthalbtausend Jahre zurück und ist bis heute beherrschend. Ein heiliger Viktor ist allerdings nicht nur am Niederrhein bekannt, sondern auch in vielen anderen Städten. Manchmal erscheint er als Drachentöter. So ist er in St. Germain in Paris mit dem Drachen zu sehen, auch in Mainz oder am Eingang der Viktorskirche in Marseille. Schließlich ist das Ungeheuer, auf das der Viktor der ursprünglichen Xantener Michaelkapelle seinen Fuß setzte und dem er seine Lanze in den Rachen stieß, ebenfalls als Drache zu deuten.

Wer nun Viktor mit Siegfried übersetzt und beide zu

einer Person verschmilzt, wer aus Siegfried-Viktor den frühzeitlich-frühchristlichen Drachentöter macht, der in Xanten beheimatet war, für den ist die Siegfriedproblematik gelöst.

Dies ist oft geschehen. Schon 1815 tat es der Xantener Pfarrer Spenrath, und Philipp Heber (72), der sich besonders um die Glaubenshelden am Rhein bemüht hat, ist ihm rund 50 Jahre später gefolgt: »Dann stand ein Drachensieger auf deutschem Boden da.«

Sogar der bekannte Germanist Hermann Schneider (143) schloß sich der Meinung an: »Es kann kein Zweifel sein, daß die beiden Drachenkämpfer Siegfried und Victor in der gleichen Stadt zu Hause sind. Siegfried kam also nach Xanten durch einen Dichter, der gebildet genug war, um den Namen Victor übersetzen zu können; der am Rhein gut Bescheid wußte und vielleicht im Xantener Dom eine (nicht mehr nachweisbare) Darstellung des Drachenkampfes gesehen hatte und dem schließlich Siegfried in erster Linie der Drachentöter war.«

Diese Auslegung ist jedoch auf Widerspruch gestoßen, nicht zuletzt darum, weil es zwar in Xanten einen ausgeprägten Viktorkult, aber keine Siegfriedtradition gegeben hat. Darum bleibt eine Gleichsetzung von Viktor und Siegfried problematisch. Man wird aber dem Studienrat Eugen Gerritz (64) zustimmen, wenn dieser zur großen Streitfrage seiner Heimatstadt erklärt: »... so könnte doch einmal die Verwandtschaft beider Namen und zum anderen der Drachenkampf des Heiligen und des Helden jenen Dichter, der Xanten in das Nibelungenlied eingeführt hat, gereizt haben, seinen Helden gerade dort zu lokalisieren.«

Noch etwas anderes ist bemerkenswert. Zwischen Xanten und Guntersblum, das nur 20 Kilometer von Worms entfernt liegt, gab es bis ins 13. Jahrhundert enge Beziehungen, da das niederrheinische Stift in Guntersblum

Grundbesitz hatte und die Guntersblumer Kirche dem heiligen Viktor geweiht war. Aufschlußreich ist ferner, daß das Kloster Lorsch an der Bergstraße, wo in irgendeiner Form eine Vorfassung des Nibelungenliedes entstanden sein wird, in nächster Nähe von Xanten ebenfalls über Besitz verfügte, der gestreut bis nach Arnheim und Nimwegen reichte. Wenn also ein Dichter in Lorsch an einer Vorfassung des Nibelungenliedes gearbeitet hat, dann ist ihm Xanten ein Begriff gewesen.

Wie aber steht es um Siegfrieds Königsburg, von der im Lied die Rede ist? Viele haben sich daran gemacht, sie im römischen oder nachrömischen Xanten zu entdecken. Die Suche in der mittelalterlichen Stadt wurde dadurch erschwert, daß Xanten nicht Sitz weltlicher Fürstengewalt gewesen ist. Die Burg eines Fürsten konnte also in den Mauern der Stadt gar nicht gefunden werden.

Es hat jedoch in Xanten eine Bischofsburg gegeben. Diese Ende des 17. Jahrhunderts abgerissene Festung erstreckte sich im Südwesten des Stiftsbezirks direkt an der alten Straße, die von der römischen Zivilsiedlung Colonia Traiana südostwärts zum Fürstenberg führte und sich noch heute in der Clever- und Marsstraße abzeichnet.

Hugo Borger (24), der die archäologischen Arbeiten von Walter Bader fortführt und in Xanten über zehn Jahre ausgegraben hat, berichtet von den Resten »eines gewaltigen längsrechteckigen Burgturmes, dessen Ostfront 22 Meter breit und der sich über 27 Meter nach Westen erstreckte. Seine Fundamente waren zwischen 3,40 Meter und 3,85 Meter breit«. Borger hat die Burg, die 1096 erstmals genannt und um 950 von Erzbischof Bruno von Köln errichtet worden ist, auf Xantener Altarbildern wiedererkannt, die ins 15./16. Jahrhundert zu datieren sind.

Die Burg erscheint auf diesen Gemälden, vor allem auf dem Mittelbild des Agathaaltars, als gut befestigter, großer Längsbau und ist »nach den Ergebnissen der Ausgrabungen noch immer jene des 10. und 11. Jahrhunderts mit der Einschränkung, daß sie um 1400 wiederhergestellt und ein neues gotisches Dach bekommen hat«.

Zum Gesamtbild ist die sogenannte »Immunität«, der Schutzbezirk, hinzuzurechnen, der rund 200 mal 200 Meter maß. Er war von Mauern, Türmen und von einem zwölf Meter breiten und acht Meter tiefen Graben umzogen, der nur im Osten wegen des dort vorbeifließenden Rheinstromes fehlte. Über allem ragte der Dom. Es muß ein ungewöhnlicher Anblick gewesen sein.

Wenn man die Burg nun nicht in den römischen Ruinen der Colonia Traiana sucht, sondern in der mittelalterlichen Stadt, dann könnte man den Bischofsbau auf die Verse im Nibelungenlied beziehen:

Bis sie endlich kamen zu einer Feste weit,
die Xanten war geheißen.

Dabei mag es dem Dichter gleichgültig gewesen sein, ob hier ein Fürst residierte oder ein Bischof. Die Festung entsprach dem Epos. So ließ der Autor im Niederland — ein Begriff, der für die ganze Landschaft am Niederrhein gültig war — den jungen Siegfried aufwachsen:

Da wuchs im Niederlande eines edlen Königs Kind,
Siegmund hieß sein Vater, die Mutter Siegelind,
in einer mächtigen Feste, weithin wohlbekannt,
unten am Rheine, Xanten war sie genannt.

Hat Siegfried aber je gelebt? Ist er eine Gestalt aus dem Märchenwald oder aus der Götterwelt? Hat Siegfried ein geschichtliches Vorbild? Danach fragt die Forschung seit bald 200 Jahren.

Einer der historischen Auslegungsversuche folgt weitgehend der Handlung im Epos. Am Niederrhein, so heißt es, war ein Prinz beheimatet, der von seiner Burg vertrieben worden war und an den burgundischen Hof gelangte. Hier wurde er von König Gundahar aufgenommen, heiratete dessen Schwester und nahm Einfluß auf die Regierungsgeschäfte. Das schuf ihm Neider unter den Großen des Landes. Sie schmiedeten ein Komplott und brachten den Prinzen um (21).

Andere wollen in Siegfried die Verkörperung des Merowingerkönigs Sigibert I. sehen, des Gatten von Brunhild (siehe Seite 100 ff.). Er wurde von Mördern erstochen, die seine Schwägerin Fredegunde gedungen hatte. Die Namensähnlichkeit zwischen Siegfried und Sigibert, die Namensgleichheit der historischen Brunhild und jener im Epos und der erbitterte Kampf der beiden Königinnen gegeneinander verleihen dem Vergleich manche Glaubwürdigkeit. Zumindest ist es »merowingische Luft, die da weht. So wie in der Geschichte Siegfrieds ging es im damaligen Frankenlande zu.«

Erstaunlich ist auch die Ähnlichkeit Siegfrieds mit Uraja, dem starken und mächtigen Ostgoten, der über einen großen Schatz verfügte (siehe Seite 116). Dennoch überließ er die Königswürde seinem Freund Ildibad. Darauf kam es zum Streit zwischen den Frauen der beiden. Ildibads Frau wünschte von ihrer Gegenspielerin den Respekt der Untergebenen, doch diese sagte: »Weißt du nicht, daß Uraja eigentlich König sein müßte und daß er es ist, der Ildibad zum König und dich zur Königin gemacht hat?« Da verlangte Ildibads Frau Rache. Der König ließ Uraja umbringen und brachte dessen Schatz an sich (108).

Bei allen Vergleichen mit Personen der Vergangenheit taucht schließlich die Frage auf, ob der Siegfried des Epos auf den Cheruskerfürsten Arminius zurückgeht, der im Jahre 9 n. Chr. die Römer besiegte. Arminius hat drei Legionen des Oberbefehlshabers von Germanien, Quintilius Varus, in ein Wald- und Sumpfgebiet gelockt, dessen Lage umstritten ist. Der Cherusker überfiel die Römer unter Ausnutzung eines Unwetters und vernichtete sie bis auf geringe Reste — eine unerhörte Tat.

Den Germanen war es damit nicht nur gelungen, der Weltmacht zu trotzen, sondern sie zu besiegen. Das bedeutete das Ende des weiteren römischen Vordringens nach Osten und die Befreiung der Gebiete zwischen Rhein und Elbe. So lief die Nachricht vom Sieg des Arminius durch ganz Europa und rings ums Mittelmeer, und die Sänger nahmen sich des Stoffes an.

Zehn Jahre nach der Varusschlacht wurde Arminius von Verwandten ermordet. Nun war er erst recht Mittelpunkt der Heldenlieder. Der römische Geschichtsschreiber Tacitus schrieb rund hundert Jahre später: »Noch jetzt wird er bei den barbarischen Völkern besungen.«

Vielleicht war dies der Beginn einer dichterischen Gestaltung, die irgendwann ins Nibelungenlied einmündete. Ist dies der Fall gewesen, dann würden die Ursprünge des Epos über die Völkerwanderung hinausgehen bis zur Zeitwende.

Eine eigenwillige, jedoch aufschlußreiche Deutung gibt Otto Höfler (80), der die Symbolik früher Zeiten und Völker untersucht hat. Nach seiner Meinung ist der germanische Name des Arminius nicht Hermann gewesen. Er habe vielmehr wie bei fast allen seinen männlichen Verwandten mit S begonnen (Segimerus, Segimundus, Segestes, Sesithakos) und wahrscheinlich Siegfried gelautet.

Siegfried-Arminius habe die Römer südöstlich Herford, bei Salzuflen-Schötmar, geschlagen. Verschiedene Historiker suchen hier die Varusschlacht und zwar in der Nähe der Bäche Werre und Bega, einem ehemals versumpften Gelände.

Am Westrand liegt der kleine Ort Knetterheide. Hier soll die Gnitaheide sein, in der nach der Edda, der Sammlung altnordischer Sagen, der Drache Fafnir den Goldschatz hütete.

Die Sage von Fafnir und von Sigurd, dem nordischen Siegfried, findet sich nicht nur in der Erzählung der Edda. Auch bildliche Darstellungen blieben erhalten, so etwa jene auf der Felsplatte bei Ramsund im Södermanland, rund 100 Kilometer westlich Stockholm, südlich des Mälarsees.

Über die ganze Breite der Wand zieht sich geschlungen der Drache, dessen Leib zum Teil mit Runen bedeckt ist. Sigurd ersticht von unten den Drachen, denn nach der Edda-Darstellung hatte sich Sigurd in der Gnitaheide unter der Fährte Fafnirs eine Grube gegraben und konnte so das Untier überraschen. Die Ritzzeichnung zeigt weiter Sigurd, wie er das Herz des Drachen über dem Feuer röstet, dabei das Blut von Fafnir kostet und nun die Sprache der Vögel versteht, die auf einem nahen Baum hocken. Die Vögel warnen Sigurd vor Fafnirs Bruder, dem Schmied Regin. Darauf tötet Sigurd Regin. Das Felsbild bringt auch den toten Schmied und Sigurds Pferd, beladen mit den Schätzen, die der Drache bewacht hatte.

Ähnliche Darstellungen aus dem 12. Jahrhundert wurden an der Stabkirche von Hylestad im Setesdal in Norwegen entdeckt. Die Bildfolge beginnt hier in der Schmiede. Regin repariert das Schwert Gram und übergibt es Sigurd, der mit der Waffe den Drachen tötet. Die Szenen sind dann wie auf der Felsplatte von Ramsund: Das Rösten des Drachenherzens, der Ratschlag der Vögel, das mit Gold beladene Pferd und der Tod des Schmiedes. Zusätzlich — damit schließt die Bildfolge — bringen die Holzschnitzungen Gunnar-Gunther, der als einziger Überlebender das Geheimnis des Goldhortes kennt. Der gefesselte Gunnar spielt, in der Schlangengrube liegend, dem Tod entgegensehend, mit den Zehen die Harfe.

Noch andere Darstellungen sind im Norden Europas

bekannt, sogar in England, in Halton, Lancashire. Ein christliches Kreuz gibt mehrere Szenen der heidnischen Sigurd-Saga wieder, doch sind die Bilder, die ins 10. Jahrhundert zurückgehen, stark verwittert.

Zurück nach Knetterheide, wo Höfler glaubt, die Gnitaheide der Edda gefunden zu haben. Höfler stützt sich bei seinen Thesen auf den isländischen Abt Nikulás. Der Kirchenmann befand sich 1150 auf einer Pilgerfahrt nach Rom. Bei der Reise durch Deutschland notierte er über jene Wegstrecke, die sich von Stade über Minden und Paderborn nach Mainz zieht: »Da ist die Gnitaheide, wo Sigurd den Fafnir schlug:« Höfler meint: »Da der Name Knetterheide oder ein auch nur ähnlicher Name in ganz Deutschland nirgends vorkommt, muß man in ihm die von Abt Nikulás genannte Gnitaheide sehen.«

Hier hätte demnach Siegfrieds Drachenkampf gespielt, von dem auch das Nibelungenlied berichtet. Hier hat sinnbildlich ein zweites Drachenabenteuer stattgefunden. Denn mit der Vernichtung der Römer bekämpfte Siegfried-Arminius symbolisch den Drachen. »Der geschichtliche Sieg über einen historischen Feind und unter dem Sinnbild eines Drachenkampfes geschaut.« Arminius vernichtete römische Legionen, die in späteren Zeiten tatsächlich einen Drachen als Feldzeichen trugen.

Wie immer man diese Auslegung bewertet, unbestritten bleibt, daß Arminius in vielen Liedern als der große Held gefeiert wurde. Die Lieder fanden besonders am Niederrhein große Beachtung. Denn zwei der römischen Legionen, die unter Varus gegen die Germanen marschierten, sind vielleicht aus dem Militärlager Vetera bei Xanten ausgezogen, und die wenigen Überlebenden sind dorthin zurückgekehrt.

In Xanten ist sogar ein Grabstein gefunden worden, der für Marcus Caelius errichtet worden ist, einen Teilnehmer an dieser Schlacht. »Damit wurde Xanten Sammelbecken aller Berichte und legendären Erzählungen über den Germanenführer Arminius.«

Keine der geschichtlichen Erinnerungen deckt sich ganz mit der Zeichnung von Siegfried im Nibelungenlied. Es sind nur Annäherungen. Es wäre auch falsch, Siegfried auf eine einzige Persönlichkeit zurückführen zu wollen. Sein Bild setzt sich aus einem bunten Mosaik von vielen Steinchen zusammen. Wahre Begebenheiten, Mythen und Märchen verschiedener Epochen liegen der Gestalt zugrunde. Vielleicht haben über 1000 Jahre Geschichte und Phantasie das Bild Siegfrieds geformt.

Auch Hagen, der erste Ratgeber von König Gunther in Worms, ist nur bedingt historisch zu erklären. Wie bei Siegfried ist es unmöglich, ihn auf eine einzelne Person zurückzuführen. In Hagen scheint sich aber der Hausmeier der Merowinger wiederzuspiegeln. Dieser Majordomus herrschte über Hofhaltung und Armee. Er war ein Mann von größtem Einfluß, der schließlich den König auf eine Nebenrolle zurückdrängte. So geschah es bei den Hausmeiern der Pippiniden im Merowingerreich, und so war es mit Hagen im Nibelungenlied bei den Burgundern in Worms.

Hagen hatte ungewöhnliche Fähigkeiten. Er wußte alles, er durchschaute alle Planungen und kannte das Spiel der politischen Kräfte und ihre Hintergründe. Er schreckte vor keinem Einsatz zurück und kämpfte dort, wo die größte Gefahr drohte.

Hagen erschlug Siegfried, weil dieser seine Königin beleidigt hatte und weil er selbst seine einflußreiche Stellung am Hof gefährdet sah. Er hatte vor Etzels Hochzeit mit Kriemhild gewarnt und vor der Fahrt nach Ungarn. Nachdem die Reise aber angetreten worden war, führte er die Burgunder-Nibelungen ins Reich der Hunnen. Er ritt dem Heer voraus und kannte die Wege. Er suchte eine Furt an der Donau und setzte das Heer über. Er führte seine Männer wissentlich in den Untergang.

Hagen hielt Schildwache an Etzels Hof, und selbst einige hundert Hunnen wagten nicht, ihn anzugreifen. Er wächst im zweiten Teil des Epos zu einer alle anderen überragenden Figur.

Hagen war eine dämonische Erscheinung, die das Zwielicht kannte und die Sprache der Geisterwelt verstand. Er sprach ganz selbstverständlich mit den Meerweibern an der Donau, weil er sich in der realen und irrealen Welt gleichermaßen auskannte. Das ist kaum verwunderlich, denn wie die im 13. Jahrhundert in Norwegen entstandene Thidreksaga berichtet, die auf dieselben Quellen wie das Nibelungenlied zurückgeht, war Hagens Vater Aldrian ein Dämon, ein Elfe. Schon als Kind von grauer Körperfarbe, bekam Hagen später ein wildes, furchterregendes Aussehen. Darüber war die Tochter des Markgrafen Rüdiger bei der Begrüßung des Tronjers in Bechelaren an der Donau ganz erschreckt:

Hagen stand dabei.
Den hieß ihr Vater küssen. Da blickte sie ihn an.
Er dauchte sie so furchtbar, sie hätt es lieber nicht getan.

Diese Schlüsselfigur im Nibelungenlied, dieser Hausmeier der Wormser Burgunder, hat den Herkunftsnamen von Tronje. Wo aber gab oder gibt es einen Ort, der ähnlich lautet und mit Hagen in Verbindung zu bringen wäre? Verschiedene Ortsnamen stehen zur Diskussion:

Das flämische Tournay, wo die Merowinger residierten und das Grab Childerichs I. entdeckt wurde, des Vaters von Chlodwig; die im Grab gemachten Funde zählen zu den wichtigsten der Frankenzeit;

Tongern in der belgischen Provinz Limburg;

Tronia im Elsaß, das spätere Kirchheim;

Trogné in Wallonien; Trognon bei Verdun; das französische Troyes an der Seine, einer der ältesten Orte Frankreichs;

Drontheim in Norwegen; und schließlich die Burg Tronek an der Dhron im Hunsrück, die zum Besitz von Kloster Lorsch gehörte und wo im 12. Jahrhundert ein gewisser Hagano gesessen haben soll.

So überzeugend die Verbindung zu Hagen dargestellt sein mag und welche Belege auch angeführt werden, so ist der Name Tronje doch anders abzuleiten. Er geht wahrscheinlich auf die größte Sage der Weltgeschichte zurück, auf das Epos von Troia, das in der homerischen Gestalt der »Ilias« und in der Fortsetzung der »Äneis« durch Vergil die Dichtung, die Kunst und sogar die Politik ganzer Jahrhunderte bestimmt hat.

Jedenfalls haben sich die Etrusker und die Römer immer wieder auf Troia berufen. Die Römer sagten, nach der Zerstörung Troias sei Äneas, einer der tapfersten Helden der Stadt, in Mittelitalien gelandet und habe sich hier niedergelassen. Romulus, der Gründer Roms, stamme von ihm ab, so sei Rom das zweite Troia.

Ähnlich hat Vergil in seinem Epos die Nachgeschichte der sagenhaften und doch wirklichen Stadt behandelt, um gleichzeitig mit seiner Darstellung die weltgeschichtliche Sendung Roms zu begründen. Wer in der Antike etwas auf sich hielt, der mußte anscheinend troianischer Abstammung sein. Auch Julius Cäsar führte seinen Stammbaum auf Troia zurück.

Spätere Völker, die etwas werden wollten, nahmen sich erst recht solche Genealogie als Vorbild, zum Beispiel die Kelten und Germanen. Um ihr Prestige zu erhöhen, um Komplexe abzustreifen und Forderungen mit größerem Nachdruck vorbringen zu können, beriefen sie sich ebenfalls auf die längst verschüttete Stadt in Kleinasien. Sie mußten ihren Anspruch natürlich erhärten, sie brauchten einen »Troianer-Nachweis«. So entstand die neue Troia-Fabel.

Die fränkische Version hat uns Fredegar übermittelt. Danach ist Priamos von Troia auch Ahnherr der Franken gewesen. Nach der Einnahme der Stadt sei ein Teil der Überlebenden nach Mazedonien ausgewandert, ein anderer Teil an die Donau. Von diesen habe sich eine Gruppe nach Westen begeben und am Rheinufer niedergelassen. »Nicht weit vom Rhein versuchten diese Leute eine Stadt zu bauen, der sie den Namen Troja gaben. Nach ihrem König Francio nahm diese Gruppe den Namen Franken an.«

So einfach war es also. So einfach war es für Hagen von Tronje, der als Franke am Burgunderhof auch die troianische Abkunft in Anspruch nahm. Darum heißt es im Waltharilied, das nach neueren Forschungen bis ins Ende des 9. Jahrhunderts zurückgeht, ganz eindeutig:

Hagano lebte zu dieser Zeit, ein edler Knabe;
der war vortrefflicher Art, dem Stamme Troias entsprossen.

Als Hagen von Troia, »Hogni af Troia«, erscheint der Recke auch in der nordischen Thidreksaga. Im Nibelungenlied ist der Herkunftsort Troia abgeschliffen. Aus Hagen von Troia wurde Hagen von Tronje.

Wo aber ist das rheinische Troia zu suchen?

Der kleine Ort im Elsaß Kirchheim beruft sich auf die alte Beziehung unter Hinweis darauf, daß er schon zur Römerzeit »neues Troia« genannt und auch so in einer Straßburger Chronik erwähnt worden sei. Doch diese Behauptung hält einer kritischen Überprüfung nicht stand, wenn auch das Elsaß Verbindungen zu den Tronjer gehabt hat. Sie gehen zurück auf den im Waltharilied geschilderten und im Nibelungenlied erwähnten Kampf am

Wasigenstein, einer doppelten Felsenburg nördlich von Hagenau.

Doch noch eine andere Stadt erhebt Anspruch darauf, daß sich die Nachkommen der Troianer im Sinn der fränkischen Fabel in ihrer Umgebung angesiedelt hätten. Es ist Xanten, und es bringt Beweise.

Die Trümmer der römischen Militärlager, der Zivilsiedlung und der beiden Theater in Xanten entzündeten die Phantasie. Die Menschen des frühen Mittelalters wollten wissen, wer die Stadt gebaut haben mochte. Das führte zu merkwürdigen Berichten — so wie die Römerruinen von Aquincum, von Budapest, später als die Burg Etzels gedeutet wurden.

In Xanten hieß es, die noch aufragenden Steinblöcke seien die Ruinen des fränkischen Troias. Die Stadt sei nicht fertig geworden — darum die vom Gestrüpp überwucherten Trümmer. Das paßte in Fredegars Erzählung, nach der die aus Kleinasien Ausgewanderten über den Versuch einer Stadtgründung am Niederrhein nicht hinausgekommen waren. So schrieb Fredegar über das fränkische Troia, über die Xantener Ruinen: »Die Bauten wurden begonnen, blieben aber unvollendet liegen.«

Xanten bringt auch den Namen Troia direkt ins Spiel: Man braucht nur bei der römischen Zivilsiedlung ein a als o auszusprechen, dann verwandelt sich die Colonia Traiana in Colonia Troiana. Das kam im damaligen Gebrauchslatein öfter vor, und bald hatte die Stadt den Doppelnamen Xanten-Troia.

»Die fränkische Troiasage hat im Hochmittelalter solche Verbreitung erfahren, daß jeder Gebildete sie gekannt haben muß.« Im »Annolied«, einem Epos aus dem 11. Jahrhundert, heißt Xanten »Klein-Troia«, das an dem Bach »Sante« liege, so wie einst »Groß-Troia« am Xanthos. Auch in den verschiedenen Urkunden der Märtyrer wird die niederrheinische Stadt nach dem großen Vorbild am

Ostrand des Mittelmeers genannt. Der Kölner Erzbischof und Herzog von Kleve nannte sich noch Anfang des 15. Jahrhunderts »rex troianorum«, König von Troia.

Xanten hat guten Grund, sich auf die Troianerfabel zu berufen, und Hagens Beiname geht sehr wahrscheinlich auf das Troia am Niederrhein zurück. Kommt Hagen dann aus Xanten? Dafür gibt es sehr späte Hinweise.

In einer Chronik von 1499 heißt es in einem Bericht über die Sachsenkriege, Karl der Große habe hierfür seine besten Männer ausgewählt, darunter »Hagen, Graf von Klein-Troia, heute Xanten«.

Andere Urkunden des 15. Jahrhunderts lauten ähnlich. So heißt es in der Gelderschen Chronik: »Hagano von Troyen, der zu Xanten wohnte, das auch Klein-Troia genannt wird.«

Ist die Erwähnung von Xanten im Nibelungenlied rein zufällig, wie behauptet wurde; ist der Dichter nur darauf verfallen, weil er in seinem Epos eine Burg benötigte, in der Siegfried aufwuchs und »weil ihm dieser Name einer niederrheinischen Stadt gerade bekannt war«? Ist die Verbindung Siegfrieds mit Xanten ein Gewaltstreich des Nibelungenliedes?

Solche Fragen wurden in der Vergangenheit gestellt, sie können heute verneint werden.

Die römischen Bauten der Colonia Traiana haben weit ins Mittelalter hinein die Bevölkerung intensiv beschäftigt, durch die Märtyrer wurde der Ruhm in alle Lande getragen, und das beherrschend über dem Rhein liegende Viktorstift mit seinem imponierenden Dombezirk war das geistige Zentrum am unteren Rhein.

In dieser lebhaften Stadt erwuchsen geschichtlich-legendäre Hintergründe, die zwangsläufig dazu führten, daß Xanten Schauplatz des Nibelungenliedes geworden ist.

Und wie steht es mit Alzey, jener Stadt in der Nähe von Worms, aus der Volker stammt, der »videlaere«, der Fiedler, der »Spielmann«?

Auch Alzey ist uralt. Schon der Name verrät es. Alzey war bereits von den Kelten besiedelt. Die Römer folgten, die hier ihr Kastell errichteten.

Die Ausgrabungen seit 1929 haben vieles aus der Römerzeit freigelegt. Für die Archäologen entstand damit wieder der alte Vicus Alitiaia mit Mauern von drei Meter Dicke, zehn Meter hoch und mit zehn Rundtürmen bewehrt. Zahlreich sind die ausgegrabenen Plastiken, Gläser, Waffen, Münzen und Schmuckstücke.

In dieses Römerkastell zogen im Jahre 406 die Burgunder ein. Burgundische Keramiken bestätigen den Aufenthalt dieses germanischen Stammes in Alzey. Hans Klumbach (194) schließt daraus (doch ist diese Meinung wohl mit Vorsicht zu bewerten): »Wenn in der Burgundersaga, die im Mittelalter im Nibelungenlied ihre dichterische Gestalt gefunden hat, ein historischer Kern steckt, können wir uns im Alzeyer Kastell einen burgundischen Kommandanten vorstellen, blond, tapfer und musikalisch.«

Heinrich Hempel (75) spricht dagegen von einer flandrischen Urkunde von 1130/31, die einen »Folkerus joculator« (Spielmann Volker) verzeichnet. Auch ist von einem Burgmannsgeschlecht in Alzey zu hören, in dem der Name Volker mehrfach erscheint. Der Älteste dieses Namens geht bis ins 12. Jahrhundert zurück. Es handelt sich um ein Geschlecht, dem Truchsessen und Reichsministeriale entstammen.

Von Volker finden sich — zusammen mit Hagen — eindringliche Verse im Nibelungenlied. Sie schildern die beiden im Hof der Etzelburg, auf einer Steinbank im Palast. Kriemhild, deren Mann Siegfried von Hagen ermordet wurde, ist aufs äußerste gereizt. Hagen spürt es deutlich. Um die Königin noch mehr herauszufordern, legt er Siegfrieds Schwert über seine Knie — Volker, Künstler und Krieger zugleich, seinen Fiedelbogen. In Begleitung Kriemhilds sind die Hunnen, die an Hagen Kriemhilds Rache vollziehen sollen.

Volker will sich beim Nahen Kriemhilds erheben. Doch Hagen verhindert es.

So saßen unerschrocken die Helden allbereit.

Hier spielt eine der großen Szenen des Nibelungenliedes. Die Spannung knistert. Die Hunnen, 400 an der Zahl, wagen es nicht, die beiden anzugreifen. Von Volker sagt einer der Hunnen:

Diesen Fiedler wollt ich nicht bestehen
Bei den scharfen Blicken, die ich hab von ihm gesehen.

Hagen und Volker halten dann die Schildwacht in der Nacht, damit sich ihre Kampfgefährten im großen Saal der Etzelburg zur Ruhe legen können. Und Volker greift zur Fiedel:

Da erklangen seine Saiten, da erscholl das Schloß.
Seine Tapferkeit und Kunst, die waren beide groß.
Süßer und sanfter hub er zu fiedeln an
Und spielte in den Schlummer manch sorgenvollen
Mann.

Die beiden Burgunderrecken vereiteln durch ihre Wachsamkeit den nächtlichen Überfall. Als die entdeckten Hunnen sich zurückziehen, ruft Volker ihnen noch höhnende Worte nach.

Aber wie alle Ritter vom Rhein im Lande Etzels durch Kriemhild letztlich den Tod finden, so fällt auch Volker.

Doch er unterliegt einem der Großen der Sage: Hildebrand, dem Waffenmeister Dietrichs von Bern.

Er schlug auf Volker ein, daß von des Helmes Band
Die Splitter flogen bis an des Saales Rand
Vom Helm und auch vom Schilde von dem kühnen
Mann.

Volker ist eine jener Figuren, deren Gestalt im Epos starke Farbe gewinnt. In seiner Doppelrolle, die er überzeugend spielt, hat er stets besondere Beachtung gefunden. Er findet sie vor allem in Alzey: Das Wappen der Stadt zeigt die Fiedel von Volker.

8. Hier stand die Königsburg der Nibelungen

*Worms als Mittelpunkt Europas · Des Palastes Stiege ·
Kriemhild wohnte im Königinnenbau · Die Pforte zum
Dom ist noch sichtbar · Kriemhild und Brünhild stritten
sich am Nordportal des Domes · Auf der Wormser Festwiese erfreuen sich noch wie einst die »schönen Mägdelein«*

Straßen haben die Geschichte vorgezeichnet. Sie haben
Möglichkeiten eröffnet und Voraussetzungen geschaffen.
Aus dem Verlauf der Straßen ergaben sich Linien verdichteten Geschehens; an wichtigen Kreuzungen bildeten sich
Schwerpunkte, die zu politischen oder auch religiösen
Zentren werden konnten. So entstanden Kastelle oder
Abteien, Fürstensitze und Kathedralen. Oder auch Hauptstädte. So wurde Worms begründet.

Worms liegt an der großen Nord-Süd-Route, die von
der Nordsee durchs Rheintal oder die Hessische Senke
über den St. Gotthard bis nach Italien führt, bis nach Rom,
dem geistigen Mittelpunkt der früheren Welt. Worms
liegt zum anderen an jener bedeutenden West-Ost-Straße,
die von Paris über Verdun, Metz, Saarbrücken und die
Kaiserslauterner Senke auf das Rheintal trifft und von
hier den Verkehr über Heidelberg-Wimpfen oder über
Wertheim-Würzburg-Regensburg nach Passau weiterleitet bis in den Orient.

Die Nord-Süd und die West-Ost-Routen bildeten zu
allen Zeiten Linien großer Bedeutung. Hier rollte der Verkehr, zogen die Heere, reisten Pilger und Scholaren. Es
waren die Straßen der Kaufleute, der Fürsten und Bischöfe. Hier spielte die Geschichte, die Weltgeschichte werden
konnte.

Die frühesten Siedler wählten den geeignetsten Ort,

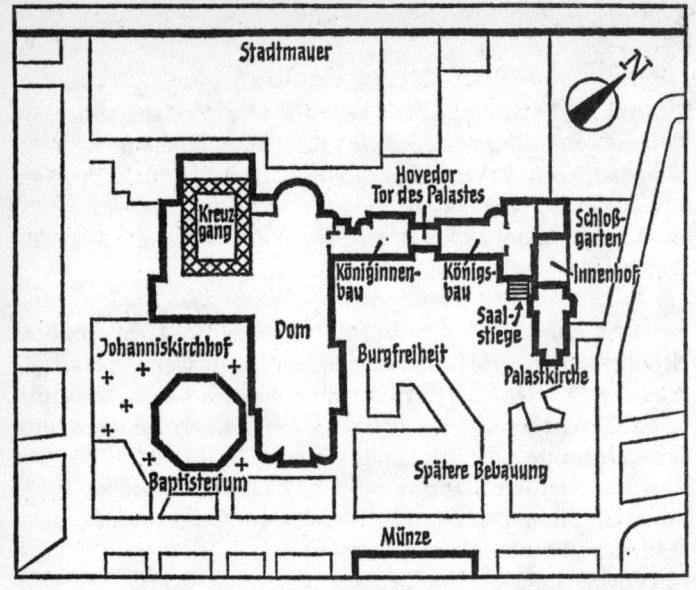

jene Höhe zwischen den Bächen Pfrimm und Eis, die in leichter Neigung zum Rhein abfällt und vom Hochwasser nicht überschwemmt wird. Auf weite Entfernung hin gibt es keinen vergleichbaren Platz, denn die sonstigen Höhen fallen steil zum Strom ab.

Auch das Klima war günstig. Der Rhein ermöglichte den Fischfang, und die Wälder ringsum boten eine ergiebige Jagd. So war die Höhe von Worms begehrt. Die Kelten waren hier ansässig, die Wangionen, die Römer, die Burgunder und die Franken.

Zur Römerzeit war Worms eine nicht unbedeutende Provinzstadt geworden, in der sich die Germanen zu gutsituierten römischen Bürgern gewandelt hatten und sich dabei wohlfühlten. Sie wohnten in luxuriösen Häusern, besuchten öffentliche Bäder und Theater. Sie aßen raffinierte Speisen und tranken den Wein der Mosel aus Kölner Gläsern.

Durch große Tore, die im Norden, Süden, Osten und Westen die wuchtigen Stadtmauern durchbrachen, die noch zum Teil erhalten sind, führten die gut ausgebauten Fernstraßen. Etwas erhöht lag das Forum mit Tempeln, Markt und Gerichtsgebäuden: der Platz, auf dem heute der Dom steht. So hat sich der Mittelpunkt durch die Jahrhunderte nicht verschoben.

Das römische Worms wurde 409 von den Vandalen zerstört. Von 410 bis 443 gaben die Burgunder ihr kurzes Gastspiel, und um 500 zogen die Franken ein. Damit war der Beginn für eine neue Entwicklung gegeben.

Mit den Karolingern, mit Karl dem Großen, wuchs die Stadt zur Metropole, in der Geschichte gemacht wurde. Karl hielt hier Reichstage ab, residierte, empfing Botschaften, kam zu Fürstenversammlungen oder Synoden, heiratete zweimal in der Stadt und beging in den Mauern von Worms große Feiertage.

»Bis 803 verging kaum ein Jahr, wo nicht Karl der Große kürzere oder längere Zeit in seiner Wormser Pfalz residierte. Wichtige Ereignisse seines Lebens spielten sich in Worms ab, so daß wir Worms geradezu als die Residenz Karls des Großen bezeichnen können, die ihre bedeutendste Rolle spielte, ehe die Aachener Pfalz in den Vordergrund trat.« (97)

Von der karolingischen Pfalz haben wir durchaus eine Vorstellung. Im Domgarten von Worms erläutert eine Zeichnung in einem Bogen des Wehrganges das »Forum Francorum«. Hier zeigt sich die Pfalz als zweigeschossiger Langbau, dem im Norden ein Querbau angesetzt ist und im Süden als Querbau die dreischiffige Basilika mit einem Campanile und einem ebenfalls allein stehenden Baptisteruim. Unter der Zeichnung ist zu lesen, daß vom Jahre 600 bis zum Jahre 1000 zwanzig Könige und Kaiser hier Hof- und Volkstage gehalten und 18 Erzbischöfe das Bistum regiert haben.

Die noch bedeutendere Folgezeit zeigt das zweite Bild im Wehrgang. Die Gebäude sind geblieben, aber sie sind nun punkvoller und großartiger. Aus der Pfalz wurde ein Palast. Die einfache Basilika hat sich zum imperialen Gebäude mit vier Rundtürmen, zwei oktogonalen Türmen auf dem Dach und pompösen West- und Ostwerken gewandelt. Das Baptisterium hat seine Schlichtheit verloren, und an den Dom wurde ein Kreuzgang gebaut.

Dies ist das Zentrum einer Kaiserstadt. Die Inschrift besagt denn auch, daß vom Jahre 1000 bis zum Jahre 1689, bis zur Zerstörung, 22 Kaiser Hof- und Reichstage gehalten und 54 Bischöfe das Bistum Worms regiert haben.

Die Stadt war ein Mittelpunkt des Kontinents geworden. Die ehemaligen Mauern konnten die Gebäude nicht mehr fassen, neue Befestigungen mußten gezogen werden. Die Vororte wuchsen mit dem Stadtkern zusammen, so daß Worms schließlich den dreifachen Umfang der ehemaligen römischen Siedlung angenommen hatte.

Höhepunkt waren die Epochen der salischen Herrscher und der Hohenstaufer. Das war aber auch die Zeit, zu der in der Nähe von Worms die Nibelungendichtung in einer späteren Stufe entstanden ist. Der rheinische Dichter kannte diese Stadt. Wenn er von ihr sprach, hatte er die Residenz vor Augen, wie sie um 1200 bestand.

Nördlich des Domes, an der Mauer des Schlößchens von Cornelius Heyl von 1840, haben die Wormser Bürger eine Tafel angebracht, auf der u. a. zu lesen steht:

Hier ist eine der denkwürdigen Stätten des Abendlandes
Hier war
Der heilige Tempelbezirk der Römer
Die Königsburg der Nibelungen

Die Kaiserpfalz Karls des Großen
Der Hof des Fürstbischofs von Worms.

Die »Königsburg der Nibelungen« freilich ist zerstört, eingeebnet und begraben worden unter fränkischen Bauten. Neue Gebäude wurden darüber errichtet. Dennoch gibt es Spuren einer »Nibelungenburg«, jenes Bischofspalastes aus der Stauferzeit, in dem auch die Könige wohnten, wenn ihr Weg sie durch Worms führte. Denn dieser Palast erschien dem rheinischen Nibelungendichter als ehemaliger Königssitz der Burgunder: Hier hatten Gunther, Gernot und Giselher gelebt und auch Kriemhild und Hagen.

Die Burg lag im Kern der Stadt, am Dom, nicht weit von der westlichen Stadtmauer, die noch ihren römischen Ursprung bewahrt hat. Sie stand auf jener Anhöhe, die zu allen Zeiten das Zentrum bildete, auf einem Platz von 75 mal 50 Meter, der sich in noch heute unverkennbarer Schräglage zum Rhein hin senkt.

Hauptzugang zur Burg war die Saalstiege, die mehrfach im Lied erwähnt wird. Als Kriemhild König Gunther aufsuchte und dabei ihrem jüngsten Bruder Giselher begegnete, heißt es:

Mit ihren schönen Maiden kam sie vor den Saal.
Da sprang von einer Stiege Giselher zutal.

Und bevor Kriemhild und Brünhild verfeindet waren, trafen sie sich ebenfalls auf der Saalstiege:

Vor des Saales Stiege begegneten sich da
Kriemhild und Brünhild; noch in Güte das geschah.

Diese Freitreppe, die ihr Gegenstück im Aufgang der staufischen Kaiserpfalz zu Goslar fand, besteht nicht mehr in ursprünglicher Art. Sie ist nach den Zerstörungen des letzten Krieges im Stil der kurfürstlichen Residenz wiederhergestellt worden.

Über des »Palastes Stiege« sind nicht nur in der Dichtung die Damen und Ritter des Nibelungenliedes geschritten. Es war auch der steinerne Aufgang, über den Kaiser und Könige, Bischöfe und Prälaten erreichten. Darum wird sie eine der geschichtlichen Örtlichkeiten Deutschlands genannt.

In 16 niedrigen Stufen führt die Stiege, heute ein pompöser Aufgang, in den erhöht liegenden Schloßgarten. Ehemals erreichte man über diese Treppe und einen Zwischenbau den Palast, auch Aula maior oder Großer Saal genannt. Hier dürfte die karolingische Pfalz mit Karls »Vurmacia palatio nostro« zu suchen sein, der 786 und 790 erwähnt wird.

In dem prunkvollen Saal fanden die Reichs- und Fürstentage statt und wurden glanzvolle Feste gefeiert. Hier rechtfertigte sich 1521 Luther vor Kaiser Karl V. Während seine Schriften auf dem Markt verbrannt wurden und im nahen Dom der Bannfluch gegen ihn verkündet wurde, rief Luther:

»Ich kann nicht anders. Gott helfe mir. Amen.«

Als der Engländer Thomas Coryat 1608 den Palast besucht hatte, notierte er: »Was ich also jetzt von dem Palast schreibe, bezieht sich nur auf die Schauseite, etwas von überragender Schönheit, und was ich von dieser Front berichten will, ist etwas so beachtlich Denkwürdiges, wie ich dergleichen nie zuvor gesehen, und ich bezweifle, ob ich je dergleichen späterhin an irgendeinem Palast der Christenheit auf meinen zukünftigen Reisen sehen werde.«

Dem Palast war nördlich die zweitürmige, im Jahre 1055 geweihte Hofkirche St. Stephan angebaut. Hier erhielten die Kaiser die Insignien der Macht und wurden unter der Krone in prunkvoller Prozession in den gegenüberliegenden Dom geleitet. Die Hofkirche hatte eine direkte Verbindung zum Palast, so daß die Bischöfe leicht zur Frühmesse nach St. Stephan gelangen konnten. Eine solche Messe wird im Nibelungenlied erwähnt:

*Eh es noch völlig tagte, kamen vor den Saal
Ritter viel und Knechte. Da hob sich wieder Schall
vor einer Frühmesse, die man dem König sang.*

Von der Hofkirche, die wie das ganze übrige Worms 1683 von den Franzosen zerstört worden ist, sind noch Reste der Grundmauern im heutigen Schloßgarten zu sehen.

An den Palast schloß sich nach Süden ein großer Durchlaß an, ein Tor mit romanischem Bogen, das Hovedor, ferner die Aula minor, der Kleine Saal, auch Königinnenbau genannt, der die Verbindung zum Dom herstellte. Im Königinnenbau wohnten die vornehmen Damen, so etwa Ende des 15. Jahrhunderts zwei Jahre lang Maria Blanca, die von Kaiser Maximilian getrennt lebende Frau.

Hier waren auch Kriemhilds Gemächer. Vom Kleinen Saal aus vermochte die burgundische Königin die Stadt zu überblicken und das Stromtal bis zum Odenwald. Von den Fenstern des Saals beobachtete sie die Ritter, die auf der Rheinwiese oder auf der Burgfreiheit vor dem Palast zum Turnier antraten:

*Hei, was man starker Schäfte vor dem Münster brach
vor Siegfriedens Weibe bis hinan zum Saal.*

Niemals hat Kriemhild solches Schauspiel ausgelassen:

*Wenn auf dem Hof das Waffenspiel begann,
mit Rittern oder Knappen, immer sah es an
Kriemhild aus dem Fenster, die Königstochter hehr.*

Kriemhilds Gefolge an Zofen und Kammerjungfrauen war genau so neugierig wie die Herrin und beobachtete mit Spannung das Geschehen aus den Fenstern des Königinnenbaus:

Da saßen in den Fenstern die schönen Mägdelein
und sahen vor sich leuchten manches Schildes Schein.

Da es wenig Möglichkeiten gab, sich in der Öffentlichkeit zu zeigen, nahmen die Damen gern die Gelegenheit wahr und brillierten mit ihren Gewändern aus Ferran oder aus arabischer Seide und mit Steinen aus Indien oder Zazamanc (Salamanca):
Da ließen in den Fenstern die herrlichen Fraun
und viel der schönen Maiden sich im Schmucke schaun.

Vom Königinnenbau führten auch zwei Türen ins Münster, eine zur ebenen Erde und eine im ersten Geschoß. Durch die obere Tür gelangte man in einen abgeschlossenen Raum im Dom, von dem aus die königliche Familie teilnehmen konnte, wenn sie nicht dem Gottesdienst in der Hofkirche St. Stephan den Vorzug gab.
Kriemhilds Kemenate im Königinnenbau und die kleine Pforte im Obergeschoß sind auch im Epos angesprochen. Hier heißt es, nachdem Siegfried ermordet und nach Worms gebracht worden war:

Hagen ließ da tragen
Siegfried, den hehren von Nibelungenland
vor die Kemenate, da man Kriemhild fand.

Er ließ den Toten legen so vor das Tor,
daß sie ihn finden sollte, käme sie hervor
beim Gang zur Frühmesse, ehe es wurde Tag.

*Als sie mit ihren Frauen zum Münster wollte geh'n
der Kämmerer da sagte: »Ihr müßt stille stehn.
Es liegt vor dem Gemach ein Ritter totgeschlagen.«*

Diese Pforte im Obergeschoß zwischen Kriemhilds Zimmer und dem Münster ist noch am Ende des nördlichen Seitenschiffes, nahe dem Westwerk des Domes, deutlich zu erkennen. Hier setzte der Königinnenbau mit der Schmalseite auf die Breitseite des Münsters auf. Der Abriß des Saales geschah so gewaltsam und »unsauber«, daß die Spuren im Mauerwerk noch klar zu Tage treten. Die Umrißlinien der Tür im Obergeschoß sind unverkennbar, die Pforte ist jedoch zugemauert. Nur die untere Tür ist erhalten.

Wenige Schritte von hier, ebenfalls an der Nordseite des Münsters, ist eines der beiden Hauptportale des Domes. Es wirkt nicht so grandios wie das Südportal, das mit einer vielstufigen Treppe, den gotischen Bögen und Fenstern und den zahlreichen Skulpturen einen triumphalen Zugang zum Dom bildet.

Dennoch war das Nordtor das Hauptportal. Aber zu dieser Auffassung ist man erst gelangt, seit man die Folgerung aus der Tatsache zog, daß Königspfalz und Kaiserhof im Norden lagen und der Hauptzugang zum Dom hier gewesen sein muß.

Das Nordportal war prunkhaft ausgestattet. »Architekturreste deuten auf eine monumentale Anlage oder Planung dieses Bauteiles hin.« Einiges ist erhalten geblieben. Im Giebelfeld verweisen noch Spuren im Stein auf eine Darstellung von Christus und Peter und Paul, die beiden Schutzpatrone des Münsters. Die Steine neben den romanischen Bögen des Portals waren reich verziert, auch davon sind wenige Reste geblieben.

Vor allem aber war die Fläche über dem Tor majestätisch ausgeschmückt. Heute sind davon nur noch zwei geknickte Säulen mit Konsolen und Kapitellen erhalten. Der angerauhte, aufgebrochene Raum zwischen den beiden Säulen und der halbkreisförmige Schatten im Stein darüber beweisen jedoch, daß hier eine monumentale Tafel angebracht war. Sie stammte aus dem Jahr 1184 und trug die Freiheitsbotschaft Barbarossas für Worms. Es war eine Goldene Bulle, eine Magna Charta. Inhaltlich bedeutete sie die Freistellung von der Erbabgabe, eine Tatsache von großer Bedeutung, da diese Abgaben hoch waren. Die Freistellung war in gewisser Weise die Befreiung von der Hörigkeit. Der Wert der kaiserlichen Bulle wuchs noch dadurch, daß mit ihrer Verkündung früher gewährte Vorrechte bestätigt wurden. Der Text der Botschaft lautete:

> Von nun an blühe dein Ruhm und deine Ehre, Worms / Weil du tapfer, klug und treu dich bewährst / Von der Erbabgabe habe ich dich in königlicher Huld befreit / Würdig der Freiheit sollst du ihre Früchte nun ernten / Hohen Ruhmes wert sollst du frohlocken, Worms / Dich hat das Kreuz mir geweiht / Das Schwert hat dich mir geschenkt / Sei nun sicher, Worms, im Schutz deines guten Patrons Petrus.

An diesem Kaiserportal hat für den Dichter des Nibelungenliedes jene Szene gespielt, aus der sich alle Handlungen im Epos in tragischer Konsequenz ergeben: der Streit der Königinnen Brünhild und Kriemhild.

Wenn man sich das Portal in seiner ursprünglichen Ausgestaltung vor Augen führt — bunt bemalt und goldbelegt, mit zahlreichen Stufen —, dann hat man den Hintergrund der 14. Aventiure:

> *Nun stand vor dem Münster König Gunthers Weib.*
> *Da fanden viel der Ritter genehmen Zeitvertreib*
> *bei den schönen Frauen, die sie da nahmen wahr.*
> *Da kam auch Frau Kriemhild mit ihrer herrlichen Schar.*

Brünhild bestand darauf, als erste das Münster zu betreten, weil sie als Frau von König Gunther glaubte, hierzu das Vorrecht zu besitzen. Kriemhild als Vasallenfrau sollte zurückstehen:

> *Nun kamen sie zusammen vor dem Münster weit.*
> *Die Frau des Königs aus ingrimmen Neid*
> *hieß da Kriemhild unwirsch stille stehn:*
> *»Es soll vor des Königs Gattin die Eigenholde nimmer*
> *geh'n.«*

Kriemhild schleuderte der Widersacherin jedoch entgegen, daß beim Kampf auf Isenstein nicht Gunther der Sieger über Brünhild gewesen sei, sondern Siegfried unter der Tarnkappe und daß dieser sie auch im Brautgemach bezwungen habe. Brünhild sei darum nicht mehr als eine Kebse:

> *Brünhild begann zu weinen. Kriemhild es nicht verhing,*
> *vor des Königs Weibe sie in das Münster ging*
> *mit ihrem Ingesinde. Da hob sich großer Haß;*
> *davon wurden lichte Augen trübe und auch naß.*

Das Münster des Nibelungenliedes, der romanische Dom des Bischofs Burchard aus dem 11. und 12. Jahrhundert, überragt noch heute in imperialer Größe die Stadt. Und die Königsburg der Nibelungen ist durchaus vorstellbar. Denn trotz aller Zerstörungen zeichnet sich indirekt ein Bild ab von dieser Stadt zu jenen Zeiten. Wenn wir die Zeichnungen von Münster (um 1500) als Grundlage nehmen und jene von Merian (um 1650) und Hamman (um 1700) und verschiedene Gebäude weglassen, dann haben wir das Worms von 1200 mit Kirchen, Mauern, Toren und Türmen.

Der Grundriß ist noch heute aus jeder Karte ersichtlich. Er wird auch deutlich bei einem Gang über die Wälle und an den Mauern entlang. Wer dabei Rückschlüsse auf das Epos ziehen will, dem helfen die Straßen, Gassen und Plätze mit Nibelungennamen wenig. Es gibt einen Nibelungenring, eine Nibelungenstraße und einen Nibelungenplatz. Nach Gibich und nach Dankwart wurden Straßen benannt, auch nach Siegfried, Kriemhild, Gernot, Giselher und Hagen. Am Rhein wurde das Hagendenkmal errichtet und am Dom der Siegfriedbrunnen.

Die Namen halten die Erinnerung wach, Spuren vermitteln sie kaum.

Anders ist es, wenn man die Stadt am Rheintor verläßt und sich nördlich der neuen Nibelungenbrücke an den Strom begibt. Hier — an der Fest- oder Kieselwiese — wo auch der alte Rheinhafen lag, hat sich zu allen Zeiten die Bevölkerung zu Feiern eingefunden. Auf der Kieselwiese rollten Staatsakte ab.

1122 wurden in Anwesenheit einer großen Volksmenge die Urkunden über das Konkordat verlesen und ausgetauscht, mit welchem der Investiturstreit zwischen Kaiser Heinrich V. und Papst Kalixt II. beigelegt werden sollte, die Auseinandersetzung über die Amtseinweihung von Bischöfen und Äbten. Der Wormser Gymnasialdirektor Zorn berichtet darüber in seiner Chronik um 1600:

»Und man hat solchen Vertrag und Fried' zwischen Papst und Kaiser in offenem Feld bei Worms am Rhein offentlich verkündt und abgelesen. Darüber das gemeine Volk ein überaus großes, aber sehr närrisches Frohlocken gehabt. Das geschah den 23. September.«

Die Kieselswiese spielt im Nibelungenlied eine große Rolle. Da hier der Hafen war, trafen am »Strand« alle Besucher ein, auch Siegfried, als er zum ersten Mal nach Worms gelangte:

*Am siebenten Morgen zu Worms an den Strand
ritten schon die Kühnen; all ihr Gewand*

*war von rotem Golde, ihr Reitzeug wohlbestellt.
Ihnen gingen sanft die Rosse, die sich Siegfried zugesellt.*

Vom »Strand« oder vom »Gestad« ritten die Burgunder in den Sachsenkrieg, Gunther segelte von hier zur Brautfahrt nach Island, und Kriemhild begann ihre Reise ins Land von Etzel. Auf dieser Wiese wurde auch Unterkunft geschaffen für die Gäste der Burgunder, die in der Burg oder den Gasthäusern der Stadt nicht untergebracht werden konnten. Als Gunther mit Brünhild Hochzeit hielt und viele Gäste an den Rhein gekommen waren,

*da standen seidene Hütten und manches reiche Zelt,
womit man erfüllt sah vor Worms das ganze Feld.*

Auf dieser Wiese fanden auch die großen Ritterspiele statt, wenn der Platz vor der Nibelungenburg in der Stadt die für jene Zeiten große Zahl von Zuschauern nicht aufnehmen konnte:

*Viele hohe Ritterspiele wurden da getrieben
von preiswerten Helden. Nicht wohl wär's unterblieben
vor Kriemhild, der schönen, die zu den Schiffen kam.*

Doch war das Gelände zwischen Strom und Stadtwällen recht staubig. Unangenehm wurde es, wenn bei solchem Turnier, beim Buhurd, die Sandwolken aufwirbelten und die Zuschauer eindeckten. Darum ging Hagen auf Gunthers Wunsch zu den Rittern und beendete die Spiele auf der Kieselswiese:

*Da kam von Tronje Hagen, wie ihm der König riet.
Der Held mit guter Sitte die Ritterspiele schied,
daß sie nicht bestaubten die schönen Mägdelein . . .*

Trotz aller Veränderungen in und um Worms gibt es die Burgunderwiese heute noch. In jeder ersten Woche im September strömen hier die Menschen zum »Backfischfest« zusammen. Es ist das Ereignis des Jahres, zu dem viel Volk sogar aus Ludwigshafen-Mannheim, Darmstadt oder Mainz herüberkommt. Aber kein Ritter stürmt mehr mit eingelegter Lanze übers Feld. Statt dessen rattern Achterbahnen, drehen sich Karussells und fliegen Schiffschaukeln. Im 20. Jahrhundert ist vieles anders. Doch die »schönen Mägdelein« vergnügen sich auf der Wormser Kieselswiese wie im Nibelungenlied. Wie vor 700 oder 800 Jahren.

9. Das Worms der Riesen und Drachen

»Siegfrieds Grab maß 45 Fuß« · Graböffnung durch Kaiser Friedrich III. · Das Lied vom gehörnten Siegfried · Siegfriedstein und Siegfriedlanze · »Worms steckt voller Lindwürmer« · Der Name Nibelungus war nicht selten

Wenn man Worms in südwestlicher Richtung über die Speyerer Straße verläßt, gelangt man kurz vor der Bahnüberführung auf den St.-Meinhards-Platz. An seinem Ende zweigt links die Maria-Münster-Gasse ab. Weder von dieser Gasse noch von dem Platz ist heute Bemerkenswertes zu melden. Im Mittelalter und noch lange danach war es anders.

Damals erstreckte sich hier der Klosterbezirk Maria Münster mit Kirche, Kreuzgang und Mauern. Vorgelagert waren die beiden kleinen Kirchen St. Cäcilia und St. Meinhard mit einem Friedhof. Im Halbdunkel der Krypta von St. Meinhard hingen schwere Eisenketten, mit denen die von bösen Geistern Besessenen gefesselt wurden.

In nächster Nähe, in der Eckbastion der Stadtbefestigung, erhob sich der Aulturm, den man wegen seines wuchtigen Baus mit Sagen von Attila in Verbindung brachte. Ein Flurname »Schlangenwaag« deutete auf Reptilien hin, die dort ihr Unwesen trieben, und nicht allzu weit stand das von den Bürgern gefürchtete Leprosenhaus.

Außerdem lag hier — nur einen Steinwurf entfernt, aber jenseits der Stadtmauer — der Heidenfriedhof mit Gräbern aus fränkisch-römischer Zeit.

Unter dem Eindruck der Gruppierung von Furcht und Tod entstanden in diesem Stadtteil Gruselgeschichten, die die Bürger erschauern ließen. So wurde berichtet, daß nachts über dem Heidenfriedhof manchmal ein unheimliches Leuchten gelegen habe. Dann hätten sich die Gräber geöffnet, und die Toten aus weit zurückliegenden Zeiten seien herausgestiegen.

Andere Sagen erzählen von einem mächtigen Erdhügel auf dem Friedhof zwischen Meinhards- und Cäciliakirche, der von zwei Menhiren, zwei hohen Steinen, überragt und etwa 15 Meter lang gewesen sein soll. Der Hügel sei das Grab eines mit übernatürlichen Kräften ausgestatteten Riesen gewesen. Siegfried sei hier bestattet worden.

Von diesen Erzählungen hörte auch Kaiser Friedrich III., als er 1488 anläßlich eines Reichstages nach Worms gekommen war. Von fast wissenschaftlicher Neugier getrieben, ließ er seinen Hofmeister kommen, gab ihm nach Aussagen des sogenannten Kirschgarter Mönches vier oder fünf Gulden und befahl:

»Geht zum Rat der Stadt und sagt, daß man in meinem Namen auf jenem Friedhof graben lasse, damit ich erkenne, ob jene Sage wahr ist.«

Daraufhin wurden Arbeiter zum Graben bestellt. Mit ihren Spaten stießen sie bis aufs Grundwasser, fanden aber nach Aussage der Kirschgarter Chronik, die kurz nach 1500 abgeschlossen worden ist, keine Spur von einem menschlichen Körper und auch keine Knochen.

Die kaiserliche Grabung taucht immer wieder in späteren Chroniken auf. Gaspar Bruschius berichtet 1551 davon, daß zwischen den Kirchen der Hürnen Siegfried, der Wormser Riese, beerdigt gewesen sei, von dem noch ein deutsches Gedicht »Der hurnin Syfried« vorhanden. Der Grabhügel sei mit zwei aus der Erde hervorragenden Steinen bezeichnet. Er habe den Hügel selbst gemessen, seine Länge betrage 45 Fuß.

Auch der Chronist Zorn schreibt 1570 von dieser ersten archäologischen Grabung in Worms und spricht vom »hörnin Seifried«, womit er sich ebenfalls auf das mittelhochdeutsche Gedicht bezieht, das um 1400 entstanden ist. Zorn glaubt zwar daran, daß in diesen Gegenden Riesen

Das mittelalterliche Worms mit der inneren Mauer (10./11. Jahrhundert) und der äußeren Mauer (12./16. Jahrhundert). Im Zentrum der Dombezirk und die »Nibelungenburg«, im Süden das »Siegfriedgrab«. Im Nordosten der Hafen und die Kieselswiese, die im Nibelungenlied eine Rolle spielen.

gewohnt haben, hält aber nichts von einem sagenhaften Siegfried:

»Obschon etwan riesen hierum gewohnet, ist doch lauter fabelwerk, was von diesem hörnin Seifried, seinen stangen und schwertsknopf gedichtet wird.«

Das Nibelungenlied ist bei diesen Erzählungen über Siegfrieds Beisetzung kaum oder überhaupt nicht zu Rate gezogen worden. Hätte man es getan, dann wäre man auf die Verse gestoßen:

*An dem dritten Morgen, zur rechten Messezeit,
sah man bei dem Münster den ganzen Kirchhof weit
von der Landsknechte Weinen also voll:
Sie dienten ihm im Tode, wie man lieben Freunden soll.*

Nach dem Nibelungenlied wurde Siegfried also auf dem Kirchhof beim Münster, mitten in der Stadt, beigesetzt. Südlich des Domes hat es diesen Friedhof wirklich gegeben. In der Mitte lag ein merowingisches Baptisterium, zehneckig und angeblich dem Grabmal von Theoderich dem Großen in Ravenna ähnlich. 1806 wurde es leider abgerissen.

Der Germanist und Nibelungenliedforscher Friedrich Heinrich von der Hagen hat 1824 das Baptisterium als Siegfriedkapelle beschrieben und sie für wichtiger gehalten als das von Friedrich III. im Süden der Stadt geöffnete »Siegfriedsgrab«. Es wäre natürlich reizvoll, diese merowingische Kapelle als Siegfrieds Grabmahl anzusehen. Aber das Epos enthält keine Zeile, die als Hinweis dafür dienen könnte.

Es ist überhaupt erstaunlich, daß in Worms zu fast allen Zeiten von Siegfried erzählt wurde, daß diese Berichte aber, jedenfalls im späten Mittelalter, nicht auf das Nibelungenlied zurückgehen. Bekannt war dagegen das Lied vom Hörnen Siegfried, das einfacher, roher war als das Epos, darum aber auch leichter vom Volk verstanden, behalten und weitergegeben wurde. Solche Lieder behandelten Siegfrieds Stärke, seine Kraft als Übermensch oder seinen hörnernen Panzer.

Der Hornpanzer geht auf sehr alte Erzählungen zurück, bereits auf griechische Schriften. Die Sage ist dann von vielen Völkern aufgegriffen worden. Stets war es Drachenblut, das unverwundbar machte. Im übrigen hat es tatsächlich Rüstungen aus Horn gegeben.

Ihrem Helden haben die Wormser Bürger zugeschrieben, er habe einen mächtigen Felsblock mit einer Lanze vom Rosengarten, der jenseits des Rheins liegt, über den Dom geschleudert. Der Wurf erinnert an den Wettkampf mit Brünhild, als der Königssohn aus Xanten unter der Tarnkappe für König Gunther die isländische Königin bezwang:

Hin ging der schnelle Siegfried, wo der Stein nun lag:
Gunther mußt ihn wägen, des Wurfs der Held selber
pflag.

Siegfried war kräftig, kühn und auch lang;
den Stein warf er ferner, dazu er weiter sprang.
Ein großes Wunder war es und künstlich genug,
daß er in dem Sprunge noch den König Gunther trug.

In Worms kennt jedes Kind den Siegfriedstein. Er ist ein gewaltiger, roh behauener, grauweißer Block von über einem Meter Höhe. Er besteht aus Kalkstein, wie er an der Bergstraße vorkommt, und zeigt oben eine kreisrunde Vertiefung.

Der Block liegt seit Jahrhunderten südwestlich des Münsters. Er wird schon 1611 erwähnt und hat die Phantasie der Wormser und all jener beflügelt, die sich mit der Geschichte des Doms befaßt haben. Sprachen die einen von einem Opferstein frühester Zeit, so nannten die anderen ihn einen Grenzstein am Immunitätsbezirk des Domes. Noch andere meinten, es handele sich um das Unterteil eines Kreuzes. Schließlich wurde die Vermutung geäußert, der Block sei ein unvollendetes römisches Werkstück. Alle diese Erklärungen waren nicht befriedigend.

Der Wormser Forscher Eugen Kranzbühler (102) ist dagegen im Weinmuseum in Speyer auf die richtige Spur gestoßen. Er betrachtete eine mittelalterliche Baumkelter und erkannte in dem mächtigen Steinblock, der als Gewicht benutzt wurde, das genaue Gegenstück zum Wormser Siegfriedstein.

Solche Keltern sind uralt. Sie wurden in der Antike gebraucht und von den Römern nach Gallien gebracht. Am

Rhein wurden sie lange benutzt, so im Weinkeller des Domes, der an das Münster anschloß. Doch irgendwann brauchte man die Kelter nicht mehr. Den schweren Stein haben die Mönche dann mit Mühe vor den Keller geschleppt.

Mit der Kelter ist auch noch eine andere Siegfriedreliquie erklärbar, die allerdings nicht mehr existiert: die Lanze oder Stange Siegfrieds, mit der er den Felsblock über den Dom geschleudert haben soll. Die Stange wird 1551 erwähnt und taucht in späteren Chroniken wieder auf:

»Im Kreuzgang des Wormser Domes habe ich öfter einen langen, in der Mitte durchgebrochenen Balken gesehen, von dem die Sage geht, daß es die Lanze dieses Riesen Hörnen Siegfried gewesen sei, und daß Siegfried jenen großen Felsblock, der außerhalb des Kreuzganges auf dem Platz vor dem Weinkeller des Dommherrn zu sehen ist, auf jenen Balken gesteckt und damit über den Wormser Petersdom geworfen habe.« (102)

Die Lanze ist aller Wahrscheinlichkeit nach nichts anderes gewesen als der lange Horizontalbalken der Baumkelter aus dem Wormser Domkeller. Beim Abbau der Kelter wurde nicht nur der schwere Stein überflüssig, sondern auch der Balken.

1744 heißt es, daß mit dieser Lanze ein Riese einen Drachen erschlagen habe. Dabei denkt man an die Strophe im Nibelungenlied, in der Hagen Siegfrieds Drachenabenteuer erzählt:

Noch ein Abenteuer ist mir von ihm bekannt:
Einen Linddrachen schlug des Helden Hand;
als er im Blut sich badete, ward hörnern seine Haut.
So versehrt ihn keine Waffe, das hat man oft an ihm
geschaut.

Der Drache ist in den Erzählungen der meisten Völker zu

Siegfrieds Kampf mit Dänenkönig Lüdegast - aus dem »Hundeshagenschen Kodex«, einer illustrierten Handschrift des Liedes aus dem 15. Jahrhundert.

Schloß Hohenems in Vorarlberg: Im Untergeschoß dieses Turms wurde 1755 die Nibelungenhandschrift wiederentdeckt.

Eine Skulptur und eine Inschrift in Genf erinnern an den Burgunderkönig Gundobad.

Zwei Steinblöcke im Genfer Museum, die aus der alten Stadtmauer stammen, zeugen von Gundobad.

Der Sarkophag des Bischofs Maxim in Genf stammt noch aus der Zeit der Burgunder.

Aus der Schatzkammer von St. Maurice: Schrein des burgundischen Königs Sigismund.

»Camp d'Attila« heißt ein riesiger Ringwall nordöstlich von Châlons-sur Marne. Fand in dieser Umgebung die Schlacht der Katalaunischen Felder statt?

Wohin die Burgunder gelangten, übernahmen sie die Bauten der Römer - auch in Lyon. Das Bild zeigt einen Blick über die Saône auf den alten Stadtteil Fourvière. Die Kathedrale steht auf dem Platz der früheren burgundischen Basilika.

Ein Turm der alten Stadtmauer von Autun heißt heute noch Brunhildsturm.

König Gundobad hat die Stadt Vienne erobert, indem er seine Truppen durch den alten römischen Aquädukt in die Stadt führte.

Im merowingischen Stil erbaut ist die Krypta des Klosters St. Andoche in Autun, das von Königin Brunhild gestiftet wurde.

Sigurdsage an der Tür von Hylestad. Die Türpfosten von Hylestad im Setesdal sind aus der Zeit um 1200. Sie kamen im 19. Jahrhundert ins Historische Museum von Oslo. Die Holzschnitzereien stellen dar:
Bild I (von unten nach oben):
1. *In Regins Schmiede wird ein Schwert geschmiedet.*
2. *Das Schwert zerbricht, ein neues wird geschmiedet.*
3. *Sigurd (Siegried) erschlägt Regins Bruder, den Drachen Fafnir.*

Bild II (von unten nach oben):
4. Sigurd röstet das Herz des Drachen und verbrennt sich dabei die Finger. Sigurd steckt einen Finger mit Drachenblut in den Mund und versteht nun die Vogelsprache. Regin schläft. Über Sigurd die Vögel im Baum und Sigurds Pferd mit Schätzen beladen.
5. Sigurd tötet Regin.
6. Gunnar (Gunther) im Schlangenturm.

Der Dombezirk von Worms etwa 1200 n.Chr.
Rechts die Palastkirche, daneben die Saalstiege. Der Wohnblock, der sich von hier zum Dom zieht, ist der Königs- und der Königinnenbau. Links neben dem Dom das Baptisterium.

Im Schloßgarten von Worms zeigen Tafeln die Lage von Gebäuden der ehemaligen Kaiserpfalz an, in deren Mauern der Dichter auch die Burgunderkönige Hof halten ließ. Von der Hofkirche sind noch die Grundmauern erhalten.

Der romanische Turm in Worms überragt noch heute in prunkhafter Größe die Stadt. Im Vordergrund der Siegfriedbrunnen, der wie vieles andere in Worms an die Nibelungen erinnert.

Eine weitere Siegfriedsquelle wurde 1851 im Odenwald bei Grasellenbach entdeckt. Nach alten Überlieferungen soll hier ein »mächtiger Ritter« erschlagen worden sein.

Das Kloster Lorsch war ein Zentrum früher deutscher Geschichte. Eindrucksstark ist die sogenannte Tor- oder Königshalle mit ihrer fremdartig anmutigen Mosaikverkleidung.

Das Hagendenkmal in Worms zeigt den Tronjer, wie er den Nibelungenschatz im Rhein versenkt. Über die Hortversenkung hat es viele Spekulationen gegeben. Hat sie einen geschichtlichen Hintergrund? Wo könnte der Nibelungenschatz verborgen liegen?

Die Nibelungen benutzten die alten Römerstraßen, wie diese Straße bei Eichstätt. Ein Gedenkstein besagt, daß diese Route zum Rhein führt.

Ein heutiger Blick auf Passau.

Die Orte, die mit dem Nibelungenlied in Beziehung stehen, zeichnen sich häufig durch landschaftliche Schönheit aus. Das gilt auch für den Aggstein in der Wachau, an dem die Nibelungen vorrüber zogen.

finden. Im Alten Testament tritt er als Verkörperung der feindlichen Mächte auf, in der germanischen Mythologie spielt er eine ähnliche Rolle, ebenso im Christentum. Viele Drachenabenteuer, wie sie in Sagen geschildert werden, reichen in die Antike zurück.

Auch in Worms hat sich der Lindwurm lange Zeit höchster Beachtung erfreut. Sogar der Name der Stadt, Warmacia, Wurmez oder Wurms, soll von den Worten Wurm oder Lindwurm abgeleitet worden sein. Johannes Staricius berichtet dazu 1616:

»Die Stadt Wormbs soll ihren Namen von den Würmern haben, nemlich von den vielen bösen Würmern, so allda gewonet vnd bekommen worden. Deren dann der Hörnin Seyfrid viel verbrandt vnd erschlagen, mit welcher Safft er sich geschmieret vnd also Hörnin worden.«

Einige Jahrzehnte später soll sich ein Lindwurm aus der Wüste unter die Stadtmauer von Worms gelegt, Häuser umgerissen und viele Menschen und Tiere »eingeschlunden« haben.

Drachenzeichen sind in Worms sehr alt. Sie finden sich bereits im 12. Jahrhundert auf kaiserlichen und bischöflichen Münzen. Zur Stauferzeit ist auf einem Drittel aller Geldstücke der Drache eingeprägt. Das erste Drachensiegel erscheint 1200 bei Propst Konrad vom Andreasstift, und 1235 stellt der Lindwurm das Siegel des Cyriacusstiftes in Neuhausen bei Worms, wo Brunhild ihren Palast hatte. 1499 niestet sich der Drache sogar im Stadtwappen ein.

Drachen und Lindwürmer wurden an die Häuser gemalt. Besonders mit Urtieren geschmückt hat man 1492/93 das Rathaus, die sogenannte »Münze«, die neben Münster, Königinnen- und Königsbau und der Palastkirche die vierte große Umfriedung der Burgfreiheit bildete, bevor die Häuser am Markt sich dazwischenschoben.

Das »Prunkrathaus der Stadt«, wie die Münze heute

auf einer Tafel an den Kulturinstituten bezeichnet wird, sank bei der großen Zerstörung von 1689 in Trümmer. Aber die Ausmalung an der Wende zur Neuzeit ist in Einzelheiten bekannt. Es ging nicht nur um Drachen allein, auch Siegfried, Kriemhild und ihre Brüder sowie Kaiser Friedrich III. prangten in bunten Gemälden über den Spitzbogen der Arkaden an der hellen Front des Rathauses.

In den Bögen der Arkaden hingen große Knochen, Urweltfunde aus dem Rhein, wie sie noch heute ab und an gemacht werden. Auch diese Knochen sollten von den Riesen oder Drachen stammen. Ein Wormser Bürger meint jedenfalls im Jahre 1689:

»Und ist unleugbar, daß große und mehr als 20 biß 30 Schuh lang gewesene Riesen an dieser Rhein-Gegend sich nicht selten aufgehalten haben, indem ein dergleichen Riesen-Bein Anno 1635 im Rhein gefunden, ich selbsten zu Wormbs gehabt, nach welches abgetheilter Proportion der Mensch mehr als 30 Schuh lang müßte gewesen seyn.« (102)

Kurz vorher wurde berichtet, daß bei der Münze »daz gebein von den Reisen und Trachen welche Seyfrid vberwunden, in eisene Ketten gefasset, hangen thun«.

Die Wormser Vergangenheit ist ohne Drachen undenkbar. Einmal scheint sich solch Lindwurm sogar in das Siegel des Dompropstes verirrt zu haben. Bemerkenswert ist dabei, daß dieser Kirchenmann, der von 1221 bis 1233 Propst des Münsters gewesen ist, den Namen Nibelungus trug. Ein Nibelunge mit einem Drachen — und das in Worms!

Der Name Nibelungus ist zu bestimmten Zeiten in Worms und seiner Umgebung nicht selten gewesen. Vornehmlich gilt das für das 12. und 13. Jahrhundert. Im 12. Jahrhundert lebten in Worms ein Neuelunchus, ein Domkustos Nibelung, ein königlicher und ein kirchlicher Ministeriale Nibelungus, ein weiterer Kustos und ein Urkundsbeamter gleichen Namens. Aus dem 13. Jahrhundert sind acht Nibelungen überliefert. In der Folgezeit verliert sich der Name schnell; der letzte ist Nicolaus Nübelung, der 1408 genannt wird.

In Bretzenheim bei Mainz lebte der älteste bekannte Nibelungus im Wormsgau, der 774 Grundbesitz veräußerte. Frühere Spuren führen nach Burgund. Hier hat Graf Nibelunc 752 befohlen, die Fredegarsche Chronik fortzuführen, jenes Geschichtswerk der Franken, in dem auch der Zwist der beiden Königinnen Brunhild und Fredegunde behandelt wird.

Es ist möglich, die Spuren noch weiter zu verfolgen. Der Name reicht in Burgund bis ins 5. Jahrhundert zurück. Das sind die Ursprünge und die äußersten zeitlichen Grenzen. Wollten wir sie durchbrechen, dann würden die Spuren ins Ungewisse führen, so wie sich die Nibelungen nach dem Epos ursprünglich auf sagenhafte Wesen beziehen, die wie die Königsbrüder Nibelung und Schilbung und der Zwerg Alberich im Zwielicht hausen.

Der Name Nibelungen ist nicht nur in Burgund zu finden, nicht nur in Worms und in anderen Städten am Rhein, auch südwestlich von Paris, zwischen Paris und Rouen und in Mittelbelgien. Einige Forscher vermuten sogar, daß die Nibelungen aus Belgien kommen. Der Name geht hier allerdings nur bis ins 7. Jahrhundert zurück. Die Nibelungen sollen aus dem Ort Nivelles in der Provinz Brabant stammen und hätten von dieser Stadt ihren Namen. Ferner wird gesagt, östlich Nivelles, in Waremme (flämisch Borg-Worm), habe Gunthers Burg gestanden. Außerdem habe Hagen in Tongern gelebt, 20 Kilometer von Waremme entfernt (66).

In gewisser Übereinstimmung mit diesen Theorien hat der Schaumburger Heinz Ritter (199) die These aufgestellt, daß die Nibelungen nicht in Worms am Rhein geherrscht hätten und der Weg der Nibelungen nach Ungarn anders zu sehen sei als im Nibelungenlied. Ritter stützt sich bei seiner Theorie auf die weniger bekannte Thidrek-Saga, in der Leben und Untergang der Niflungen geschildert werden mit Parallelen zu den Nibelungen, aber auch mit starken Abweichungen.

In der Ritterschen Darlegung gelangen die Niflungen von ihrer Burg Werniza über Tongern, Valkaborg, Bakalar (Burg Berge bei Altenberg), an Thorta (Dortmund) vorbei nach Susat (Soest). Bonn ist bei dieser Deutung Bern/Verona und Sitz Thidreks von Bern, der nicht Theoderich der Große ist. Susat-Soest ist die Hauptstadt des Hunen-Hünenlandes Westfalen, wo der aus Friesland stammende Königssohn Attila herrscht, der nicht der Hunnenkönig Etzel ist. In Susat-Soest werden die Niflungen vernichtet. Ritter in einem Brief an mich: »Ich suchte und fand die Niflungen dort, wo man sie letztlich immer vermutet hatte, wo man sie nur nicht erweisen konnte: im frühfränkischen Raum, in der Landschaft zwischen Köln-Bonn und Aachen.«

Bei der Ritterschen Auslegung bereitete u. a. die Stelle in der Thidrek-Saga Schwierigkeiten, die vom Zusammenfluß von Dune und Rin spricht (Donau und Rhein). Ritter sagt aber, daß gerade diese Stelle ein Schlüssel zum Verständnis der Thidrek-Saga sein könne. Sie beziehe sich auf den norddeutschen Raum. Früher sei tatsächlich ein Bach, die Dune, (heute Dhünn) bei Leverkusen in den Rhein geflossen, 1840 aber in die Wuppermündung umgeleitet worden. Ritter fragt: »Hat das Nibelungenlied die ›alten maeren‹ mißdeutet, Geschichte irrtümlich eingeschleust? Birgt die Thidrek-Saga, wenn auch in manchem getrübt, die ursprüngliche Quelle?«

Diese von Ritter und neuerdings auch noch von anderen (191) aufgeworfenen Fragen sind nicht endgültig geklärt.

Die Thidrek-Saga bleibt schwer entschlüsselbar. Die Expertin für diese Sagensammlung, Roswitha Wisniewski, erklärt darum: »Wir werden wohl nie ein ganz vollständiges und absolut gültiges Bild von der Entwicklung der Sage vom Nibelungenuntergang erlangen können.«

Gesichert erscheint dagegen, daß im belgischen Nivelles die merowingischen Hausmeier ansässig waren. Pippin I. war Pippin von Nivelles und somit direkt oder indirekt ein Nibelunge. Forschungen der Kriegs- und Nachkriegszeit haben diese Frage noch brennender erscheinen lassen.

Anlaß zu den Untersuchungen war ein Luftbombardement auf Nivelles im Mai 1940. Es kam zu verheerenden Zerstörungen im Zentrum und damit auch an der monumentalen Gertrudiskirche. Als die Katastrophe über die Stadt hinweggegangen war, sah die Forschung eine einmalige Chance. Wissenschaftler begannen 1941 unter Leitung von Professor J. Breuer mit archäologischen Grabungen, die 1953 beendet wurden.

Die Forscher legten unter dem romanischen Gotteshaus den Boden einer karolingischen Kirche mit Altären und Gräbern frei, worunter ein Grab wahrscheinlich die Gebeine von Hirmeltrude barg, der ersten Frau Karls des Großen. Die Überraschung der Ausgräber wuchs, als sie 75 Zentimeter tiefer auf eine zweite, merowingische Kapelle stießen, von etwa 25 Meter Länge und rund sieben Meter Breite. Im anschließenden Chor lag ursprünglich das Grab der heiligen Gertrud, der Tochter Pippins. Gertrud hat nach dem Tod ihres Vaters die in Nivelles begründete Abtei geleitet.

An derselben Stelle stand vorher die Hauptvilla Pippins. Diesen Palast haben die Ausgräber wahrscheinlich angeschnitten, als sie unter der Merowingerkapelle eine noch ältere Mauer entdeckten. Reste hiervon sieht der Besucher im unterirdischen Steinmuseum, das, von einer Glaswand getrennt, an die frühzeitlichen Kapellen anschließt.

Um diese Villa des Merowingers Pippin spielten alte Sagen. Bestimmt waren hier die Nibelungen bekannt. »Franci Nebulones«, fränkische Nibelungen, haben sich jedenfalls einige fränkische Stämme genannt, wie das Waltharilied berichtet.

Hätte sich diese Gewohnheit bei allen Franken durchgesetzt, so wären die Nibelungen im Sinn der »belgischen Schule« nicht nur im Epos groß verzeichnet, sondern auch in unseren Geschichtsbüchern.

10. An den Siegfriedquellen

»Dort fließet noch der Brunnen« · Die Quelle von Odenheim · Auch Hitlersklingen meldet Ansprüche an · Spurensuche im Odenwald · »Hier hat der Ritter Hagen den Ritter Siegfried getötet« · Die Siegfriedquelle brachte den Wohlstand nach Gras-Ellenbach

*Von demselben Brunnen, da Siegfried ward erschlagen,
sollt ihr die rechte Kunde von mir hören sagen:
Vor dem Odenwalde ein Dorf liegt, Otenhaim.
Dort fließet noch der Brunnen, daran kann kein Zweifel
sein.*

So steht es in der 16. Aventiure der Handschrift C des Nibelungenliedes. Wer nun die nähere und weitere Umgebung des Odenwaldes nach Otenhaim absucht, findet zunächst nur einen Ort, der in Betracht gezogen werden kann, Odenheim, etwa 25 Kilometer südlich von Heidelberg und 30 Kilometer nordöstlich von Karlsruhe, mitten im Kraichgau.

Hier ist Siegfried nicht unbekannt. Eine Steinskulptur am Rathaus zeigt ihn, wie der mit seinem Schwert Balmung den Drachen erlegt. Darunter der Schutzheilige des Ortes, der Erzengel Michael, und eine Inschrift besagt: »Es war die Jugend Siegfrieds in allen Dingen groß.«

Daß Siegfried in Odenheim ein Begriff ist, dafür haben Lehrer und Pfarrer gesorgt. Auch die Siegfriedquelle fehlt nicht. Wenige Kilometer vom Ort entfernt, in einem reizvollen Tal, fließet noch der Brunnen«.

Durch alle Zeiten hat diese früher auch Sisbrunnen genannte Quelle zur Sagenbildung beigetragen. Das mag an der ungewöhnlichen Umgebung liegen, an den steil ansteigenden Felswänden, die von mächtigen Laubbäumen und Tannen besetzt sind, an dem starken Wasserstrahl, der sich unaufhörlich aus dem Berghang in ein Steinbecken ergießt. Solche in sich geschlossene Szenerie muß die Phantasie beflügeln.

1932 wurde die Quelle gefaßt und darüber eine Tafel angebracht, die Hagen zeigt, wie er den Speer auf Siegfried schleudert. Die Anlage ist von dem jüdischen Auswanderer Siegmund Odenheimer gestiftet worden, der in Amerika das Nibelungenlied und seine Namensverwandtschaft zum Ort Odenheim nicht vergessen mochte.

Hat Odenheim aber die Berechtigung zu sagen, hier habe das Nibelungenlied wirklich gespielt?

»Durchaus«, sagt Friedrich Hodecker (79), Pfarrer im Ruhestand und Herausgeber der Chronik von Odenheim. In seiner Studierstube in einem winkligen Fachwerkhaus gibt er die Begründung:

»Odenheim ist alt. Es wird 769 im Lorscher Codex erwähnt. Damals vermachte ein gewisser Udelfried dem Kloster Lorsch zehn Morgen Land in Odenheim. Damit wird die Verbindung zu Lorsch hergestellt, das im Nibelungenlied eine Rolle spielt. Im übrigen lag nahe Odenheim eine nicht unbedeutende Benediktinerabtei, die 1122 von den Grafen von Lauffen begründet worden war. Um 1200, also zur Zeit, als das Nibelungenlied in Passau niedergeschrieben wurde, residierte in Odenheim Abt Siegfried.

Der unbekannte Dichter des Nibelungenliedes, der meiner Meinung nach nicht nur gute Beziehungen zu den Benediktinern in Österreich und Bayern unterhielt, sondern auch zu ihren Klöstern am Rhein, ist mehrfach in Lorsch gewesen. Dabei führte sein Weg auch über die Benediktinerabtei Odenheim, die eine Tagesreise von Lorsch entfernt lag. In Odenheim war der Dichter Gast des Abtes Siegfried. Während seines Aufenthaltes lernte er dann die Quelle in der Nähe der Abtei kennen. Um seinen Gastgeber zu ehren und ihm seinen Dank zu bezeigen, fügte der Dichter die Verse von Otenhaim als Schlußstrophe in die 16. Aventiure ein.«

»Steht heute noch etwas vom Benediktinerkloster?«

»Einige Reste sind geblieben. Die Anlage ist jetzt eine Staatsdomäne. Ihr Stifterhof erinnert an die Abtei.«

Der Stifterhof liegt zwei Kilometer von Odenheim im Seitental der Katzenbach. Die Gebäude bilden ein großes Viereck und umschließen dabei einen weiträumigen Hof. Die Anlage ist in den Grundzügen fast so geblieben wie einst. Darum läßt sich die Abtei rekonstruieren, vor allem, wenn man ein 1801 von Prey gemaltes Bild zu Hilfe nimmt, das das Stift nach seinem Wiederaufbau von 1671 wiedergibt.

Auf dem Bild ist die Umfassungsmauer mit einem runden Eckturm zu erkennen, dahinter liegen Speicher, Stallungen und Scheune und die große gotische Kirche sowie Priesterhaus und Brüderhaus.

1122 erschienen in Odenheim die ersten weißgekleideten zwölf Benediktinermönche aus dem Kloster Hirsau. Der Mönch Eberhard wurde erster Abt von Odenheim. Die beiden Brüder, die das Kloster gestiftet hatten, die Grafen Bruno und Poppo von Lauffen, statteten die Abtei mit vielen Besitzungen aus, besonders am Neckar, und dieser Besitz wurde 1161 von Kaiser Barbarossa ausdrücklich bestätigt. Das Kloster war inzwischen eine ansehnliche Besitzung geworden. Es sah auch prominente Gäste, so im Jahre 1212 den Stauferherrscher Friedrich II., als dieser von Italien auf dem Wege nach Mainz war, um sich dort krönen zu lassen.

Im 15. Jahrhundert war ein deutlicher Verfall der klösterlichen Zucht zu beobachten. Entlassungen wurden vorgenommen und Reformen durchgeführt. Trotzdem blieb es in Odenheim schwierig — und nicht nur hier — das befohlene, sittenstrenge Leben einzuhalten. Schließlich wurde 1494 aus der Abtei ein weltliches Chorherrenstift.

1525 setzten die aufgebrachten Bauern das Kloster in Brand. Mit besonderer Wut drangen sie in das Archiv und die Bibliothek ein und wollten dort ihre Zinsbücher und Abgabenverzeichnisse verbrennen, doch waren diese schon vorher von den Stiftsherren beiseite gebracht worden. Jedenfalls vernichteten die Bauern alle Bücher, die die Mönche vorher mit großer Mühe geschrieben hatten, darunter mit Sicherheit eine Abschrift des Nibelungenliedes und eine Chronik des Klosters.

Im 30jährigen Krieg gab es weitere Zerstörungen. Danach fielen die Franzosen ein. Im 18. Jahrhundert schließlich wurden die noch verbliebenen Reste abgetragen und an der gleichen Stelle der Gutshof errichtet.

Die beiden Rundtürme im Nordosten und Südwesten überdauerten trotzdem, auch noch einige Keller, die heute von Gras, Efeu und Gesträuch überwachsen sind, und ferner die Mauern der alten Stallung. Sie gehen allerdings nicht bis in die Gründerzeit zurück, sondern nur bis ins 14. und 15. Jahrhundert. In die späteren Neubauten wurden die alten Wappen der Äbte eingemauert. Sie sind noch zu sehen, z. B. jenes derer von Venningen, das aus drei Lilien und dem Krummstab besteht. Abt Dieter III. von Venningen hat um 1400 die Abtei zum Schutz gegen räuberische Übergriffe mit Mauern und Türmen umgeben lassen.

Wie immer die Beziehungen zwischen dem Nibelungenlied und Odenheim gewesen sein mögen — sie gehen in jedem Fall auf die Abtei zurück. Dabei erscheint die Deutung von Pfarrer Hodecker als eine Möglichkeit. Eine andere wäre, daß einer der Mönche, die damals das Kopieren der Handschriften als hohe Kunst geübt haben, die Schlußstrophe in das Kapitel eingeschmuggelt hat. Die nahe Quelle war ja allen Mönchen bekannt. Sie war von unwahrscheinlichen Geschichten umgeben. Warum sollte sich hier nicht die bekannte Siegfried-Tragödie abgespielt haben?

Wenn einer der Mönche die Strophe eingefügt hat, dann wäre dies in dem Archiv geschehen, das westlich der Kirche lag und mit einer Stirn- und einer Breitseite an die Umfassungsmauer angrenzte. In nächster Nähe dieser Stelle ist im noch stehenden Mauerwerk das Wappen Dieters von Helmstadt eingelassen: ein Helm mit zwei Hörnern und darunter ein fliegender Rabe.

Doch es geht nicht nur um diese Strophe, denn die Handschrift C, die allein Odenheim erwähnt, weist noch weitere Änderungen auf. Insgesamt sind zahlreiche Strophen eingeschoben, was ein einziger Bearbeiter vornahm, um eine »zweite verbesserte Auflage« herauszugeben.

Wer also nach der Entstehung der »Otenhaimer Strophe« fragt, der fragt zugleich nach der Entstehung der Fassung C des Nibelungenliedes. Kann diese Bearbeitung in Odenheim erfolgt sein? Die Forschung verneint es. Das rund 60 Kilometer nördlich von Odenheim zwischen Worms und dem Odenwald gelegene Kloster Lorsch erweist sich dagegen als weit bessere Spur.

Odenheim liegt zu weit ab vom Odenwald und von Worms. Darum kann die bei Odenheim so sorgfältig ausgemauerte Quelle kaum der gesuchte Siegfriedbrunnen sein.

Es gibt andere.

Außer Odenheim bewerben sich noch verschiedene Orte im oder am Odenwald um den mysteriösen Brunnen. Der geographische Bezug wird dabei aus dem Nibelungenlied genommen. Hier sagt Gunther zu Siegfried:

*So laßt uns Bären und Schweine jagen gehn
nach dem Odenwald, wie ich es oft getan.*

In den älteren Handschriften hat es allerdings nicht Odenwald geheißen, sondern Wasgenwald oder Waschenwald. Doch der bekannte Wasgenwald kann damit nicht gemeint gewesen sein, das wären die weit abgelegenen Vogesen auf der linken Rheinseite. Darum heißt es in der jüngeren Handschrift C, die Unklarheiten und offensichtliche Fehler beseitigt, Odenwald. Denn die Jagd fand ja eindeutig auf dem rechten Rheinufer statt:

Manch Saumroß zog beladen vor ihnen überrhein.

Und bei der Rückkehr von der Jagd nach Worms heißt es:

Da harrten sie des Abends und fuhren über Rhein.

Die Orte im Odenwald, die die Siegfriedquelle für sich in Anspruch nehmen, verweisen weiter darauf, daß die Jagd der königlichen Herren in einem Gebirge stattgefunden haben muß. Im Epos heißt es, als Siegfried einem Bären nachjagt:

Er kam in eine Bergschlucht, da konnt er ihm nicht bei.

Es muß sich auch um eine Quelle gehandelt haben, die seit langem die Beachtung der Menschen gefunden und im mythisch-kultischen Leben eine Rolle gespielt hat.

Eine solche Quelle kennt die Überlieferung an der Odenwalder Siegfriedstraße, die von Lorsch über Heppenheim nach Erbach führt und sich in Michelstadt mit der Nibelungenstraße vereinigt. An der Siegfriedstraße liegt Hilstersklingen. Verläßt man den langgestreckten Ort nach Südosten, zweigt bald nach links, kurz vor Hüttenthal, ein schmales Waldtal ab mit dem Lindelbrunnen.

Aus einer runden Steinfassung läuft das aufgefangene, klare Wasser in einem dünnen Strahl. Die Quelle ist von aufgetürmten Blöcken umfriedet, und auf dem obersten, mittleren Block verweist eine Tafel darauf, daß an diesem Brunnen Siegfried erschlagen sein soll; der Name der

Quelle werde schon 773 n. Chr. in einer Beschreibung der Mark Heppenheim erwähnt.

Ringsum sind einige Linden gewachsen, wie es sich für einen Brunnen solchen Namens gehört. Im Nibelungenlied wird darauf verwiesen, daß die Quelle unter einer Linde lag:

Den starken Spieß lehnt' er an den Lindenast.
Bei des Brunnens Flusse stand der herrliche Gast.

Dieser Brunnen hat sich aber dennoch nicht durchsetzen können. Ein anderer Ort stellte alle Siegfriedquellen im Odenwald in den Schatten: Gras-Ellenbach, vier Kilometer Luftlinie von Hüttenthal entfernt. Die Verbindungsstraße zwischen beiden Dörfern schlägt allerdings einen mächtigen Umweg.

Auf die Spur der Siegfriedquelle von Gras-Ellenbach kam in den vierziger Jahren des vorigen Jahrhunderts ein Darmstädter Bürger, der Geheime Hofrat Dr. Knapp, der angesteckt war von der romantischen Stimmung seiner Zeit und mit beträchtlicher Anteilnahme die Wiederauffindung der alten Epen verfolgt hatte. Bei seiner Suche im Odenwald ging Knapp von folgenden Überlegungen aus:

»Da das Nibelungenlied bezeugt, daß der Verfasser desselben die Gegend und Orte, in welchen er seine Helden handeln läßt, genau kannte und sich in dieser Beziehung nicht leicht von der Wirklichkeit entfernte, so darf man wohl annehmen, daß er auch bei der Episode von Siegfrieds Tod diesem System treu bleiben wollte, daß also die angedeutete Bahn der Handlung geographisch richtigen Verhältnissen entspricht und bei der Ermittlung derselben hierauf vorzugsweise Rücksicht genommen werden muß.« (95)

Damit hatte Knapp umrissen, wie die Spurensuche zu verstehen war. Es konnte selbstverständlich nicht darum gehen, Beweise für eine sagenhafte Persönlichkeit zu finden, die vielleicht nie gelebt hat. Die Fragestellung mußte vielmehr lauten: An welche Quelle im Odenwald oder in der Nähe des Odenwaldes mag der Dichter gedacht haben, als er seine Verse von Siegfrieds Tod niederschrieb, und existiert die Quelle noch?

Knapp ließ sich bei seiner Suche vom Text des Nibelungenliedes leiten. So wie einst Schliemann mit Homers Ilias in der Hand die Hügel von Hissarlik abgelaufen war, um Troia zu finden, so hatte er bei seinen Wanderungen das mittelalterliche Epos bei sich. Knapp zog auch das »Lied vom Hörnen Siegfried« zu Rate, in dem die Mordtat Hagens »ob einem prunnen kalt« im »Ottenwaldt« geschildert wird. Hinsichtlich des Wortes »Wasgenwald« in der Handschrift B glaubte er nicht, daß die linksrheinischen Vogesen damit gemeint sein konnten. Er suchte darum den Wasgenwald rechts des Rheins und fand nahe Gras-Ellenbach die Flurbezeichnung Weschrein sowie den Ort Weschnitz und den Bach gleichen Namens. Aus der Bezeichnung Weschenzwald schloß er auf Waschenwald.

Knopp suchte ferner nach einem lokalen Hintergrund für jene Verse im Nibelungenlied, in denen vom »Spechtsharte« die Rede ist. Dieser wird genannt, als Siegfried sich darüber beklagt, daß nach der Jagd kein Wein gereicht wird. Hagen antwortet darauf:

Lieber Herre mein,
ich wähnte, das Birschen sollte heute sein
fern im Spechtsharte. Den Wein hin sandt' ich dort.
Heute gibt es nichts zu trinken, doch vermeid' ich es
hinfort.

Daß mit dem Spechtshart nicht der Spessart gemeint sein konnte, war sicher. Der Spessart ist zu weit vom Schauplatz entfernt, jenseits des Mains. Knapp fand aber fünfzehn Minuten südöstlich von Gras-Ellenbach den Spessartskopf, 548 Meter hoch und auf allen Karten verzeichnet.

Der Name ist durchaus nicht jüngeren Datums. Er ist in alten Urkunden verzeichnet, so in einem Schriftstück von Waldmichelbach aus dem Jahr 1430 und in einer Urkunde aus Erbach von 1544. Auf einem Papier des Oberamtes Lindenfels von 1613 ist schließlich niedergelegt, daß in der Gemarkung von Gras-Ellenbach sieben Stücke Feld auf dem Speßhart gelegen seien.

Knapp untersuchte den Spessartskopf näher und entdeckte fünfzehn Minuten vom Gipfel entfernt und im Wald versteckt eine Quelle. Sie liegt an einem alten Höhenweg, einem Rennweg, der von Heppenheim über Fürth, Hammelbach, Gras-Ellenbach nach Beerfelden und Mudau führt, also quer durch den Odenwald.

Überraschenderweise stand direkt neben der Quelle ein Sühnekreuz, wie man es in früheren Zeiten zur Erinnerung an eine Mordtat zu errichten pflegte. Solche Kreuze haben die Bevölkerung stets zu Erzählungen und Berichten herausgefordert. Knapp erfuhr, daß ganz unabhängig vom Nibelungenlied bei den Bauern die Mär im Umlauf war, an dieser Quelle sei ein mächtiger Ritter erschlagen worden. Nach anderer Fassung haben sich an dieser Stelle zwei Männer gegenseitig umgebracht. Es taucht aber in den Berichten auch der Name von Siegfried auf.

Revierförster Balz aus Fürth im Odenwald sagte 1844: »Alte Leute erzählen, daß sie von ihren Voreltern gehört, es sei ein gewisser Siegfried, den man nur den Gehörnten genannt habe, in dem Moment, als er sich an der Quelle niedergelegt, um zu trinken, von seinem Schwager erstochen worden; daher der Name Siegfriedbrunnen.«

Zur gleichen Zeit berichtete der Bürgermeister von Affolterbach: »Die Quelle von Gras-Ellenbach wird seit Menschengedenken Siegfriedsbrünnchen genannt, weil der Sage nach hier der Ritter Hagen den Ritter Siegfried getötet hat.« Auch der Bürgermeister von Gras-Ellenbach äußerte sich 1844 ähnlich.

Knapp war jedenfalls davon überzeugt, daß er die Siegfriedquelle des Nibelungenliedes entdeckt habe: »So hätten wir einen Brunnen aufgefunden, dessen Name ebenso wie die von dem Ursprung dieses Namens überlieferte Sage nicht minder als seine geographische Lage, ganz mit den Forschungen übereinstimmt, die wir über die von der Jagdfahrt berührten Örtlichkeiten angestellt haben und die eben dadurch einen erhöhten Grad von Wahrscheinlichkeit erhalten.« (95)

Wie aber stand es mit Otenhaim? Knapp entdeckte keinen Ort, der seiner These entsprach. So nahm er an, Otenhaim sei identisch mit einem Distrikt Dautenhan, Doteshan oder Dotenhan, der 1613 bei der Beschreibung der Gemarkung von Gras-Ellenbach erwähnt wird. Diese Argumentation klingt wenig überzeugend, sie ist der schwächste Punkt in der Beweisführung.

Die Forschungen des Darmstädter Hofrates hatten aber gewisses Aufsehen erregt. 1851 wurde im Verfolg seiner Untersuchungen beschlossen, die Siegfriedquelle zu kennzeichnen und ein Steinkreuz zu errichten, in dessen Sockel die Strophe 981 des Nibelungenliedes mittelhochdeutsch eingetragen wurde. Sie berichtete davon, wie Siegfried am Brunnen trank und Hagens Speer den gehörnt Gepanzerten tödlich durch das Kreuzchen traf, das Kriemhild zum Schutze Siegfrieds auf dessen Wams genäht hatte. Die Verse lauten:

Do der herre Sifrid ob dem brunnen tranch,
er schoß in durch das chruze das von den wunden
spranch
das blut von dem herzen vast an du Hagenen mat.
So großer missewende ein held nu nimmer begat.

Die Siegfriedquelle, zwanzig Minuten zu Fuß von Gras-Ellenbach auf einem ständig ansteigenden Waldweg zu erreichen, war nicht nur Gegenstand der Heimatforscher. Sie verwandelte den ganzen Ort, der ursprünglich von armen Besenbindern bewohnt gewesen war. Mit der Siegfriedquelle lockte man die Fremden von weit her. Bald war Gras-Ellenbach ein gesuchter Luftkurort auf mythischem Hintergrund. Pensionen und Hotels nannten sich nach Personen aus dem Epos. So entstand das Hotel Siegfriedbrunnen, das innen und außen im Zeichen des Nibelungenliedes steht. In Gras-Ellenbach zog der Wohlstand ein.

Doch hundert Jahre nach Errichtung des Erinnerungskreuzes geschah großes Unheil. Das Wasser, das Jahr für Jahr unter dem mit der Bourbonenlilie verzierten Stein herausgeflossen war, versiegte 1951. Kein Tropfen floß mehr aus der Siegfriedquelle, und es war nicht nur eine vorübergehende Panne der Natur. Der Schrecken in Gras-Ellenbach war groß. Ohne eine überzeugende, stetig fließende Siegfriedquelle würde es keine Fremden mehr geben. Der in Jahrzehnten errungene Wohlstand war in Gefahr.

Zunächst wurden die Gründe für das Versiegen der Quelle ermittelt. Fachleute erkannten sie schnell. Ursprünglich waren die Berge um Gras-Ellenbach mit Laubwald besetzt gewesen. Noch 1851 standen um den Brunnen riesige Eichen. Der wachsende Holzbedarf der folgenden Jahrzehnte hatte jedoch dazu geführt, schneller wachsende Bäume, nämlich Nadelhölzer, anzupflanzen. Diese veränderten den Grundwasserspiegel. Sie hielten das Wasser weniger gut fest und führten es auch nicht in Adern zusammen, wie es bei Laubbäumen der Fall ist.

So mußten die Siegfriedquelle unter den neuen Bedingungen versiegen. Man konnte sie nur noch durch einen Kunstgriff retten: durch eine Wasserleitung, die aus dem Dorf den Berg hinauf gelegt wurde ...

Noch etwas gefährdete den »geschichtlichen Hintergrund« des Dorfes. Die vor dem Odenwald gelegenen, benachbarten Orte Lorsch und Heppenheim meldeten gemeinsame Ansprüche an. Argumente und Gegenargumente erschienen in den örtlichen Zeitungen. Heppenheim bezog dabei eine starke Position. Eine noch stärkere verfocht Lorsch, das mehrfach im Nibelungenlied und in der Klage erwähnt wird. Es geht der Stadt nicht nur um die Siegfriedquelle. Lorsch behauptet mehr: In den Mauern seines Klosters sei das Nibelungenlied entstanden.

11. Entstand das Nibelungenlied in Lorsch?

Die »orientalische« Torhalle · Der Siegfriedsarkophag · Das Kloster und der Sedelhof von Ute · War Abt Sigehart der Dichter des Nibelungenliedes? · Die Wissenschaft bleibt skeptisch

Lorsch ist ein Zentrum früher deutscher Geschichte. Es war die größte Benediktinergründung nördlich der Alpen, das Hauptkloster im östlichen Frankenreich und politischer, religiöser und künstlerischer Mittelpunkt. Kaiser, Könige und Päpste kamen nach Lorsch. Hier wurden wichtige Entscheidungen getroffen.

Lorsch verdankt seinen Glanz den Karolingern. Eine ihrer führenden Persönlichkeiten am Königshof, Erzbischof Chrodegang, erhielt 763 n. Chr. von dem Gaugrafen Cankor und seiner Mutter, der Witwe Willisminda, das Landgut Lorsch mit dem Auftrag, dort ein Kloster zu errichten.

Direkt an der Weschnitz, am Schnittpunkt der großen Heer- und Handelsstraßen, die von Nord nach Süden und von West nach Osten zogen, entstand die erste Anlage Altenmünster. Sie gewann schnell an Bedeutung, nicht zuletzt durch die Überführung der Gebeine des heiligen Nazarius ins Kloster. Ein größerer Neubau wurde notwendig, den man westlich von Altenmünster auf der Höhe der Flußdüne errichtete.

774 wurde dieses zweite Kloster Lorsch mit einem glanzvollen Fest eingeweiht, zu dem die Mächtigen von Staat und Kirche erschienen, auch Karl der Große und seine Söhne.

Das Kloster nahm eine sprunghafte Entwicklung. Es konnte seine Besitzungen beträchtlich erweitern. Bald schon verfügte Lorsch über Niederlassungen vom Bodensee bis zur Rheinmündung. Die Klosterchronik, der »Codex Laureshamensis«, nennt über 3000 Schenkungen und berichtet, daß die Klosterangehörigen durchs ganze Reich reisen konnten, ohne auf fremdem Boden nächtigen zu müssen. Abt Udalrich erschien auf dem Reichstag von Trebur mit 1200 Reichsfreien; niemand konnte ihm das nachtun. Über dem Kloster lag sichtlich die Gunst der weltlichen und geistlichen Herrscher. Darum schloß der Codex Laureshamensis:

> *Mit Reichtum und Ehren, mit Ruhm und Würden,*
> *schmückt sie der Heinrich', Ottonen und Ludwige Huld.*
> *Da Karl sie begonnen und blühend gemacht,*
> *ist sie erlaucht und stets würdig zu heißen,*
> *Königsabtei, der Kaiser und Könige Wohnstatt,*
> *des römischen Stuhls bevorzugte Tochter,*
> *in Würde stets frei!*

Das heutige Lorsch ist ohne Glanz. Ein paar Fabriken betonen die neue Zeit wie auch die Autobahn, die direkt am Ort vorüberführt. Ansonsten winkeln sich Straßen und Gäßchen, mit Katzenkopfpflaster und schiefen Fachwerkhäusern. Doch dann steht unmittelbar an der Straße, am Dünenrand, der bedeutendste Rest des Klosters Lorsch, die Tor- oder Königshalle.

Fünf Stufen führen zu dem kleinen Bauwerk, das von drei Toren mit Rundbögen durchbrochen ist. Die Vorder- und Rückseiten sind reich gegliedert, an die Giebelseiten lehnen sich zwei Treppentürme. Über die Halle streckt sich ein geschiefertes, gotisches Dach aus späterer Zeit.

Der Besucher blickt immer wieder auf die Vorder- und Rückfronten mit einer Mosaikverkleidung, die zwischen viereckigen, sechseckigen und dreieckigen roten und weißen Steinen spielt.

Diese Steinverblendung ist ungewöhnlich. Sie war es auch im Karolingerreich, denn dieser Schachbrettstil war in der Ostantike heimisch, wo ihn der Islam übernahm. Ins Frankenreich gelangte er durch die Beziehungen, die Karl mit den maurischen Herrschern unterhalten hat. Jedenfalls ist der orientalische Einfluß unverkennbar, der sich mit römischen, griechischen und karolingischen Stilelementen mischt.

Im südlichen Treppenturm der Torhalle wartet Karl Minst auf Besucher, die etwas mehr erfahren möchten über Lorsch und seine Vergangenheit.

»Früher war die Halle Teil einer Triumphstraße, die sich von Westen nach Osten zog«, erläutert Minst, der Lorscher Cicerone. »Kam der König hierher, dann wurde er am Westtor begrüßt und über die Via Sacra, die Heilige Straße, zur Königshalle geleitet, um im Obergeschoß auf dem Thron Platz zu nehmen. Die obere Halle hat auch dem Hohen Gericht als Sitzungssaal gedient, während das Niedere Gericht unter den Arkaden der Halle beriet.«

»Wer hat die Halle gebaut?«

»Langobarden. Das ist aus den Maßen abzulesen. Im übrigen hieß das nahe Lampertsheim noch 835 Langobardoheim. Langobarden waren auch die Architekten der romanischen Dome am Rhein.«

Wir folgen der Via Sacra ostwärts zur ehemaligen Klosterkirche, die mit Doppeltürmen, Vorkirche, Hauptkirche und Krypta einen großartigen Eindruck vermittelt haben muß. Die Abmessungen waren beachtlich. So betrug die Länge des heiligen Bezirks zwanzig Meter mehr als beim heutigen Kölner Dom.

Der Komplex bestand aber nicht nur aus der Kirche. Nach Süden schlossen sich die Klostergebäude an mit Kreuzgang, Klausur, Refektorium, Küche, Wirtschaftsgebäuden und Wohn- und Schlafräumen.

Auch die Bibliothek lag hier; sie war weltberühmt. In den Regalen wurde unter anderem die Klosterchronik aufbewahrt, die die Geschichte der Abtei von 763 bis 1170 schildert. Sie war aus 3886 Urkunden zusammengestellt worden, es ist der schon erwähnte Codex Laureshamensis.

Ein im Vatikan gefundener Katalog berichtet davon, daß in der Lorscher Bibliothek weit über 1000 Handschriften aufbewahrt worden seien. Zum Teil sind sie noch heute erhalten, jedoch in ganz Europa verstreut. Sie finden sich in Berlin, München, Frankfurt, Hannover, Heidelberg, aber auch in Paris, Rom und an anderen Orten. Die Bücher fallen durch ihre kostbare Ausstattung auf, wie etwa der jetzt in Rom aufbewahrte Evangelienkodex.

Über die damals in Lorsch übliche Ausmalung der Bücher heißt es: »Für die Herstellung der kunstvollen Handschriften, der in Gold-, Silber- oder bunten Farben gemalten Initialen und Textbuchstaben, wurden jeweils dem sogenannten Armarius, Bibliothekar und Vorsteher der Handschriftenarbeiten im Scriptorium (Schreibsaal), beträchtliche Beträge zur Beschaffung des nötigen, oft sehr kostspieligen Schreibmaterials (Pergament, Gold-, Silber- und bunte Tuschfarben, Pinsel, Griffel, Stifte, Federn und Werkzeuge zum Messen der Raumaufteilung) von den Äbten oder durch Stiftungen zugewiesen.« (124)

Das Lorscher Kloster hat mehrfach unter Bränden und Zerstörungen gelitten. Im Dreißigjährigen Krieg wurde es fast vollständig vernichtet. Außer der Königshalle blieb nur noch die Vorkirche erhalten, die jedoch nicht zum ursprünglichen Bestand gehörte. Sie wurde im 10. Jahrhundert errichtet, als die Hauptkirche sich als zu klein erwiesen hatte. Diese wurde fast ums Doppelte verlängert, indem man den bis dahin bestehenden Ehrenhof überdachte.

Heute steht die Vorkirche einsam auf der Lorscher Düne, ihrer Seitenschiffe entkleidet, am Eingang und auch teilweise an den Fenstern gotisch umgeprägt, wie es dem Stilempfinden der nachfolgenden Zeit entsprach. So ist die Vorkirche Zeuge einstiger Pracht. Doch auch dieser Rest wäre verschwunden, hätte man es zwischendurch nicht für ratsam gehalten, die Kirche als Tabaksscheuer zu benutzen.

Nichts blieb von den ehemals 27 Meter hohen Türmen, der Hauptkirche und der anschließenden Gruftkirche oder Krypta. Von diesem Herzstück von Lorsch und auch vom Kloster wüßten wir recht wenig, hätte nicht Friedrich Behn (11) zehn Jahre lang auf der Düne ausgegraben. Er entriß dem Sand das durch Jahrhunderte gehütete Geheimnis und konnte die Bauten sicher bestimmen. Um die Lage auch dem Besucher zu verdeutlichen, wurden auf den Aufrißlinien Hecken angelegt.

Die Vorkirche ist Museum geworden mit einer reichhaltigen Sammlung karolingischer Steinmetzarbeiten. In der Mitte stehen zwei Sarkophage. Der eine ist mit jonisch-korinthischen Pilastern besetzt wie die Vorderfront der Torhalle. Daß er ursprünglich in der Krypta, der kleinen Gruftkirche mit halbrunder Apsis, beigesetzt war, gilt als sicher. Diese Gruft, die früher »Ecclesia Varia« oder Bunte Kirche genannt worden war, muß ungewöhnlich farbenprächtig mit karolingischen Glasfenstern ausgestattet gewesen sein.

Der Sarkophag ist im Jahre 1800 unsachkundig von einem Forstmeister ausgegraben worden. Dieser hatte im Sarg einen Toten im Goldbrokatgewand gefunden und daneben Pergamentrollen, die nicht mehr zu entziffern waren.

Die Funde sind verschollen, nur der Sarkophag blieb erhalten. Man nimmt an, daß in ihm König Ludwig der Deutsche, der erste deutsche König, 882 in der Krypta beigesetzt worden ist. Ludwig hatte Lorsch zum kulturellen und geistigen Zentrum seines Reiches gemacht. Er vergrößerte den Besitz des Klosters und sicherte den Bestand. Lorsch wurde seine königliche Heimat und seine letzte Ruhestätte. Sein Sohn Ludwig wurde hier ebenfalls beigesetzt, dessen Sohn Hugo, weiter Kunigunde, die Frau Konrads I., ferner der Bayernherzog Tassilo und zahlreiche Adelsgeschlechter.

Die Krypta war nicht nur wegen der Fürstengräber berühmt, auch ihre künstlerische Ausgestaltung machte sie weithin bekannt. Zum letzten Mal wird die Gruftkirche im Jahre 1611 erwähnt. Doch nach den Zerstörungen des Dreißigjährigen Krieges blieb sogar die Lage lange Zeit unbekannt.

Auf die Frage, ob der Sarkophag Ludwigs der bedeutendste Fund sei, den die Vorkirche birgt, antwortet Minst:

»Der bedeutendste schon, nicht der rätselhafteste.«

Damit führt uns der Kustos zum zweiten Sarkophag, der 2,40 Meter in der Länge mißt. An seiner Innenseite ist aus dem Stein mehrfach das Kreuz herausgearbeitet, ferner die Ruine des Lebensbaumes sowie eine Kombination des Kreuzes mit der Geburtsrune.

»Der Sarkophag hat viele Rätsel aufgegeben«, sagt Minst. »Einige meinen, und ich kann mich dieser Auffassung nicht verschließen, daß in diesem Sarg Siegfried aus der Nibelungensage beigesetzt worden ist.«

Und Minst zitiert das Nibelungenlied:

Zu Lorsch im hohen Münster, berühmt von Land zu Land,
in einem langen Sarge er seine Ruhe fand.

Die alten Sagen bringen Lorsch nicht nur in Verbindung mit Siegfried, sondern auch mit Kriemhild und deren Mutter Ute. So wird in der Klage berichtet:

Zu Lorsch daheim lag Ute
den ganzen Tag
im Gebet auf den Knien

*und wandelte nach der
Kirche hin, die sie zuerst erbaut.*

Und weiter:

*Die edle Ute ward begraben
zu Lorsch in ihrer Abtei.*

Die C-Fassung des Nibelungenliedes berichtet dazu noch genauer:

*Ein reiches Fürstenkloster stiftete Frau Ute
nach dem Tode Dankrats aus ihrem Witwengute
mit reichen Einkünften, die ihm noch heut gehören,
dort zu Lorsch dem Kloster. Sein Ansehn steht in hohen
                                                                             Ehren ...
Da stand für Frau Ute ein Sedelhof bereit
zu Lorsch bei dem Kloster, reich, groß und weit;
dahin zog die Witwe von ihren Kindern fort.
Es ruht die hehre Fraue in einem Sarg begraben dort.*

Das Epos schildert weiter, wie Kriemhild Siegfrieds Gebeine von Worms nach Lorsch nahm, wo sie in jenem »langen Sarge« beigesetzt wurden.

Der Bezug zu Lorsch ist so eindeutig, so in die Einzelheiten gehend, daß man seit langem gefragt hat, ob diese Zeilen nur auf Phantasie beruhen, oder ob hier nicht Hinweise für Figuren gegeben werden, die entweder in der Karolingerzeit oder im 12. Jahrhundert gelebt haben.

Besonders geht es um Ute. Nun hat das Kloster verschiedentlich königlichen Frauen Aufenthalt geboten, so der Kaiserin Edith und der Königin Beatrix. Die letztere blieb 1069 ein halbes Jahr in Lorsch. Es war ja nicht ungewöhnlich, daß adelige Damen in einem Kloster lebten, ohne sich als Nonne verpflichtet zu haben. Es sind auch

Namen überliefert, die Ute ähnlich klingen, »die der Uda und der Moda, beide Frauen aus der Zeit Karls des Großen, also der Frühzeit des Klosters. Uda hat wiederholt und teilweise sehr umfangreiche Stiftungen an Gütern und Leibeigenen gemacht. Auch Moda hat reiche Stiftungen gemacht« (19).

Nun wird in der Klage gesagt, daß Ute das Kloster als erste gebaut habe. Damit müßte, wenn tatsächlich ein zeitlicher und örtlicher Bezug besteht, Altenmünster gemeint sein. Das Stift wurde aber 763 von der Witwe Williswinda und ihrem Sohn gegründet, die nicht vergessen wurden.

Ist somit die Spur verweht, die zu einer historischen Ute führen könnte? Nein, erklärt Wolfgang Selzer (150), der besonders die Zusammenhänge zwischen Lorsch und dem Nibelungenlied untersucht hat.

Es gab nämlich nicht nur Altenmünster und das Hauptkloster Lorsch, sondern wenige Kilometer südlich ein drittes Kloster, das Hagen ze Lorse genannt wurde. Bei Ausgrabungen 1904 und 1910 stieß man auf die Fundamente. Die Anlage ist jener von Altenmünster ähnlich, die Gebäude sind um einen quadratischen Innenhof gruppiert. An der Südseite lag die dreischiffige Kirche, die große Ähnlichkeit mit der Einhardsbasilika in Steinbach im Odenwald besaß.

Das Kloster, das außer ze Lorse unter dem Namen »Haun«, »Hane« oder »Hain« bekannt war, hat bis übers Mittelalter hinaus Bestand gehabt. Es ist erst im 16./17. Jahrhundert verfallen. Noch 1626 haben die Bewohner von Lorsch Trümmer des Klosters zum Hausbau abgefahren.

Heute erinnert nur ein rundes Steinhäuschen an die Abtei. Da es den Pferdehirten als Unterschlupf diente, hieß es Pferdehäuschen. Die Bevölkerung nennt die Hütte auch Bruch- oder Bärenhäuschen.

Westlich von Hagen ze Lorse erstreckte sich ein ausgedehnter sumpfiger See. An ihn erinnern die parallel verlaufenden Entwässerungsgräben, die schon frühzeitig angelegt worden sind, und die Gemarkungsbezeichnung Seehof.

Bis in die Mitte des vorigen Jahrhunderts gab es auch zwischen Lorsch und Hüttenfeld den Ort Seehof. Wegen des schlechten Bodens verarmten die Bewohner jedoch. 1855 verließen die letzten Bauern das Dorf. Ein einfaches Wohnhaus und eine größere Scheune an einem Weiher sind die letzten Reste. Im Museum von Bensheim wird ein bronzenes romanisches Anhängerkreuz aufbewahrt, das aus dem 11. Jahrhundert stammt und auf dem Gelände der Wüstung Seehof gefunden worden ist.

Das Kloster Hagen ze Lorse führt bis ins 12. Jahrhundert zurück. Damals mußten die Hirsauer Mönche infolge schwerer Auseinandersetzungen zwischen Lorsch und Hirsau das Hauptkloster auf der Düne verlassen. Sie siedelten sich wenige Kilometer südlich erneut an in dem Trutz- und Gegenkloster auf der Grenze zwischen dem Lorscher Gebiet und dem Lobdengau.

Ihr Führer war Bischof Siegfried von Speyer aus dem Haus der Schauenburger. Seine Mutter hieß Uta von Calw. Auf ihrem Grund und Boden wurde 1130 Hagen ze Lorse begründet und 1140 von Bischof Buggo von Worms geweiht.

Bei der Gründung war Uta schon 70 Jahre; sie starb wenig später und wurde im Kloster beigesetzt. Damit treffen für die historische Uta von Calw die Verse aus dem Nibelungenlied wie aus der Klage zu.

Bei den Ausgrabungen Anfang dieses Jahrhunderts wurde aber nicht nur das Kloster Hagen ze Lorse gefunden, sondern neben einer frühromanischen Kirche und einer römischen Villa auch Utes Sedelhof, der nach der Schauenburgerin »Uotenheim, Utenheim, später Ottenheim« genannt wurde. Ganz in der Nähe gab es ferner ein kleines Dorf gleichen Namens, das wahrscheinlich im Mittelalter eingegangen ist. Es soll das langgesuchte Otenhaim des Nibelungenliedes sein »vor dem Odenwalde.«

In diesem Zusammenhang ist es auch möglich, den Wasgenwald zu deuten, der in den älteren Handschriften erscheint und solche Verwirrung hervorgerufen hat. In diesen älteren Texten heißt es von Siegfried:

... will zur Jagd ich reiten von Worms übern Rhein
und will zur Kurzweil zum Wasgenwald hinan,
zu jagen mit den Hunden, wie ich oftmals schon getan.

Dieser Wasgenwald wurde meist als Versehen des Dichters ausgelegt, der sich in den Örtlichkeiten am Rhein angeblich schlecht auskannte. Darum ersetzte man den Wasgenwald durch Odenwald. Das ist aber nicht nötig und sogar falsch. Denn der Wasgenwald lag in der Nähe vom alten Otenhaim. Das stellte Julius Reinhard Dieterich (42) fest. Der Darmstädter Archivdirektor, dessen Liebhaberei es war, die Verankerung des Nibelungenliedes in seiner Heimat zu untersuchen, schreibt:

»Das Grundwort dieses Namens steckt in dem des Ortes Waschenbach im vorderen Odenwald, möglicherweise auch noch in den Flußnamen Weschnitz, dessen älteste Überlieferung Weschense, d. h. Weschenz, lautet. Die ganze Weschnitzniederung vom Austritt des Flüßchens aus dem Gebirge bis zu seiner Mündung in den Rhein, heute ein weites, üppiges Wiesental, ist sicher im Mittelalter zum größten Teil Wasgenwald gewesen.«

Wasgen- oder Wasenwald wurden die zwischen Lorsch und Heppenheim liegenden aus Sumpf und Wiesen bestehenden Niederungen genannt. Hier gibt es noch heute ähnliche Flurnamen.

Es ist sogar möglich, den Platz zu bestimmen, von dem

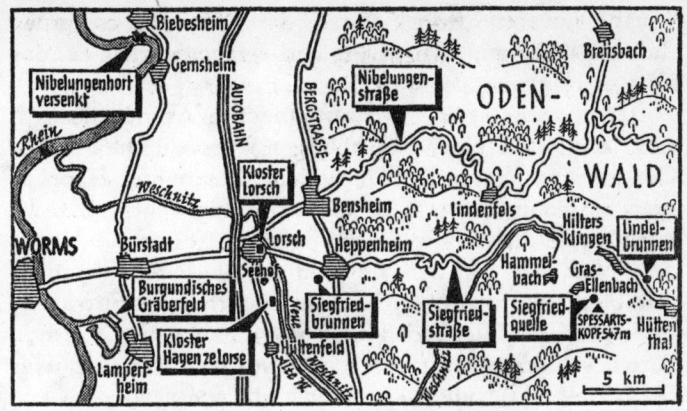

Zwischen Rhein und Odenwald ist die Nibelungen-Tradition besonders lebendig. Möglicherweise entstand eine Fassung des Liedes in Lorsch.

aus die Burgunder die Jagd begannen. Dabei muß eine Strophe des Nibelungenliedes herangezogen werden:

*Sie hießen dann rasten bei des Waldesgrün
vor des Wildes Wechsel, die stolzen Jäger kühn,
die da jagen sollten auf einem Werder breit.*

Ein Werder ist eine Insel. Das Wort, das aus dem Althochdeutschen »warid« kommt, wurde abgewandelt in Wärder, Werth oder auch Wörth und findet sich beispielsweise in den Rheininseln Grafen- und Nonnenwerth.

In nächster Nähe der Wüstung Otenhaim und von Utes Sedelhof lag solch Werder. Er wurde im Westen vom Steilrand des Föhrenwaldes und dem Lorscher See begrenzt, im Osten durch einen heute verlandeten Arm der Weschnitz. Um 1600 wurde er »Sauwörth« oder »Hagenwörth« genannt, wobei »Sauwörth« sich auf die große Zahl an Wildschweinen bezog und »Hagenwörth« auf das Kloster Hagen ze Lorse.

Hagenwörth ist der im Epos genannte Werder, der sich nicht deckt mit einer der heutigen Weschnitzhalbinseln. Die jetzigen Wasserläufe zwischen Lorsch und Heppenheim sind zum Teil erst im 18. Jahrhundert entstanden.

Und wie steht es mit dem Spechtshart, wohin Hagen den Wein schicken ließ, um den verräterischen Wettlauf mit Siegfried anzutreten? Es muß nicht der Spessartskopf bei Gras-Ellenbach im Odenwald sein. Der Spechtshart des Liedes könnte auch identisch sein mit einer Flur bei Hüttenfeld, südlich Lorsch, die »im Spissart« oder »im Spieß« heißt.

Wenn Otenhaim, der Sedelhof, Wasgenwald, Werder und Spechtshart sich bestimmen lassen, wie steht es dann um den Lindenbrunnen, an dem Siegfried von Hagen erschlagen wurde?

Er soll bei Heppenheim liegen und zwar am alten Viehweg, der in südwestlicher Richtung aus der Stadt zum Stadtbach und in die Weschnitzwiesen führt. Hier wurde eine alte, von Linden umstandene Riedquelle in Stein gefaßt. Eine Tafel berichtet von der Geschichte des »Brunnens zu den zwei Linden«, dem Nibelungenlied und wie es in die Landschaft zwischen Rhein und Bergstraße einzubeziehen ist. Auf der Tafel sind neben dem Brunnen noch der Rhein und die alte Weschnitz verzeichnet, der Wormser Dom, die Lorscher Abteikirche und auch das lang gesuchte und untergegangene Otenhaim am Seehof.

Die Lokalforscher am Mittelrhein haben weiteres Material zusammengetragen, um die Verbindung zwischen Lorsch und dem Nibelungenlied zu untermauern. Eine starke Stütze für ihre Theorien sehen sie in den Personennamen, die »alle wiederum an den Mittelrhein führen«.

Es gibt tatsächlich überraschende Übereinstimmung zwischen vielen Namen des Nibelungenliedes und geschichtlichen Personen, die am Rhein gelebt oder in Beziehung zum Kloster Lorsch gestanden haben.

So ziehen die Lokalforscher ihre ausgelegten Netze um Lorsch und das Nibelungenlied enger. Es ist nicht erstaunlich, daß sie ihren großen Fischfang anmelden und vorbringen, das Nibelungenlied sei in Lorsch entstanden. Es sei in Süddeutschland-Österreich nur überarbeitet worden, in seiner Gesamtschöpfung aber ein Werk des mittelrheinischen Raumes.

Die wackeren Heimatforscher haben sogar den mutmaßlichen Verfasser des Nibelungenliedes namhaft gemacht! Es könne nur ein Mann vornehmer Abkunft sein mit genauer Kenntnis des Ritterwesens.

Beziehungen zum Königshof in Speyer und zur Stifterin des Klosters Hagen ze Lorse führen schließlich zu Sigehart von Lorsch, der von 1167 bis 1198 Abt des Klosters gewesen ist.

Sigehart sei ein Neffe des Bischofs Siegfried von Speyer, und zwischen diesem und dem Siegfried des Nibelungenliedes ergäben sich überraschende Parallelen. Sigehart sei ferner ein Enkel der Uta von Calw. Das Darmstädter Archiv bewahrt von ihm ein Siegel mit der Inschrift »Sigehart, Abt von Lorsch durch Gottes Gnaden.«

Die allgemeine Forschung glaubt aber nicht an Abt Sigehart als den Dichter des Epos, so wie man auch nicht anzunehmen bereit ist, daß ein Meister Konrad in Passau die letzte Niederschrift im Südosten besorgt habe. Nach der geltenden Meinung kann der Dichter des Nibelungenliedes nicht festgelegt werden, heute nicht und wahrscheinlich niemals.

Daß das Nibelungenlied aber in seinen frühen Fassungen an den Rhein führt, wurde von verschiedenen Forschern mit Material belegt (47 ff., 75). Die Frage scheint an Bedeutung zu gewinnen, wobei immer neue Argumente ins Feld geführt werden (110).

Dabei geht es auch darum, das Gedankengebäude des bekannten Germanisten Andreas Heusler (77), das für Jahrzehnte Maßstab der Nibelungenlied-Forschung war und noch Bedeutung hat, zu verbessern. Heusler ging davon aus, daß das Epos aus dem Heldenlied entstanden sei und die Entwicklung von zwei verschiedenen Liedern schließlich zum Nibelungenepos von 1200 geführt habe (siehe Seite 248). Diese Schule ist in der Krise, so wie sich die Auffassung des Germanisten Karl Lachmann, die von 20 Einzelliedern ausging, im 19. Jahrhundert festlief und schließlich aufgegeben wurde.

Alle Deutungen des Nibelungenliedes sind fließend. Wohin sich aber auch die Forschung entwickelt, sie kann das Rheinland als wichtige Station des Epos nicht übersehen. Dabei wird das Kloster Lorsch als Kunst- und Geisteszentrum des Mittelalters immer eine Rolle spielen.

12. Das Rheingold von Lochheim

*Der geschichtliche Hintergrund des Nibelungenhortes ·
Ein Bauer von Toledo entdeckt neun goldene Königskronen · Der wiedergefundene Königshort der Goten · Jahrhundertelang wurde im Rhein Gold gewaschen · Die
Hortversenkung von Lochheim-Biebesheim*

Um den Schatz der Nibelungen kreist das Epos vom Anfang bis zum Schluß. Der Dichter braucht den Hort zur Motivierung der außergewöhnlichen Geschehnisse. Der Schatz ist auch das Band, das die Dichtung zusammenfügt. Siegfried war der Eigentümer. Weil ihm die Berge von Gold und Edelsteinen gehörten, wel sie ihm Macht verliehen, nicht zuletzt darum ist er zu einer Zentralfigur im Epos geworden. Dieser Nibelungenhort hatte eine kaum vorstellbare Größe:

*Nun mögt ihr von dem Horte Wunder hören sagen:
Zwölf Leiterwagen konnten ihn kaum von dannen tragen
in vier Tagen und Nächten aus des Berges Schacht,
hätten sie des Tages den Weg dreimal gemacht.
Es war auch nichts anderes als Gestein und Gold.
Und hätte man die ganze Welt erkauft mit diesem Sold,
um keine Mark vermindern möcht es seinen Wert.*

Der Schatz lag ursprünglich in einem Berg des sagenhaften Nibelungenlandes verborgen. Hier war Siegfried von den Königssöhnen Nibelung und Schilbung dazu bestellt worden, den Hort zwischen den beiden Brüdern aufzuteilen. Doch Siegfried erschlug die Königssöhne, brachte den Schatz an sich und machte den Zwerg Alberich zum Wächter und Kämmerer.

Als Hagen von Tronje Siegfried erschlug, wurde Kriemhild Besitzerin des Hortes. Der Tronjer, der Hauptberater König Gunthers, erkannte aber die Gefahr, die damit für ihn selbst und für das Burgunderreich heraufzog. Darum wurde auf sein Anraten der Hort nach Worms geschafft:

Kammern und Türme, die wurden vollgetragen.

Als Kriemhild nun überall großzügige Geschenke machte und sich damit Freunde schuf, als sie sogar fremde Ritter in ihren Dienst nahm, schritt Hagen zum zweiten Teil seines Planes. Er brachte den Hort an sich und ließ ihn im Rhein versenken:

Derweilen hatte Hagen den ganzen Schatz genommen. Er ließ ihn bei dem Loche versenken in den Rhein.

Spielt bei diesen Versen nun lediglich die Phantasie des Dichters, ist die Erzählung also nur ein Zufallsmärchen, oder liegen dem Bericht tatsächliche Begebenheiten zugrunde?

Unbestritten ist, daß sich in der Geschichte Ereignisse abgespielt haben, die der Hortversenkung nahekommen. Königsschätze spielten zu jenen Zeiten, in die das Epos führt, eine große Rolle. Damals wurde der Einfluß eines Herrschers auch nach dem Ausmaß seiner Schatzkammer gemessen. Um den Hort von Königen sind Kriege entbrannt. Im Falle großer Gefahr wurden die Schätze vergraben. Einige hat man wiedergefunden.

1858 stieß ein Bauer beim Pflügen in der Nähe von Toledo in Spanien auf metallene Gegenstände. Neugierig grub er nach und entdeckte dabei die Kronjuwelen der Westgotenkönige, die Toledo im 7. Jahrhundert zu ihrer Hauptstadt gemacht, jedoch beim Vorstoß der Araber, die im Jahre 711 Toledo einnahmen, ihre Schätze vergraben hatten.

Die Juwelen bestanden aus Saphiren, Perlen, Achaten und Bergkristallen, die in Goldfassungen in goldenen Kronen eingelassen waren. Der Bauer fand neun Kronen, später kamen noch drei hinzu. Drei Kronen trugen die Namen westgotischer Herrscher oder Herrscherinnen. Es waren Swinthila, Rekkeswinth und Sonnika. Der Schatz gilt heute als eine der großen Kostbarkeiten des spanischen Nationalmuseums in Madrid.

Einer der glänzendsten Königshorte wurde 1837 in Rumänien gefunden. Nahe dem Ort Pietroassa entdeckte wiederum ein Bauer in einer Felsspalte Schmuck und Geräte im Gewicht von 75 Kilogramm. Der Bauer verheimlichte den Fund. Als jedoch seine Kinder mit Juwelen und Perlen auf der Dorfstraße spielten, wurden die Behörden aufmerksam, und der Schatz kam, soweit er noch nicht eingeschmolzen worden war, ins Museum von Bukarest.

1875 haben Diebe ihn entwendet, doch große Teile des Fundes konnten ihnen wieder abgenommen werden. Im Ersten Weltkrieg verschwand er erneut, tauchte in Moskau auf und gelangte dann wieder zurück nach Bukarest.

Der Hort besteht aus herrlichen Stücken griechischer und gotischer Arbeit, aus Schalen, Kannen, Tellern, Diademen, Fibeln, einem großen goldenen Adler und einem Goldring, in den mit Runen eingeritzt ist: GUTANIO WI HEILAG — der Hort der Goten, der unverletzliche.

Dieser Staatsschatz, den wahrscheinlich Gotenkönig Athanarich im Jahre 376 vergraben ließ, als sein Reich zusammenbrach und sich die Goten auf die Westwanderung begaben, erinnert an den Hort der Nibelungen. Wahrscheinlich geht die Schilderung im Epos auch zurück auf das Versenken oder Vergraben eines Staatsschatzes früherer Zeit. Dazu passen jedenfalls die Verse, in denen Hagen und die Burgunderkönige Gunther, Gernot und Giselher sich gegenseitig schwören, niemandem den Schatz zu verraten:

Bevor von Tronje Hagen den Schatz also verbarg,
da hatten sie's beschworen mit Eiden hoch und stark,
daß er verhohlen bliebe, so lang sie möchten leben.

Heute steht in Worms nördlich der Nibelungenbrücke, dort, wo früher der Stromübergang und auch der mittelalterliche Hafen gewesen ist, ein bronzenes Denkmal des Tronjers. Der gewappnete, schwertumgürtete Hagen trägt den Hort auf seinem Schild, um ihn im vorüberziehenden Strom zu versenken. Dies ist jedoch nicht in Worms geschehen.

Nun spricht das Epos in den Handschriften A und C von der Versenkung »zem loche«, was mit im oder dem Loche übersetzt wird. Ist damit das Binger Loch gemeint, wie einige annehmen? Das war damals eine gefährliche Enge mit Strudeln und Klippen und nicht nur den Rheinschiffern ein Begriff. Aber Bingen liegt zu weit von Worms entfernt. Es ist richtiger, den Ort näher bei Worms und Lorsch zu suchen.

Rund 15 Kilometer nördlich Worms gibt es zwischen Biebesheim und Gernsheim eine eigenartige Rheinkrümmung. Der Strom dreht sich hier auf engem Raum um fast hundertachtzig Grad. Weit und breit findet sich nichts Ähnliches. Der ausgeprägte Bogen bestand schon im Mittelalter, obwohl der Rhein sonst hier seinen Lauf nicht unwesentlich geändert hat. Der Aufprall der Wassermassen hatte dazu geführt, daß der Fluß an seinem rechten Ufer eine außerordentliche Tiefe auswusch, über der sich der Strom in Strudeln und Wildwassern verfing. Es war ein gefahrvoller Wasserweg, bekannt unter dem Namen »schwarzer Ort«, bei dem es verschiedentlich zu Schiffsunfällen kam.

An dieser Stelle muß der Hort der Nibelungen versenkt

worden sein! Bestätigt wird solche Ansicht durch die Handschrift B, in der es im Urtext heißt:

er sancte in dâ ze Lôche allen in den Rîn.

Damit ist ein Eigenname gemeint, denn nur sie wurden groß geschrieben. Der Dichter wird sicherlich einen bestimmten Ort vor Augen gehabt haben. Nun gab es in nächster Nähe des »schwarzen Ortes« ein Dorf, das mit »Lôche« in Verbindung gebracht werden kann, Lochheim, das sich in Ober- und Unter-Lochheim aufteilte. Es ist Anfang des 13. Jahrhunderts bei einer Überschwemmung untergegangen. Die Überlebenden zogen meist nach Biebesheim, das sich als Nachfolgerin von Lochheim fühlt.

»Lochheim ist vor mehr als sieben Jahrhunderten untergegangen, aber es lebt noch in den Flurbezeichnungen der Gemarkungen weiter«, berichtet in Biebesheim Lehrer Menger. »Im Norden unseres Ortes haben wir die Flurbezeichnung Flochheim, entstanden aus ›nach Lochheim, uff Lochheim‹, was zu Flochheim zusammengezogen wurde. In den Grundbüchern des 17. Jahrhunderts heißen die Felder Lochheim.

Man kann sogar die Lage von Unter- und Ober-Lochheim bestimmen. Ober-Lochheim lag in der Flur Flochheim, Unter-Lochheim an der Stockstädter Grenze zwischen Landdeich und dem Modaubach. Die Bezeichnung Kirchhöbel, in Meßtischblättern eingetragen, weist auf die ehemalige Kirche hin.«

»Sind auch Reste der Wüstung gefunden worden?«

»Eine Notiz von 1839 besagt, daß die Bauern beim Pflügen oft auf Mauerreste gestoßen sind. Den heutigen Bauern ergeht es ähnlich: Sie finden sogar mittelalterliche Gegenstände, die die Lochheimer verloren haben, zum Beispiel einen Anhänger, der Maria mit dem Kind darstellt.«

»Weiß man noch mehr von Lochheim?«
»Aus den Urkunden ist ersichtlich, daß es Freie und Leibeigene gab und daß dort Weinberge kultiviert wurden. Wir kennen sogar die Namen einiger Einwohner. Da lebten im 8. Jahrhundert Bernharius, Haricad, Dunkrad, Gunther und Wigbert und seine Frau Godehild und im 9. Jahrhundert Randolf und seine Frau Diderat sowie ein gewisser Buhrat.«
»In welchem Zusammenhang erscheinen die Namen?«
»In Verbindung mit Schenkungen für Lorsch. Übrigens hat auch Karl der Große dem Kloster in der Gemarkung Lochheim eine Schenkung gemacht, einen Fischweiher. Die Fische waren für die Fastentage der Mönche gedacht. Der übereignete Teich, westlich von Lochheim, damals ›die Bütte‹ genannt, existiert noch in der Flurbezeichnung ›große Bütt‹.
Im Zusammenhang mit dem Nibelungenlied erscheint es außerdem nicht unwichtig, daß das Kloster Lorsch in Lochheim eine Goldwäscherei besaß. Sie gehörte dem Abt und wurde am ›schwarzen Ort‹ betrieben . . .«
Wer heute von Gernsheim nach Biebesheim fährt und zwischen beiden Orten der Rheinkrümmung westwärts folgt, der trifft auf mit Bänken und von Pappeln überragte Wiesen sowie auf einen breiten, hohen Damm, der gegen Überschwemmung schützt. Der Besucher hält danach Ausschau, wo wohl der »schwarze Ort« sein könnte, der Platz der Hortversenkung. Plötzlich, genau dort, wo er nach der Karte liegen muß, leuchtet dem Spurensucher ein Schild mit der Aufschrift »Rheingold« entgegen.
Metzger Jung aus Biebesheim unterhält hier eine Gastwirtschaft. Nicht von ungefähr. Lehrer Menger hat seinen Schülern viel von dem Nibelungenlied erzählt und das Epos in Verbindung gebracht zur Geschichte und Topographie des Ortes. So sehen die Einwohner von Biebesheim zwischen dem Rheingold und Lochheim, zwischen

der Sage, dem »schwarzen Ort« und der Goldwäscherei interessante Zusammenhänge.

Das Goldvorkommen im Rhein hat die Menschen früher außerordentlich beschäftigt. Sie glaubten, daß die von Königen und Fürsten versenkten Schätze im Fluß lägen, und daß sie vom Wasser ausgewaschen und angeschwemmt würden. Daraus entstanden Sagen und Märchen. Auch einem Nibelungendichter in Lorsch dürften sie nicht unbekannt gewesen sein. Da die Erträge aus der Goldwäscherei dem Kloster zuflossen und Lochheim in der Nähe lag, wird der Dichter vielleicht die märchenhaften Erzählungen selbst am »schwarzen Ort« gehört haben.

Wenn der Verfasser von der Schatzversenkung »ze Lôche« spricht, hat er dann nicht das zu seiner Zeit in voller Blüte stehende Lochheim gemeint? Jedenfalls sagt auch Heusler (77): »Der eindrucksvolle Zug vom Gold im Rheine dürfte auf einer Ortssage ruhen. Aus dem Sande des Mittelrheins wusch man Goldstaub; man konnte glauben, hier hätten Könige ihren Schatz versenkt.«

Nun sind Goldvorkommen und Goldwäscherei in den Flüssen Europas altbekannt. Nicht nur der Rhein, auch die Donau, die Rhone und viele Nebenflüsse führten Goldspuren mit sich, und das ist heute noch der Fall. Schon der zur Zeit Cäsars lebende sizilianische Geschichtsschreiber Diodor berichtet vom Flußgold Galliens und wie es in Strombiegungen gewonnen wurde:

»Denn der Umstand, daß die Flüsse in zahlreichen Windungen dahinfließen, dabei gegen die bergigen Ufer stoßen und große Erdmassen wegspülen, füllt diese mit goldhaltigem Geröll. Dieses sammeln diejenigen, welche mit solcher Arbeit beschäftigt sind; sie mahlen es oder zerklopfen die Klumpen, die den Goldkies enthalten. Mit

Hilfe des Wassers spülen sie alles Erdige ab und übergeben das Erz zum Ausschmelzen an die Öfen. So sammeln sie eine Menge Gold.«

Die Kelten haben aus dem Flußgold kleine, schüsselförmige Münzen hergestellt, die sogenannten Regenbogenschüsselchen, die Freude der Altertumsforscher. Nach dem Volksmund handelt es sich dabei um »von Regenbogen abgetropftes Gold«. Berühmt wurde der Fund von 7000 Schüsselmünzen in Podmokl in Böhmen. 1751 wurden zu Aichach, nordöstlich Augsburg, fast 1500 gefunden und 1858 rund 1000 Münzen bei Irsching an der Donau. Der letzte Fund löste nicht nur in der Wissenschaft ein lebhaftes Echo aus.

Die Technik der Flußgoldgewinnung ist Jahrhunderte lang ziemlich gleich geblieben. Die Flimmer wurden in mühevoller Arbeit vom Gestein, vom Kies und vom Sand durch Auswaschen gelöst. Erst in späterer Zeit kam die sogenannte Amalgamation hinzu, das Trennen des Goldes vom zerkleinerten Erz mit Hilfe von Quecksilber, und die anschließende Destillation des Quecksilbers.

Ein Augenzeugenbericht von der Rheingoldgewinnung wird in einer Reisebeschreibung aus dem Jahr 1582 gegeben. Hier wird einem burgundischen Edelmann vorgeführt, wie die Gewinnung in Selz in der Pfalz vor sich ging. Ein Beamter ließ einige Arbeiter zusammenholen, die dem Strom Sand und Kies entnahmen, beides ausgiebig wuschen und dann das Amalgamationsverfahren anwandten. Nach vier Stunden hielten die Arbeiter eine Goldkugel in den Händen, die ein Gewicht von zwei Gulden gehabt haben soll.

Bei der Goldgewinnung war wenig zu verdienen, darum wurde sie nur von den Armen ausgeübt. Bei ganztägiger, anstrengender Arbeit konnte pro Tag höchstens eine Mark verdient werden, denn erst 17 000 bis 22 000 Goldflimmer machten ein Gramm Gold aus. Ein Kubikmeter Kies brachte nach sorgfältigem Waschen bestenfalls ein Gramm Gold, meistens aber nur einen Bruchteil davon.

Im Sand war wenig Gold, hauptsächlich blieben die Flimmer an Kies gebunden. Besonders ertragreich waren die oberen Enden der Kiesbänke, vor allem nach Hoch- oder Mittelwasser. Fiel der Wasserspiegel, mußte umgehend mit der Arbeit begonnen werden, weil sonst der Strom die Goldflimmer wieder fortschwemmte.

Über die Verhältnisse am Rhein sind wir recht gut unterrichtet durch eine vor fast 200 Jahren geschriebene Dissertation (159). Danach ist an zahlreichen Stellen des Flusses Gold gewonnen worden, Wäschereien gab es vom Bodensee bis nach Holland.

Als Fundorte werden besonders genannt Chur, Eglisau, Säckingen, Waldshut, Neuenburg, Selz, Worms, Mainz Bacharach, Bonn, Wesel und Dodrecht.

Südlich Basel waren weniger gute Plätze. Erst bei Rheinau und Wittenweier boten Strömung und Rheingeschiebe bessere Bedingungen. Die »Goldweiden« häuften sich dann von Kehl bis Karlsruhe. Jedenfalls war der Oberrhein am ergiebigsten.

Das Kloster Lorsch besaß um 1200 das Regal für die Goldwäsche in Lochheim. Später gingen die Rechte an die weltlichen Herrscher über. Diese vergaben die Wäschereien an vereidigte Personen, die die Goldfunde an die Kammer oder die Münze des Landesherren gegen einen festen Preis abführen mußten.

Im 18. Jahrhundert war dem Kurfürsten von Mainz das Regal für Biebesheim-Gernsheim zugefallen. 1772 ließ er aus dem Flußgold dieser Orte Dukaten mit der Aufschrift AURUM RHENI (Rheingold) prägen.

Vom hessischen Großherzog Ludwig II. ist eine Münze von 1835 mit der Aufschrift bekannt: AUS HESS. RHEINGOLD.

Weiter flußaufwärts ist das Gold früher und weitaus

öfter für Münzzwecke verwandt worden: »Von den im ganzen 80 Prägungen, die aus deutschem Flußgold hergestellt worden sind, entfallen auf das Rheingold 46. Das größte bekannte Stück Rheingold war die 60 Dukaten schwere in den Grundstein der Mannheimer Konkordienkirche gelegte Medaille des pfälzischen Kurfürsten Karl Ludwig von 1677.« (102)

Die Goldausbeute war je nach Wasserverhältnissen schwankend. In Kurpfalz betrug sie zwischen 300 und 900 Goldkronen im Jahr. Für die Strecke Basel—Mannheim wurde 1846 noch ein Jahresertrag von 43 000 Franken eingebracht, das Arbeitsergebnis von 500 Menschen. Bald darauf kam die Goldwäscherei zum Erliegen. In Baden wurden allerdings noch im Jahre 1910 zwanzig ehemalige Goldwäscher über ihre Tätigkeit ausgefragt. Zu dieser Zeit gab es aber in anderen Ländern längst weit reichhaltigere Goldquellen. Heute wird in zwei Jahren mehr Gold gewonnen als in tausend Jahren des Mittelalters.

Am »schwarzen Ort« von Biebesheim verfolgen die Besucher die berg- und talwärtsgehenden Schiffe der verschiedenen Nationen. Sie wundern sich darüber, wie nahe die vollgeladenen Kähne dem Ufer kommen, das auch jetzt noch von ungewöhnlicher Tiefe ist — »an der Stelle, an der der Nibelungenhort versenkt wurde«.

Doch niemand taucht nach Schätzen, niemand wäscht den Kies und sammelt die kleinen, blinkenden Goldflimmer auf rauhen Decken. Die letzten Goldwäscher von Biebesheim waren Anfang des 19. Jahrhunderts tätig. Die Sandbänke, die einst in den Rhein vorstießen, sind seit der Regulierung von 1930 ganz verschwunden, und die Ufer wurden mit kantigem Basalt ausgemauert.

Im Hafen von Gernsheim, der vom »schwarzen Ort« gut zu erkennen ist, türmen sich allerdings noch Berge von Kies, die aus dem Strom gebaggert werden. Über diesen großen Halden liegt manchmal ein gelber Schimmer, denn der Rhein führt natürlich weiterhin Goldstaub. Und wenn die Sonne schräg auf den Strom auftrifft und das Licht sich in den Strudeln fängt, verfärbt sich das schmutzige Grau des Flusses zu rötlichem Gelb. Dann mag mancher an die Edda denken, die Sammlung altnordischer Dichtungen, in der Gunnar-Gunther sagt:

*Nun hüte der Rhein der Recken Zwisthort,
der schnelle, den göttlichen Schatz der Nibelunge!
Im wogenden Wasser das Welschgold leuchte!*

IV. Abschnitt

VON WORMS ZUR ETZELBURG

13. Die Nibelungen ritten auf den Römerstraßen

Durchs römische, karolingische und staufische Europa · Wählten die Nibelungen die »Nibelungenstraße«? · Quer durch den Odenwald · Kriemhild setzte bei Pförring über die Donau · Die Meerweiber an den Kelsbachquellen ·Hagens Flußübergang bei Großmehring · Kriemhild übernachtet in Alt-Plattling

Der erste Teil des Nibelungenliedes, die Siegfried- oder Brünhildsage, kreist um die Königsstadt Worms als Mittelpunkt; der zweite Teil, die Burgundersage, hat einen räumlich weit entfernten Gegenpol, die Königsstadt Gran, das Zentrum des Hunnenreiches, die Residenz von Etzel-Attila. Zwischen beiden Hauptstädten finden in der Dichtung fünf Reisen statt.

Die *erste* Fahrt trat Markgraf Rüdiger an, der Gefolgsmann Etzels. Attilas Frau Helke war gestorben, und der Hunnenherrscher wollte erneut heiraten. Seine Freunde rieten zu Kriemhild, der verwitweten Königin zu Worms, und alsbald machte sich Rüdiger als Brautwerber auf den Weg. Von Bechelaren an der Donau, wo Rüdigers Burg stand, bis zum burgundischen Königshof brauchte er zwölf Tage:

Binnen zwölf Tagen kamen sie an den Rhein.
Da konnte diese Märe nicht lang verborgen sein.

Nach ursprünglicher Weigerung, nach längerer Bedenkzeit und dem Schwur Rüdigers und seiner Gefolgsleute, »ihr Leid zu rächen«, willigte Kriemhild ein, Etzels Frau zu werden.

Sie sprach: »Ich muß euch folgen, ich arme Königin.
Ich fahre zu den Hunnen, wenn es geschehe, hin.«

Ein großer Zug machte sich auf den Weg, Kriemhild mit über hundert Hofdamen und Rüdiger mit fünfhundert Rittern. Dazu gaben viele Burgunder mit tausend Knappen das Geleit. Das war die *zweite* Fahrt.

Kriemhild wurde Königin des Hunnenreiches. Aber erst im siebten Jahr nach ihrer Hochzeit konnte sie ihren heimlichen Wunsch verwirklichen. Sie lud ihre Verwandten vom Rhein an den Hunnen-Hof ein. Etzel stimmte arglos zu. So wurden die Spielleute Werbel und Schwemmel nach Worms entsandt, um die Burgunder zur Sonnenwende nach Gran einzuladen. Es war die *dritte* Fahrt.

Trotz der Warnungen von Hagen, der Kriemhilds Wunsch durchschaute, wurde die Einladung angenommen. Inzwischen machten sich die Sendboten eilends auf den Rückweg (die *vierte* Reise), um die Gäste an der Donau anzumelden.

Die *fünfte* und letzte Fahrt schließlich, die tragische Reise ohne Wiederkehr, war der Heerzug der Burgunder ins Reich von Etzel. Eingedenk der Warnungen am Hof von Worms reiste König Gunther mit über 10 000 Bewaffneten:

Der Vogt vom Rheine kleidete aus seinem Heergeleit
Der Degen tausendsechzig, so gab man uns Bescheid,
Und neuntausend Knechte zu dem Hofgelag.

Die Fahrt wird mit allen Zwischenfällen breit ausgemalt. Sie führte — von geringen Abweichungen abgesehen — über die gleiche Route wie die Reisen vorher.

Doch welche Straßen waren es, welche Landschaften durchritten die Nibelungen, Kriemhild, Rüdiger und die Sendboten Werbel und Schwemmel? Welche Flüsse kreuzten, durch welche Orte gelangten sie, wo blieben sie über Nacht? Und erinnert heute noch etwas — viele Jahrhunderte danach — an solch frühe Reisen vom Rhein zur mittleren Donau?

»Entschuldigen Sie«, unterbricht uns im Hotel »Siegfriedbrunnen« in Gras-Ellenbach im Odenwald Studienrat Karl Schmiedel. »Ich bin Ihren Gesprächen gefolgt. Interessant. Aber die Fahrten, von denen Sie sprechen, haben doch nur in der Phantasie stattgefunden. Die Burgunder sind reiselustig gewesen. Sie haben halb Europa durchquert von Bornholm bis Lyon. Aber sie sind nie von Worms die Donau abwärts gefahren ins Hunnenreich. Wenn Sie jetzt den Nibelungen-Burgundern nachreisen — und das wollen Sie doch anscheinend — dann ist das irreal...«

»Sie haben in gewisser Weise recht. Die fünf Reisen zwischen Worms und Gran sind von den *geschichtlichen* Burgundern nicht unternommen worden. Davon abgesehen, bewegen sich aber die Figuren des Epos dennoch nicht in einer Phantasiewelt.

Die Reisen zur Etzelburg sind im Zeitgeist von 1200 geschildert, sie tragen dieses Kolorit. Es sind Fahrten, die viele Reisende jener Zeit unternommen haben.

Wenngleich der Dichter von Passau die Wege im Odenwald und am Main kaum gekannt hat, so wußte er um so genauer von den Städten, Straßen und Zuständen in Bayern und Österreich zu berichten. Wenn wir also das Nibelungenlied als Reiseführer wählen, dann muß das keine Fahrt ins Ungewisse werden. Wir benutzen vielmehr heute noch existierende, alte Straßen. Wir überqueren die Flüsse an ehemaligen Furten, die im Mittelalter und früher benutzt worden sind, und wir passieren Ortschaften, die an den alten Hauptwegen liegen.

Es ist eine Reise durch frühe Zeiten, durchs römische,

karolingische oder staufische Europa. Insofern ist die Fahrt keine Phantasie. Sie ist real. Die geschichtlichen Burgunder müssen wir allerdings eine Zeitlang vergessen.«

Schmiedel wiegt den Kopf: »Das läßt sich vertreten. Es kommt auf den Standpunkt an.« Und nach einer Pause: »Sie sagen aber selbst, daß sich der Passauer Dichter im Westen nicht auskannte. Wie wollen Sie dann hier Straßen festlegen, über die die Burgunder gezogen sind?«

»Das bleibt ein Problem. Im Nibelungenlied heißt es auch bei der dritten Reise:

Was sie für Wege fuhren zum Rhein durch das Land kann ich euch nicht bescheiden.

Bei der fünften Reise ist das Epos genauer, aber eine Bestimmung der Routen bleibt umstritten. Man sollte vielleicht davon ausgehen, daß es eine alte vorrömische Straße gegeben hat, die von Frankreich kommend über Worms, Ladenburg, Öhringen nach Westernach, Kösching verlief und bei Pförring durch die Donau führte; eine zweite Furt lag etwa 25 Kilometer entfernt bei Großmehring. Die Route ist viele Jahrhunderte benutzt worden. Doch dann entstand ein Umbruch im Verkehr.«

»Und was war der Grund?«

»Die klugen Regensburger hatten eine Brücke über die Donau gebaut. Als 1135 monatelang der Regen ausblieb und der Wasserstand einen kaum gekannten Niedrigspiegel erreichte, legten sie die Fundamente. Es dauerte aber elf Jahre, bis das Bauwerk fertig war. Die über 350 Meter lange Brücke war so stabil, daß noch heute der Verkehr über sie hinwegflutet.

Diese Brücke brachte das bis dahin benutzte Streckennetz durcheinander, sie zog den gesamten Südostverkehr an sich. Denn jetzt konnte man zu jeder Jahreszeit bequem und trocken den gefürchteten Fluß überschreiten.

Obwohl die Brücke 1146 fertig gewesen ist, bleibt sie im Nibelungenlied unerwähnt. Die Burgunder haben sie nicht benutzt.«

»Warum?«

»Der Verfasser des Epos hat alte Vorlagen verwendet, in denen Regensburg als Brückenkopf unbekannt war. Darum ließ der Autor seine Reisenden wie in alten Zeiten durch die Donaufurten von Pförring und Großmehring ziehen.«

»... und zwar über die Route, die von Worms über Ladenburg, Wimpfen und Öhringen führte, wenn ich Sie recht verstanden habe.«

»Das wird von einigen Forschern angenommen.«

»Sind Sie anderer Meinung?«

»Allerdings. Nach meiner Auffassung haben die Nibelungen einen Weg gewählt, der von Worms durch den Odenwald nach Miltenberg am Main und nach Würzburg führte. Es ist nichts anderes als die Route, die heute ›Nibelungenstraße‹ heißt. Von Würzburg nahm der Weg eine alte Nordsüdverbindung auf, die über Ansbach führte, in Weißenburg auf die Südroute traf und mit dieser zu den Donaufurten führte.«

»Warum soll diese Straße die richtige sein?«

»Weil es im Epos heißt, daß Gunthers Heer durch Ostfranken zum Main gezogen sei. Nur die Nordstrecke wird diesem Hinweis gerecht.«

Die Fahrt durch den Odenwald führt über die bis in die Vorgeschichte zurückreichenden Wege. Oft sind sie von den Römern übernommen und zu Straßen ausgebaut worden, die später auch von den Franken benutzt wurden. Manchmal haben sie bis ins hohe Mittelalter als Königsoder Reichsstraßen gedient.

Bei Bockenrod, Steinbach und zwischen Michelstadt und Eulbach sind unter dem Waldboden noch Reste der Römerstraßen entdeckt worden. Im Sinne der Dichtung sind die Nibelungen über diese Straßen geritten.

Die Westoststrecke durch den Odenwald sind auch Kreuzritter gezogen. Das erfahren wir aus den Notizen des Kaplans Odo de Deogilo, der den französischen König Ludwig VII. auf dem zweiten Kreuzzug 1147 begleitete. Die Ritter hatten sich in Metz gesammelt, gelangten nach Worms und zogen durch den Odenwald zum Main. Sie ritten längs des Stromes bis Würzburg und wandten sich dann nach Regensburg, um hier über die ein Jahr zuvor fertiggestellte Brücke die Donau zu überqueren. Der Weg der Kreuzritter war also auch zum Teil der Weg der Nibelungen.

Den Odenwald kannten die Burgunder-Nibelungen gut. Sie hatten ihn oft auf tagelanger Pirsch durchquert. Zur damaligen Zeit war das Gebirge ein Urwald von Laub- und Nadelhölzern, reich an Tieren und nur spärlich besiedelt. Daran könnte der Name Odenwald erinnern, althochdeutsch »adowalt«, ein Wort, das der Geograph Sebastian Münster mit »ödem Wald« übersetzte. Eine andere Auslegung besagt, der Name leite sich von dem germanischen Gott Odin ab, dem ein Hain geweiht gewesen sei.

Noch heute steckt dieses Bergland zwischen Rhein, Main und Neckar mit seinen ausgedehnten Waldungen voll von Erinnerungen an eine wechselvolle Geschichte und seltsame Begebenheiten.

Da ist Lindenfels, durch das die Nibelungen ritten, ein kleiner Ort, überragt von der Burg aus dem 12. Jahrhundert, die Konrad von Hohenstaufen errichten ließ.

Da ist Michelstadt mit seinem originellen Rathaus im Fachwerkstil, mit offener Halle und drei Spitztürmchen, eines der ältesten Rathäuser Deutschlands. Der Ort, zu dem praktisch auch Steinbach gehört, reicht weit zurück. Hier erhielt der Geschichtsschreiber und Biograph Karls des Großen, Einhard, von Ludwig dem Frommen 815 großzügige Schenkungen. Einhard ließ in Steinbach die nach ihm benannte Basilika errichten, von der noch Mittelschiff mit Apsis, Teile des nördlichen Querschiffes und die etwas unheimliche Krypta erhalten geblieben sind.

Die Kirche ist neben dem Torbau von Lorsch eine der wenigen überkommenen Bauten aus der Karolingerzeit. Kein Zufall, daß Lorsch und Steinbach an derselben alten Straße liegen.

Am Ausgang des Odenwaldes, etwas südlich der Nibelungenroute, stoßen wir auf die Stauferburg Wildenberg. Versteckt im Laubwald, oberhalb des Mudbaches, hatten die Herren von Dürn 1168 den Bau begonnen. Wildenberg hat wie alle staufischen Burgen die karolingische Tradition fortgesetzt, hat normannische Einflüsse verarbeitet sowie Anregungen aus Byzanz und dem Orient, die mit den Kreuzzügen nach dem Westen gelangt waren. Davon sprechen noch der 25 Meter hohe Bergfried und Ausschmückungen und Kapitelle an den Fensteröffnungen.

In Wildenberg war man der Kunst zugetan. Hier pflegte man die ritterlich-höfischen Epen, Dichter und Sänger gingen ein und aus. Am Kamin des Palas, der noch erhalten ist, hat Wolfram von Eschenbach, der auch dem Nibelungendichter in Passau oder Wien begegnet ist, wahrscheinlich den »Parzival« geschrieben. Manche behaupten, Wildenberg habe Wolfram als Vorbild zur Gralsburg gedient.

Auf der Höhe von Eulbach durchbricht die alte Straße eine der eigenartigsten Mauern der Weltgeschichte, den Grenzwall der Römer, den Limes. Entstanden im ersten Jahrhundert n. Chr., zog er sich fast genau nord-südlich durch den Odenwald. Ein zweiter, jüngerer Wall verlief weiter östlich. Ob die Ritter des Mittelalters gewußt haben, was die Kastelle und Wachttürme, an denen sie vorüberritten und von denen damals noch beträchtliche Teile erhalten waren, zu bedeuten hatten? Es ist kaum anzunehmen. Selbst die Bevölkerung, die in unmittelbarer Nähe wohnte, hat lange Zeit Wälle, Gräben und Türme nicht zu deuten vermocht. Sie nannten den Limes Teufelsmauer.

Mit dem Verlassen des Odenwaldes weist wiederum das Epos den weiteren Weg:

Da lenkten mit der Reise auf den Mainstrom an
Hinauf durch Ostfranken, die Gunther untertan.
Hagen war ihr Führer, der war da wohlbekannt.
Ihr Marschall war Dankwart, der Held von Burgundenland.

Das Gasthaus »Zum Riesen« in Miltenberg am Main, das von sich behauptet, die älteste Gaststätte Deutschlands zu sein.

Wer der heutigen Nibelungenstraße folgt, geht also nicht fehl. So gelangen wir nach Miltenberg und erreichen damit eine andere, eine heitere Welt. Die Weinberge zu beiden Seiten des Mains sind eine stille Aufforderung — heute wie ehedem.

Eine vorzügliche Weinkarte hält man im Hotel »Zum Riesen« bereit. Die Gäste können wählen zwischen »Volkacher Ratsherr«, »Eschendorfer Lump«, »Sommeracher Katzenkopf« und wie die Bocksbeutel alle heißen. Altertümliche Räume und altes Mobiliar sind dazu angetan, die Phantasie zu beflügeln und der Geschichte nachzugehen, die dieses Wirtshaus umspielt.

»Unser Gasthof reicht weit zurück, bis ins 12. Jahrhundert«, erklärte der Besitzer und öffnet eine Flasche »Ewig Leben«. »Dies ist Deutschlands ältestes Gasthaus. Es war einmal Fürstenherberge und Zechstube des Adels.«

»Und Ihre berühmtesten Gäste?«

»Wir fangen meist mit Kaiser Barbarossa an. Dann war Ludwig der Bayer hier, dann Karl VI., Kaiser Friedrich III. und Tilly. Auch Gustav Adolf und Wallenstein nahmen Quartier...«

Das klingt so unmittelbar, als ob es gestern gewesen wäre. Die Jahrhunderte schrumpfen, und die Vergangenheit wird Gegenwart. Als die zweite Flasche Bocksbeutel, ein »Randersackerer Teufelskeller«, zu Ende geht, da würde es uns nicht wundern, wenn Hagen oder Dankwart durch den Rundbogen träten, um im »Riesen« Quartier zu machen.

Die fränkischen Gasthöfe sind uralt, so alt wie der Weinbau dieser Landschaft. Wahrscheinlich hat der irische Missionar Kilian, der im 7. Jahrhundert die Bevölkerung am Main bekehrte, auch den Wein zu schätzen gewußt. Verbürgt ist das Bemühen der Klöster und Fürsten um den fränkischen Rebenbau.

Auch Walther von der Vogelweide, Zeitgenosse des

Nibelungendichters, der von Kaiser Friedrich II. in Würzburg ein Lehen erhielt, war kein Weinverächter. In Würzburg, im Lusamgarten, dem ehemaligen Kreuzgang der Neumünsterkirche, fand er sein Grab, während in der Westkrypta die Gruft des Apostels Kilian liegt, den die Winzer zu ihrem Schutzpatron wählten.

In Würzburg endet die Nibelungenstraße, und sie beginnt erst wieder an der österreichischen Grenze. Um auf der Zwischenstrecke den rechten Weg zu wählen, schlägt der Autor im 25. Abenteuer des Liedes nach und findet:

Da sie von Ostfranken durch Schwalefelde ritten,
Da konnte man sie kennen an den herrlichen Sitten.

Schwalefeld bezieht sich auf den ehemaligen Gau Sualafelt, der seinen Namen von der Schwalb ableitet, einem östlichen Nebenfluß der Wörnitz. Jetzt sind wir nicht mehr weit von der Donau. Wir folgen der Richtung jener Römerstraße, die von Gunzenhausen nach Weißenburg und von dort nördlich an Eichstätt vorbei nach Pfünz an der Altmühl führt. So ist sie auch auf der Karte vermerkt.

Zeichnet sich dieser Weg im Gelände ab? Wir verlassen die jetzige Hauptstraße nördlich Eichstätt bei Rupertsbuch und durchqueren Workerszell, bis die Straße einen Knick nach Osten macht. Hier müßte die Römerstraße unsere Straße kreuzen. Und tatsächlich — eindeutig zieht sie sich als breiter Feldweg von Nordwesten noch Südosten.

Die Route unterscheidet sich von den übrigen Wegen dadurch, daß sie nicht an unserer Asphaltstraße endet, sondern auf der anderen Seite weiterläuft. Sie bildet eine alte Grenze zwischen den Feldern, ist höher gelegen und an die vier Meter breit.

Wir fragen die Bauern, die auf dem Acker Kartoffeln ernten, ob sie Näheres wüßten.

»Ja«, sagen sie, »das ist die Römerstraße.«

Und sie benutzen sie mit solcher Selbstverständlichkeit, wie es die Legionäre des Imperium Romanum getan haben und die Ritter des Mittelalters. Allerdings sieht man kaum noch jemanden zu Pferd. Statt dessen rattert der Traktor über den römischen Untergrund.

Daß die Wege so lange überdauerten, ist kein Wunder. Es waren Fachleute am Werk. Sie errichteten Kunstbauten von einer Dicke bis zu 1,50 Meter. Das war die Schule der Antike. Unter dem Pflaster lag eine Mörtelschicht, es folgten Platten und Mörtel, darunter war eine dritte Schicht von Mörtel und Sandgrund. Frostaufbrüche gab es nicht. Wenn die moderne Asphaltstraße Workerszell—Seuversholz nach einem harten Winter durch Eiswasser aufbricht — die Römerstraße hält stand.

Ein paar Kilometer südöstlich stoßen wir wieder auf die Römerstraße, dicht vor Preith. Sie kommt direkt aus dem Ort, kreuzt die Chaussee nach Eichstätt, schlägt eine Kurve und läuft die Hügel hinauf nach Langensallach. Ein Irrtum ist ausgeschlossen: Die Limes-Kommission hat einen Gedenkstein errichtet, der die Straße und ihren Verlauf kennzeichnen.

Und ein drittes Mal prüfen wir den Römerweg, der für uns zugleich der Weg der Nibelungen ist. Jenseits des Altmühltales, östlich von Böhmfeld, können wir die Straße sogar mit dem Auto bis zur Kreuzung mit der Chaussee Schelldorf—Wettstetten befahren. Auf der anderen Seite der Chaussee geht die Route zwar weiter, wird jedoch zu einem Wiesenpfad. In einer Linkskurve verliert er sich im Wald.

»Dort sind noch Wagenspuren aus der Römerzeit und aus dem Mittelalter zu finden, deutlich in den Boden eingegraben und ganz unverkennbar«, gibt ein Einheimischer Auskunft.

Die eingehende Kenntnis der römisch-mittelalterlichen

Wege verdanken wir Dr. Friedrich Winkelmann (179), der in Pfünz an der Altmühl, einem der wichtigsten Knotenpunkte des Straßennetzes, Besitzer des dortigen Schlosses gewesen ist. Er entdeckte, daß unter dem Schloß eine der alten Straßen verlief, deren Reste er auf einer Terrasse seines Gartens feststellen konnte.

Einige hundert Meter entfernt wurde auf der Route Pfünz—Böhming ein karolingischer Reitersporn gefunden, ein Zeichen dafür, daß auch in späterer Zeit die Ritter diese Wege benutzt haben. Winkelmann war einer der ersten, die festgestellt haben: »Der Weg der Nibelungen muß sich mit einer Römerstraße gedeckt haben.« Das gilt für den größten Teil des Weges.

Der Schloßherr und Historiker hat überdies um die Jahrhundertwende das nahe seiner Besitzung auf dem Kirchberg gelegene Römerkastell Vetonianis ausgraben lassen, von dem heute noch die Fundamente der acht Tortürme und der drei Ecktürme sowie ein Doppelgraben die Felder und Wiesen überragen. Das Kastell war auf der Höhe angelegt, weil man von hier das Altmühltal weit einsehen konnte. Die Besatzung vermochte ständig den Flußübergang zu beobachten, von dem Pfünz seinen Namen hat. Es hieß pons = Brücke.

An dieser Brücke — die jetzige ist aus dem Mittelalter und so schmal wie die ursprüngliche — verknoteten sich acht Straßen. Noch heute ist vom Kastell aus jene Route erkennbar, die von Preith durch die Wälder führt und in vielen Windungen den Hang zur Altmühl absteigt. Das ist »unsere« Straße.

Ganz eindeutig ist der Weiterweg über die schon erwähnte Strecke bei Böhming. Sie führt nach Kösching und gabelt sich in den südlichen Weg nach Großmehring und Manching und in die östliche Strecke nach Pförring und Eining. Damit haben wir die Donau erreicht und können

uns wieder auf die direkte Aussage des Nibelungenliedes beziehen.
Von Kriemhilds Zug zur Donau heißt es da:

Sie kamen an die Donau gen Vergen nun geritten.

Vergen ist das heutige Pförring. Hier lag ein alter Flußübergang, der wegen seines seichten Wassers bevorzugt wurde. Schon in vorgeschichtlicher Zeit setzten die Krieger an der Furt über, schafften die Händler Waren von Ufer zu Ufer. Um den strategisch wichtigen Punkt abzudecken, errichteten die Römer nördlich von Pförring das Kastell Celeusum.

Auch nach dem Zerfall des Römerreiches blieb die Donaufurt von Bedeutung. So kam Karl der Große mit einem Heer nach Pförring, um überzusetzen und den aufständischen Herzog der Agilofinger, Tassilo III., zu unterwerfen. Auch andere Armeen wählten diesen Weg. Pförring war ein militärischer Knotenpunkt.

Zur Erkundung der Übergangsstelle fahren wir an die Donau, die jetzt zwei Kilometer südlich von Pförring vorüberfließt. Der schnell dahinziehende Strom ist eingezwängt in Hochwasserdämme und wird überspannt von einer Eisenbrücke, nachdem die Holzbrücke 1945 zerstört worden ist.

Hier sind, das ist klar, weder die Nibelungen noch Karl der Große übergesetzt. Die Dämme sind erst wenige Jahrzehnte alt.

In früheren Zeiten jedoch teilte sich die Donau in verschiedene Einzelarme. Ein Stich von Wening gewährt eine Vorstellung vom früheren Verlauf. Danach floß der Hauptarm, der uns interessiert, unmittelbar an Pförring vorbei. Dieser Wasserarm ist auch heute noch nicht verschwunden. Er zieht in nächster Nähe der romanischen

Kirche vorüber und heißt zutreffend die »alte Donau«. Dies ist die richtige Spur.

Hier waren früher die Fährleute ansässig, die Fergen, nach denen der Ort benannt wurde. Hier lebten die Fischer, die im Fluß die Netze auslegten, hier machten die Flößer Zwischenstation. Fährleute, Fischer und Flößer trafen sich an der Schiffs- und Floßlände am Nordufer der alten Donau, verwegene Burschen, die auf dem Wasser zu Haus waren und den Strom mit seinen Tücken kannten. Wenn sie sich in den Schenken am Flußufer trafen, wurde manches Garn gesponnen. Was aber war erst zu erzählen, wenn die Fährleute Sendboten aus anderen Ländern übergesetzt hatten oder wenn gar eine Königin vom Rhein mit zahlreichem Gefolge eintraf und ans andere Ufer gebracht werden wollte!

Kriemhild, Rüdiger, Werbel und Schwemmel wählten diesen Flußübergang an der alten Donau bei Pförring. Nicht aber König Gunther und sein Heerzug. Als Gunther hier den Strom erreichte, war starkes Hochwasser, damit war die Furt unpassierbar:

Die Flut war ausgetreten, die Schifflein verborgen.
Die Nibelungen kamen da in große Sorgen,
Wie sie hinüber sollten. Das Wasser war zu breit.

Hagen, der Wege und Möglichkeiten kannte, machte sich auf die Suche nach einem anderen Überweg in der Nähe, nach einem Schiff mit Fährleuten:

»Bleibt hier am Wasser ihr stolzen Ritter gut.
So geh ich und suche die Fergen bei der Flut,
Die uns hinüberbringen in Gelfratens Land.«

Er suchte hin und wieder nach einem Schiffersmann.
Da hört er Wasser rauschen, zu lauschen hub er an.

*In einem schönen Brunnen tat das manch weises Weib.
Die gedachten da im Bade sich zu kühlen den Leib.*

Nun haben sich Heimatkundige zwischen Ingolstadt und Pförring auf die Suche begeben nach diesem »schönen Brunnen«, den Hagen nahe der Donau entdeckte. Einige glauben, ihn nordwestlich Pförring, an den Quellen des Kelsbaches, gefunden zu haben. Eine Lokalsage, die an der Donau erzählt wurde, scheint in das Nibelungenlied eingeflossen zu sein.

Wir sind jedenfalls auf eine der frühen Schichten des Nibelungenliedes gestoßen. Wir haben die Stauferzeit durchbrochen und sind viele Jahrhunderte rückwärts gegangen bis zum mythischen Urgrund der Sage. Tatsächlich mutet dieser Auftritt besonders altertümlich an. Die Nixen, die Hagen hier entdeckte, trugen ein »wunderlich gewant«, es waren märchenhafte Schwanenjungfrauen.

Sie schwammen wie die Vögel schwebend auf der Flut,

heißt es im Epos. Sie sagten Hagen die Zukunft. Das paßt dazu, daß der Schwan als zukunftskundig galt. Im übrigen erinnern die »wisiu wîp«, die weisen Frauen, an die germanischen Nornen Urd, Skuld und Werdandi, die das Schicksal webten, dem niemand entrinnen konnte. Sie wohnten unter der Weltesche Yggdrasill im Mittelpunkt der Welt, an einem Brunnen.

Zukunftsvoraussagende, am Wasser wohnende Wesen hat es in den Erzählungen der Menschen fast überall gegeben. In der griechischen Mythologie lebte der weissagende Meergreis Proteus an der Nilmündung, die Meergöttin Leukothea verstand sich auf die Voraussage, und fast alle Quellen waren von Nymphen bewohnt, die die kommenden Geschehnisse erahnten.

Hagen nahm nach dem Bericht des Nibelungenliedes

den Donaunixen die Kleider fort und gab sie ihnen erst zurück, nachdem die Wassergeister ihm die Zukunft gesagt hatten. Auch den Kleiderraub gibt es in vielen Sagen der ganzen Welt, »von Portugal bis nach Japan, von Nordafrika bis zu den Eskimos«. Diese Märchenformel ist jedenfalls schon früh an die obere Donau gelangt, spätestens mit den Kelten und Römern.

Zu jenen Zeiten haben die Kelsbachquellen die Aufmerksamkeit der Anwohner gefunden. Die Kelten, die mit zu den ersten Siedlern gehörten und ein mythisches Verhältnis zu Bächen und Quellen besaßen, hatten hier ein Heiligtum. Ihre Priester, die Druiden, verkündeten an diesem Wasser die Geheimlehre.

Die Römer übernahmen die Überlieferung und errichteten ihrerseits einen Kultplatz. Sie übertrugen auch den Namen des Baches auf ihr zum Schutz des Donauübergangs angelegtes Kastell und nannten es Celeusum.

Der Name blieb erhalten. Das Gebiet um Pförring wurde zum Kelsgau, und die Stadt an der Altmühlmündung heißt noch heute Kelheim.

Der Weg zu den verwunschenen Quellen geht über die Straße, die am Kastell Celeusum vorüberführt. Als Plattform hebt es sich auf einem den Kelsbach beherrschenden Hügel ab. Zwei Jahrhunderte hat es standgehalten, dann vernichteten die Alemannen die Festung. Alsbald machten sich die umliegenden Orte daran, die Steine abzutragen. Dann wußte niemand mehr etwas von der Existenz einer römischen Anlage. Erst 1823 wurde das Kastell wiederentdeckt.

Nicht weit von der antiken Festung, am Ortsausgang des Dorfes Ettling, sind wir an den Quellen. Der Bauer Batz hat hier seine Besitzung. Stallungen und Wohnhaus unterscheiden sich nicht von den anderen.

Wenn man jedoch hinter dem Wohnhaus einen Steg

überschreitet und damit eine kleine, verwilderte Insel betritt, ist man inmitten einer Sagenwelt. Hier umwuchern Gras und Büsche die Ruinen einer mittelalterlichen Burg und die Reste einer Kapelle. Der Ritter Oettilo hatte die Festung im 11. Jahrhundert errichtet, und nach ihm wurde der Ort Oettling genannt, das heutige Ettling.

Das die Insel umfließende Wasser stammt aus den fünf Quellen des Kelsbaches, die aus einer Karstwand unterhalb der Straße hervortreten. Sie bilden kleine Strudel und formen sich zu einem See. Hohe Laub- und Nadelbäume und über die Quellen sich neigende Sanddornbüsche fangen das Sonnenlicht ab. Das bekommt den Fischen ausgezeichnet, sie vermehren sich schnell. Nur einmal im Jahr, jeden Karfreitag, wird das Gewässer mit Netzen geräumt.

In dieser Umgebung, auf die die Römerstraße genau zuläuft macht man noch eigenartige Funde. Der Sedelhofbauer Hügel, dessen Gehöft an jenes von Batz anschließt, sagt: »Jedesmal, wenn wir Umbauten vornehmen, stoßen wir auf die Vergangenheit.«

Hügels Besitz war ursprünglich auch vom Wasser des Kelsbaches umflossen und bildete eine zweite, tiefer gelegene Wasserburg. Die Gräben zeichnen sich noch im Sandboden ab. Am sonderbarsten sind die Kuh- und Pferdeställe. Die Tiere verzehren Heu und Hafer unter flachen Kreuzgewölben, die auf romanischen Säulen ruhen, und die Stallungen enden in der Apsis einer ehemaligen Kapelle. Die Säulen sind ein wenig speckig und »ausgehöhlt«; das haben die Rinder zuwege gebracht, die ihr hartes Fell an den runden Steinen scheuern.

Daß hier noch manches aus der Vergangenheit erhalten blieb, wundert niemanden; und daß noch Sagen erzählt werden, nimmt man als selbstverständlich hin. Ein Bericht besagt, eines Tages hätten sich vier Männer aufgemacht, um in den Trümmern der Wasserburg des Ritters Oettilo zu graben. Bald stießen sie auf ein Faß mit Gold. Doch als sie es bergen wollten, erschien der Teufel und rief: »Das Faß könnt ihr haben. Aber einer von euch muß mit zur Hölle!« Da stoben die Schatzsucher auseinander, und das Faß versank im Boden.

Das ist eine von vielen Sagen, die hier entstanden sind. Was aber wird man sich Jahrhunderte vorher erzählt haben, als die Geisterwelt noch stärker zum Bestand menschlicher Vorstellung gehörte? Damals wohnten in den Kelsbachquellen, im »schönen Brunnen« des Nibelungenliedes, die Nixen Hadburg und Siegelind, denen Hagen begegnete.

Sie sagten ihm die Zukunft, aber sie sagten falsch. Erst als der Tronjer die Gewänder zurückgegeben hatte, erfuhr er, was sich wirklich im Hunnenland ereignen würde:

Keiner wird von allen die Heimat wiedersehn
Als der Kaplan des Königs. Das ist uns wohlbekannt.
Der kommt geborgen wieder heim in König Gunthers
Land.

Hagen nahm die Prophezeiung zur Kenntnis, sie schreckte ihn nicht. Von Siegelind wollte er nur noch wissen, wo das Heer das andere Donauufer erreichen könne.

Sie sprach: »Willst du nicht anders, und soll die Fahrt
geschehn,
So siehst du überm Wasser eine Herberge stehn.
Darin ist ein Ferge und sonst nicht nah und fern.«

Diese Herberge fand Hagen bei seiner Suche donauaufwärts in der Nähe des damaligen Ortes Möringen. Das Epos berichtet:

Bei Möringen waren sie über Flut gekommen.

Möringen heißt heute Großmehring und liegt westlich von Pförring. Der auf flachen Hügeln erbaute und rund 2500 Einwohner zählende Ort ist farblos. Er bietet nichts, es sei denn, man fände es erwähnenswert, daß Napoleon 1809 hier genächtigt hat.

Die Suche nach der alten Furt wird dadurch erschwert, daß hier der Donaulauf heute anders ist als früher. Der Strom hatte sich in viele Arme geteilt, die in zahlreichen Windungen die Niederung durchzogen. Der Hauptarm war die Sandrach, die von Westen kommend über Zuchering, Sonnenbrücke und Unsernherrn an Manching vorüberfloß. Der zweite Arm war die Altach bei Haunwöhr und Kothau. Beide fließen in die Paar, heute ein rechter Nebenfluß der Donau. Der dritte Arm schließlich zog an Ingolstadt vorbei in Richtung Großmehring.

Einen Eindruck von der alten Nibelungenlandschaft gewinnt man, wenn man in Großmehring über die Donau fährt und hinter dem Damm, doch vor der Brücke über die Paar, nach Westen abbiegt. Man ist hier rings umgeben von stehenden und fließenden Gewässern, von Sumpf und Moor. Schilf, Rohr, Krüppelweiden und kleine Wälder sperren die Sicht. Wasservögel ziehen ihre Kreise, während Libellen über die Tümpel schwirren und unzählige Frösche quaken. Menschen meiden die Niederung. Es gibt keine Siedlung und kein Haus. Das ändert sich erst, wenn man nach Manching kommt.

An die alte Lage Manchings, direkt an der Donau, erinnern noch Fischerhäuser und alte Fischereirechte. Der Flußnähe verdankt die ehemalige Siedlung überhaupt ihre Bedeutung. Der Zusammenfluß von Sandrach und Paar war strategisch wichtig. Darum errichteten die keltischen Vindeliker hier ihre Hauptstadt und schützten sie durch einen Ringwall mit einem Durchmesser von 1,5 Kilometern. Die Wälle sind noch jetzt stellenweise vier Meter hoch.

Manching, im zweiten Jahrhundert v. Chr. begründet, zählte zu den frühesten Städten Mitteleuropas mit Handwerkervierteln, einem Markt und Adelsquartieren, während der Kultbezirk außerhalb des Walles lag. In diesem Oppidum wurden schon Erz verarbeitet, Glas und Email. Die goldenen Münzen, die sogenannten Regenbogenschlüsselchen, entzündeten die Phantasie späterer Geschlechter. Als im Jahre 1858 nordöstlich Manching, im Akker von Irsching, an die tausend Regenbogenschüsselchen ausgegraben wurden, war das ein sensationeller Fund.

Natürlich setzten sich auch die Römer hier fest und gründeten im keltischen Ringwall das Kastell Vallatum. Für sie war die Festung an der Donau von noch größerem militärischen Wert als für die Kelten, da Manching ein Kettenglied wurde in der großen Sperrzone am Strom, die aus Manching, Kösching, Pförring und Eining gebildet wurde. Zwischen diesen Kastellen gab es ein Straßensystem und Donauübergänge, einer lag nördlich Vallatum.

Ob an dieser Furt die Herberge gelegen hat, von der die Meerweiber sprachen und an der Hagen den Fährmann suchte?

Ein Manchinger Heimatforscher, dem die Nibelungen auch Rätsel aufgegeben haben, bestreitet es: »Sie brauchen die Sandrach nicht abzusuchen, auch die Altach nicht. Fahren Sie zum dritten Wasserarm, dem jetzigen Donaubett, und sehen Sie sich südlich von Feldkirchen um, zwischen Ingolstadt und Großmehring. Dort war eine alte Überfahrt. Am besten sprechen Sie beim Flußwart vor.«

Bei unserer Spurensuche ist das Wetter wenig besser als zur Zeit, da die Nibelungen an die Donau gelangten. Der Fluß führt Hochwasser, es regnet seit Tagen. Der Himmel scheint sich verschworen zu haben, ein Wolkenbruch geht nieder, Blitze zucken in den Strom. Südlich Feldkirchen entlädt sich das Wetter in voller Wucht. Wir versinken in Pfützen und Morast. Dann zeichnet sich ein Schatten ab, ein Haus. Wir retten uns ins Innere — und sind beim Flußwart.

Der Gastwirt wundert sich. Seit Tagen findet niemand den Weg zu ihm. Der Garten, in dem die Ingolstädter sonst bei Wein und Bier zu sitzen pflegen, hat sich in einen See verwandelt. Nun stolpern unter Blitz und Donner zwei Gestalten über die Schwelle.

»Sie wünschen?«

Wir zitieren nicht das Nibelungenlied: »Nun hol mich über, Ferge!« Wir bestellen im Halbdunkel der kalten Herberge zwei doppelte Kognaks. An diesem Tag und zu dieser Stunde scheint die Nibelungen-Atmosphäre so greifbar, daß der Flußwart und die Gestalt des Fergen fast zu einer Person verschmelzen.

Und der Flußwart kennt auch unsere Frage. Oft hat man darüber in diesen Räumen debattiert. Dann ist der ehemalige Lehrer des Gastwirts aus Ingolstadt dabei gewesen, und wenn jemand Vergangenes und Gegenwärtiges in Beziehung zu setzen vermag, dann ist er es. Der Flußwart hat bei diesen außerschulischen Lektionen gut aufgepaßt.

Er holt die Karte: »Wir sind am Flußpunkt 134. Da, wo der dünne Strich, die alte Straße von Feldkirchen, auf den Strom auftrifft, etwa am Flußpunkt 135, verlief die alte Route über den Strom nach Manching. Dort hat Hagen den Fährmann getroffen.«

Man erreicht diese Stelle in wenigen Minuten über den Donaudamm. Freilich, das Wildwasser ist gebändigt. Das geschah schon im 14. Jahrhundert, als Herzog Stephan II. die Sandrach ableitete und an Ingolstadt vorbeiführte. Diese Planung wurde mit der Donau-Regulierung im 19. Jahrhundert fortgesetzt. Eingekeilt in die Dämme zieht der Strom talwärts, hier und dort begleitet von schmalen Wiesen, die den Deichen vorgelagert sind, oder von zerzausten Laubbäumen, die der Sturm niederdrückt.

Wenig anders zeigt sich das Flußbild drei Kilometer stromab. Es ist nur um eine Nuance verändert durch die Großmehringer Brücke, die den Strom überspannt und die sich schemenhaft vor der niedrigen Wolkendecke abhebt. Kein Schiff zieht talwärts oder stromauf, nicht ein Nachen ist am Ufer vertäut.

Doch hier landete Hagen mit dem Schiff des Fährmanns, nachdem er diesen im Kampf erschlagen hatte. Hier, direkt südlich von Großmehring, trieb man die Pferde der Ritter und Knechte in die Flut und ließ sie den Strom durchschwimmen. Am Strand von »Möringen« gingen die Nibelungen an Bord, wurden Proviant und Waffen auf das Schiff gebracht, um zum Südufer geschafft zu werden. Hagen war der Schiffsmann:

Sie trugen zu dem Schiffe ihr Gut und ihre Wehr,
Nun einmal ihre Reise nicht zu vermeiden mehr.
Hagen fuhr sie über. Da bracht er an den Strand
Manchen zieren Recken in das unbekannte Land.

Zum ersten fuhr er über tausend Ritter hehr
Und seine sechzig Degen. Dann kamen ihrer mehr:
Neuntausend Knechte, die bracht er an das Land.
Des Tages war unmüßig des kühnen Tronjers Hand.

Beim Übersetzen erinnerte sich Hagen der Weissagung der Nixen in den Kelsbachquellen. Alle sollten im Hunnenland umkommen, nur nicht der Kaplan, so hatten sie gesagt. Der Tronjer wollte diese Prophezeiung prüfen. Was scherte ihn der Pfaffe, mocht er auch Kaplan des Königs sein. Hagen traf ihn an seinem Weihgerät, doch das half ihm wenig. Der Tronjer »schwang ihn aus dem Schiff«, warf den Priester in die Donau:

Der Pfaffe schwamm nach Kräften. Er hoffte zu entgehn,

Wenn ihm nur jemand hülfe. Das konnte nicht
geschehn.
Denn der starke Hagen — gar trotzig war sein Mut —,
Stieß ihn zugrunde nieder. Das deuchte niemand gut.

Der Kaplan, der mit Mühe dem Tod entrann, schüttelte am Donauufer von Großmehring zornig sein schwarzes Kleid. Dann rief er den Reisenden auf ihrem Weg ins Hunnenland alles andere als fromme Wünsche nach.

Das große Heer zog unverdrossen über die Römerstraße in Richtung Passau. Aber es fällt zunächst kein Ortsname. Das Epos sagt nur:

Wir können euch nicht vermelden, wo man die Nacht-
ruh fand.

Um den Weg noch zu rekonstruieren, muß Kriemhilds Zug in den Südosten zuhilfe genommen werden. Sie reiste mit Rüdiger an den Hof von Etzel und traf in Bayern ihren Onkel, den Bischof Pilgrim von Passau, der sich mit großem Gefolge aufmachte, um seine Nichte an der Grenze seiner Diözese, die im Westen bis an die Isar reichte, zu empfangen:

Den Gästen entgegen gings auf durch Bayernland,
Wo der Bischof Pilgrim die schöne Kriemhild fand.

Die Begegnung zwischen dem Bischof und der künftigen Königin der Hunnen fand in Pledelingen statt, das heutige Plattling an der Isar, kurz bevor diese in die Donau fließt:

Dort zu Pledelingen schuf man ihnen Ruh.
Das Volk allenthalben ritt auf sie zu.

Wenn man in Plattling, das an die zehntausend Einwohner

zählt, auf dem langgestreckten Marktplatz danach Ausschau hält, wo denn im Sinn der Dichtung die Begegnung zwischen Kriemhild und Pilgrim stattgefunden und wo man wohl übernachtet haben könne, ist man ratlos. Alle Gebäude sind jung, keines reicht bis ins 13. Jahrhundert. Wir sind nämlich, wie wir bald feststellen, in Neu-Plattling. Alt-Plattling lag auf dem anderen, dem rechten Isarufer.

Hier wurde Pledelingen früh gegründet. Urkundlich erstmals erwähnt wird es 868, die Gründung dürfte aber ins 7., wenn nicht ins 6. Jahrhundert zurückgehen. Der Ort erstreckte sich an einer wichtigen Kreuzung. Hier trafen sich mehrere Routen, vor allem die Straße von Regensburg nach Passau und jene von Augsburg nach Plattling. Beide Wege weisen in die Keltenzeit, wurden von den Römern ausgebaut und im Mittelalter weiterbenutzt.

Im 12. Jahrhundert war Pledelingen zu einer stattlichen Siedlung angewachsen. Man hielt Hof- und Landtage ab, zu denen angesehene Gäste kamen. Man traf sich im Herzogshof und wohnte hier. Ganz nahe lagen das Rathaus und die Jakobskirche, die letztere im 11. Jahrhundert errichtet. Allerdings hatte die Bevölkerung eine große Sorge: das Hochwasser.

Zu einer Katastrophe kam es 1378/79. Die Wolkenbrüche nahmen kein Ende, die Isar wuchs zu einem riesigen See. Viele Menschen und Tiere kamen um, die Mehrzahl der Häuser wurde zerstört. Die Bevölkerung, so weit sie sich hatte retten können, war verzweifelt.

Da befahl Herzog Albrecht I. von Bayern, den kleinen Ort zu verlegen. Die Stadt wurde nun auf dem linken, höheren Isarufer wiedererbaut. 1385 hatte die neue Siedlung schon Gestalt gewonnen. Aber nicht der ganze Ort hat den Umzug mitgemacht. Die Kirche, in der das Wasser meterhoch gestanden hatte, blieb zurück. Die mächtigen Steinblöcke hatten der Überschwemmung widerstanden.

So wurde in der neuen Gründung nur ein kleines Gotteshaus errichtet, St. Jakob am alten Platz blieb die Hauptkirche.

Wer gegenwärtig das Pledelingen sucht, durch das Kriemhild geritten ist, der muß sich auf das rechte Isarufer begeben, auf das »nasse Land«, wie die Plattlinger noch heute diesen Stadtteil nennen.

Ein hoher Damm schützt jetzt Alt-Plattling. Hinter einem kleinen Wäldchen reckt sich wie einst die Jakobskirche, wenn sie auch äußerlich etwas geändert worden ist. Aber die romanischen Bögen blieben, und das Innere atmet den Geist des 11. Jahrhunderts. Pfeiler und Wände sind grünlich verfärbt, fast möchte man meinen, es seien Rückstände der großen Überschwemmung.

In dieser Kirche könnten Kriemhild und Rüdiger einem Gottesdienst beigewohnt haben, während sie in nächster Nähe, im Herzogspalast, wohnten. Doch vom Palast und allen übrigen Profanbauten Pledelingens steht kein Rest.

Daß der Ort im Nibelungenlied erwähnt wird, haben die Plattlinger lange Zeit kaum registriert. Als aber andere Städte im 20. Jahrhundert Hinweise im Epos stärker beachteten, meinte man in der Isar ein Gleiches tun zu müssen. Darum erschien auf Briefen und Karten der Stempel »Besucht die Nibelungenstadt Plattling!« Dazu war noch das Stadtwappen gedruckt, daneben Kriemhild und Pilgrim.

Dies aber empfand das rund 60 Kilometer entfernte Passau als Herausforderung. Es werde zwar wegen solcher Anmaßung keinen bayerischen Städtekrieg geben, so las man in der Passauer Presse. Aber dürfe sich Plattling Nibelungenstadt nennen?

Passau pocht auf seine engen und engsten Beziehungen zum Epos, vor allem darauf, daß hier wahrscheinlich der Dichter des Liedes beheimatet war: »Passau ist nun einmal die einzige Stadt der Nibelungen!«

14. Wo der Innfluß mündend in die Donau niedergeht

Südlich von Passau bezogen die Nibelungen Quartier · Pilgrim, der Onkel Kriemhilds, ist historisch · Die gefälschten Bullen des Passauer Bischofs · Königin Gisela aus Ungarn als Vorbild für Kriemhild · Der Nibelungenlied-Dichter lebte in der Umgebung von Bischof Wolfger · Die Spielleute waren armseliges Gesindel · Der Autor des Epos bleibt anonym

Geographische Gegebenheiten, geschichtliche Entwicklung und kirchliche Bestrebungen haben Passau zu einer ungewöhnlichen, zu einer eindrucksvollen Stadt werden lassen. Der Zusammenfluß von drei Strömen, von Donau, Inn und Ilz, mußte ein Brennpunkt der Ereignisse werden. Der Felsrücken, der sich als Landzunge zwischen die Ströme schiebt, die heutige Altstadt, war von Natur aus zur Befestigung bestimmt. Daß hier im Verlauf von zweitausend Jahren Interessen und Machtstreben vieler Stämme und Völker aufeinanderstießen, ist nicht erstaunlich. Es war vorgezeichnet.

Die Dreiflußstadt war ein außerordentliches religiöses Zentrum, sie war das größte Bistum des alten Reiches, zu dem Jahrhunderte lang österreichische Diözesen, z. B. Wien, gehört haben. Der Einfluß reichte bis nach Ungarn. Passau strahlte nach dem Osten aus. Von mächtigem Ehrgeiz getriebene Fürstbischöfe richteten ihre Blicke donauabwärts.

So war der Passauer Stephansdom Vorbild und Mutterkirche für den Wiener Stephansdom, auch für das Stephansmünster in der alten ungarischen Hauptstadt Gran und viele andere Stephanskirchen. Der Begründer des ungarischen Königreiches, Vajk, ließ sich unter dem Einfluß der Passauer Kirchenherren auf den Namen Stephan taufen.

Die Fürstbischöfe waren aber nicht die alleinigen Herren der Stadt. Die wohlhabende Bürgerschaft machte dem Klerus zu schaffen. Die Bürger wünschten sich eine freie Reichsstadt, und darüber kam es zu Auseinandersetzungen und Kämpfen. Aber die Bischöfe hatten mit ihren Besitzungen auf der Halbinsel und vor allem mit ihren Anlagen Niederhaus und Oberhaus zwischen Ilz und Donau uneinnehmbare Festungen.

Die Stellung der Geistlichkeit wurde erst im 18./19. Jahrhundert erschüttert. Schuld daran trugen die Abtrennung der österreichischen Diözesangebiete 1738 und 1785 durch Kaiser Joseph II. und vor allem die Aufhebung des Passauer Fürstentums durch die Säkularisierung 1803. Damit war Passaus Macht im Kern getroffen. Die Stadt verfiel. Ohne Hinterland und ohne beherrschendes Zentrum war sie nur ein kleiner Ort im toten Winkel. Heute zählt Passau kaum mehr als 34 000 Einwohner.

Wer aber Passau vom Oberhaus, von der Ilzstadt oder vom Mariahilfberg aus betrachtet, der wird nicht nur von der einzigartigen Lage gefesselt. Der Besucher stößt auch auf die respektable Vergangenheit, trotz aller Verwüstungen und Brände. Er spürt, daß Passau einmal eine Metropole war.

In diese Stadt ritten die Nibelungen. Die Schilderung im Epos ist eindringlich und genau. Es besteht darum kein Zweifel, daß der Dichter Passau gekannt und hier verschiedentlich Aufenthalt genommen hat. Von Gunthers Heerzug berichtet er:

Sie wurden wohl empfangen von Freunden vor dem Ort.
Nicht all verpflegen mochte man sie in Passau dort:
Sie mußten übers Wasser, wo Raum sich fand und Feld
Da wurden aufgeschlagen Hütten für sie und Gezelt.

Das damalige Passau lag hauptsächlich auf der Landzunge. Es bestand aus einigen Repräsentativbauten und war sonst von engen Straßen und Gassen durchzogen. Es war unmöglich, hier über zehntausend Gäste unterzubringen. So begaben sich die Nibelungen über die Brücke, die 1143 gebaut worden war, auf das südliche Innufer. Diese Brücke verlief östlich der heutigen Marienbrücke, ihre Ansätze an den Ufern sind noch erkennbar.

Die Gäste aus Burgund haben dann in der Nähe des ehemaligen Römerlagers Bojodurum gezeltet. Daß die Nibelungen an dieser Stelle ihr Lager aufgeschlagen haben, hält jeder Passauer Bürger für selbstverständlich.

Gegenüber, zwischen den Flüssen, liegt das Dreiflußeck. Inn und Donau strömen zusammen, und die Ilz fließt dazu. Die Wassermassen lassen die Donau auf fast das Doppelte anschwellen.

An diesem Dreiflußeck muß auch der Dichter des Nibelungenliedes gestanden haben, sonst hätte er nicht im Epos geschrieben:

> ... Wo noch ein Kloster steht
> Und der Innfluß mündend in die Donau niedergeht.

Die Zeit um 1200 zu entdecken, ist für den Besucher nicht leicht. Denn Passau, wie es sich jetzt darstellt, wird stark durch Barock und Renaissance bestimmt.

»Die verheerenden Feuerstürme verändern das Gesicht der Stadt von Grund auf. Aus den Trümmern erwächst die barocke Stadt. Im Auftrag der Passauer Fürstbischöfe formen zunächst italienische Baumeister, Stukkateure und Maler in wenigen Jahren das heutige Gesicht der Stadt. Der Dom entsteht in barocker Breite und Fülle.« (117)

Auch manche der Gassen, Tore und Steinbögen zwischen den Häusern erinnern an Italien. Das gilt ebenso für das von einem kantigen Uhrturm überragte Rathaus, das den zum Wasser geöffneten Platz beherrscht. Wenn hier im Sommer die Sonne brennt und man an weißen Rundtischen Campari trinkt, könnte man glauben, auf einer italienischen Piazza zu sein, umgeben von mittelalterlichen Palazzi.

Im Rathaus ist man gern bereit, unsere Spurensuche zu unterstützen. Archivar von Lingen, der aus Nordosteuropa stammt, aber sein Herz an Passau verloren hat, stapelt rings um uns Bücher und Aufsätze über das geschichtliche und kunsthistorische Passau. Und es ergibt sich die Frage, wo jenes Kloster gestanden haben mag, von dem der Dichter im Nibelungenlied berichtet.

Der Archivar meint, es könne sich nicht um die alte Abtei St. Nikola handeln, die ehemals außerhalb der Stadtmauern lag und heute ein Altersheim beherbergt. Eher komme Kloster Niedernburg in Betracht, nahe dem Dreiflußeck:

»Die Abtei war lange reichsunmittelbar, und diese Selbständigkeit hat zu schweren Konflikten mit den Fürstbischöfen geführt. Niedernburg war das letzte große Hindernis für die Bischöfe bei ihrem Versuch zur Erringung der vollen Stadtherrschaft. Erst Ende des 12. Jahrhunderts ging das Kloster ganz in den Besitz der Bischöfe über. Da die Abtei nahe der Innmündung liegt, glauben manche, Niedernburg sei das gesuchte Kloster.«

Mit unserem Passauer Cicerone entdecken wir in der Altstadt der früheren Abtei, im Gemäuer einbezogene Säulen und ein Kapitell mit romanischen Figuren. »Das Wichtigste«, sagt von Lingen, »ist in der Obhut der Englischen Fräulein.«

Diese Nonnen, die ein exklusives Internat unterhalten, zeigen uns im Klosterbezirk das eigenartigste und ungewöhnlichste Schulzimmer Deutschlands. Vor den modernen Pulten der Schülerinnen stehen Katheder und Schultafel auf steinerner Estrade. Dahinter erheben sich die Untergeschosse der Türme der ehemaligen Marienkirche des Klosters. Zwischen beiden ein vorgezogenes romanisches Portal mit sechsfachen Bögen und sechsfachen Säulen.

Der Eindruck ist stark, weil bei dem Portal auf jede Verzierung verzichtet wurde und damit das Romanische klassisch zur Geltung gelangt. Unverkennbar ist das Alter. Die inneren Bögen des um etwa 1100 gebauten Tores haben unter dem Druck des Mauerwerks nachgegeben. Eine Inschrift des Stauferkaisers Friedrich II. rundet diese Lektion in Geschichte ab.

»Wir können unseren Schülerinnen auch Anschauungsunterricht in Passauer Kunstgeschichte geben«, meint Schwester Veronika. Sie öffnet das Portal der Marienkirche, und wir betreten eine kleine Vorhalle, in der die ältesten Malereien der Stadt entdeckt wurden: teils verwischte, teils hervorragend erhaltene Fresken aus dem 12. Jahrhundert. Das ist die Zeit, in der sich auch der Nibelungendichter in Passau aufgehalten hat. Wahrscheinlich hat er die Fresken gekannt.

Der Dichter muß aber nicht unbedingt diese Abtei gemeint haben. Es gibt noch eine andere Möglichkeit: das Domstift; denn für einen Dichter, der vom Bischof abhängig war, wird es kaum ratsam gewesen sein, auf die Abtei Niedernburg zu verweisen, mit der die Bischöfe lange im Streit gelegen hatten:

»Das Domstift St. Stephan erscheint in den Quellen des 12. Jahrhunderts als claustrum = Kloster. Wiederholt wird dafür auch der Ausdruck monasterium gebraucht. Es steht weder sprachlich noch sachlich etwas im Wege, in dem erwähnten Kloster das Domstift zu sehen, den Sitz des Bischofs, der ja Mittelpunkt der Stadt und für den Dichter nicht weniger die Hauptsache war.« (78)

Darum tritt auch im Nibelungenlied ein Passauer Kirchenfürst auf, Bischof Pilgrim, dem wir schon in Plattling begegnet sind. Er ist im Lied der Bruder von Ute, der

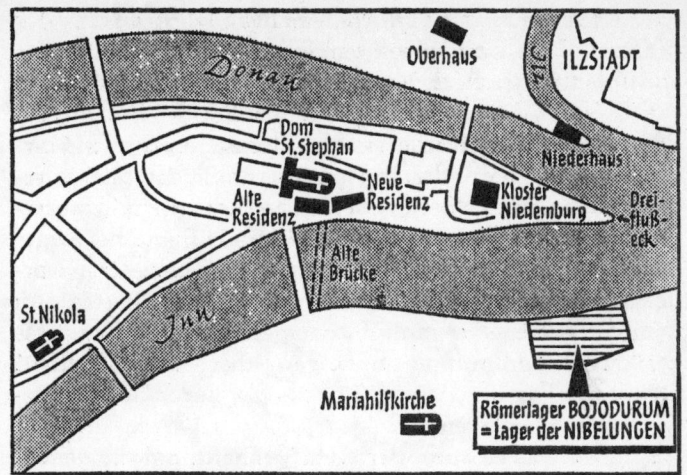

In Passau, am Dreiflußeck von Donau, Inn und Ilz, kannte sich der Dichter des Nibelungenliedes besonders gut aus.

Onkel von Kriemhild und ihren Brüdern. An der Seite seiner Nichte reitet er in Passau ein. Diese Szene, in einem Kolossalgemälde im großen Rathaussaal festgehalten, lautet im Nibelungenlied:

Der Bischof mit der Nichte ritt auf Passau an.
Als das den Bürgern der Stadt ward kund getan,
Das Schwesternkind des Fürsten, Kriemhild wolle
kommen,
Da ward sie wohl mit Ehren von den Kaufherrn
aufgenommen.

Als Gunther und sein Heer in die Stadt eingezogen, schreibt der Dichter über den Bischof:

*Der werten Fürsten Oheim, der Bischof Pilgerin,
Dem wurde wohl zu Mute, als seine Neffen ihn
Mit soviel der Recken besuchten da im Land.*

Pilgrim hatte den Bischofssitz zu Passau von 971 bis 991 inne. Von allen geistlichen Herrschern, die das Bistum regiert haben, ist keiner so bekannt geworden und keiner durch solche Aktivität und hochfliegende Pläne hervorgetreten wie er. 991 ist er im Stephansdom beigesetzt worden. Bald wurde berichtet, an seinem Grabe hätten sich Wunder ereignet, Kranke seien gesund geworden. Das sprach sich herum, und nun zogen Scharen von Wallfahrern nach Passau. Pilgrim war in die Legende und den Mythos eingegangen.

Pilgrim war es auch, der dem Stephansdom die gegenwärtigen überwältigenden Ausmaße gegeben hat. Eine genaue Vorstellung von der damaligen Kirche zu erhalten, die einen karolingischen Dom ablöste, ist jedoch nicht leicht. Die Gründe dafür seien doppelter Natur, schreibt der 1958 verstorbene Dekan des Passauer Domes, Fr. X. Eggersdorfer (126):

»Das durch den jetzigen Dom überbaute Terrain läßt die Forschung durch den Spaten nicht zu, die literarischen Quellen aber sind durch die wiederholten Stadtbrände weitgehend vernichtet.«

Ein paar Hinweise können wir den Zeichnungen von Schedel (1493) und Sadeler (1633) entnehmen. Schließlich erklärt Eggersdorfer zur Gestaltung des Domes, wir sollten ihn uns »als mächtige Pfeilerbasilika in den urtümlichen Formen Ottonischer Architektur vorstellen. Der romanische Dom in Regensburg, der gleichzeitig oder bald nach ihm begonnen wurde, sagt das meiste auch über den Passauer Dom aus.«

Der Dom war Pilgrims Reich. Dazu gehörte die Burg.

Sie ist nicht identisch mit der »Neuen Residenz«, die

sich östlich vom gotischen Domchor in langer Front über den Platz zieht. Die Burg lag südlich vom Münster in dem Block, in dem heute das Landgericht untergebracht ist und der in Erinnerung an die vergangenen Zeiten »Alte Residenz« genannt wird.

Das Bauwerk stammt aus dem 15. und 18. Jahrhundert, doch im Hof verblieben noch Reste aus Pilgrims Zeit, einige Steinquader, die man in die späteren Fundamente einbezogen hat. Genauso alt ist die Treppe bis zum ersten Stockwerk. Über die ausgetretenen roten Marmorstufen hat Bischof Pilgrim seine Residenz betreten.

Hier entwarf der eigenwillige, intelligente, manchmal auch rücksichtslos handelnde Bischof seine Politik. Er verfolgte ein hartes Machtstreben, das darauf hinauslief, Ungarn und Mähren seinem Herrschaftsbereich einzugliedern. Eine neue, große Donauprovinz sollte entstehen, deren Mittelpunkt Passau mit dem Sitz des Metropoliten geworden wäre. Bei diesen Absichten geriet der Passauer Bischof jedoch zwangsläufig in Konflikt mit dem Salzburger Erzbischof Friedrich, seinem Onkel. Langdauernde Fehden zwischen den beiden Kirchenfürsten waren die Folge.

Bei der Durchsetzung seines Anspruchs stieß Pilgrim auf das alte Lorch, rund 120 Kilometer südöstlich von Passau bei Enns gelegen und zu seinem Besitztum gehörend. Lorch, das römische Lauriacum, hatte ursprünglich rein militärische Aufgaben und sollte den Donau- wie den Ennsübergang sichern. Im 5. Jahrhundert wuchs aber seine Bedeutung, und Lauriacum wurde Bischofssitz. Es war das älteste Bistum in diesem Raum, ist jedoch um 700 untergegangen und nie wieder entstanden. Ausgrabungen nordwestlich von Enns, in den Jahren 1951– 1959 von den österreichischen Archäologen W. Jenny,

H. Vetters und Lothar Eckart (52) vorgenommen, haben die römische Zivilstadt und das anschließende Legionslager freilegen können.

Aufregend gestaltete sich der Vorstoß der Wissenschaft in die Vergangenheit, als Lothar Eckart im Jahre 1960 auch die gotische Kirche St. Laurenz, die außerhalb von Enns nahe der alten Römerstadt lag, in die Grabungen einbezog. Der Forscher vermutete unter der Kirche und in anschließenden Friedhofsgelände das Forum und das Kapitol der Römerstadt sowie die frühchristliche Bischofskirche. Die Hoffnungen wurden kaum enttäuscht.

Die älteste aufgedeckte Anlage war ein Großbau der römisch-keltischen Epoche, ein Tempel, der bis ins 4. Jahrhundert bestanden haben muß, ferner eine frühchristliche Basilika, die gesuchte Bischofskirche von Lauriacum. Sie ist mit Boden- und Wandbeheizung und urtümlichen Mauern, die die früheren Bauten weitgehend benutzten, eine kulturhistorische Besonderheit. »Der Hochaltar ist noch teilweise ... erhalten, östlich davon befindet sich, in den Fußboden eingelassen, das Märtyrergrab. Der einstmals darin versenkte Reliquienbehälter, ein einfacher quadratischer Steintrog, hat sich über alle nachfolgenden Kirchen ebenfalls bis in unsere Tage erhalten.« (52)

Um die Funde ständig präsent zu haben, kam man auf den Einfall, die Grundmauern der Lorcher Bischofskirche und der keltisch-römischen Tempel nicht zuzuschütten. Der Boden von St. Laurenz sollte mit Glas überdeckt werden, so daß die Kirchgänger und die Besucher stets in unmittelbarer Beziehung zur Geschichte von Lauriacum stünden. Doch dazu ist es aus Geldmangel bisher nicht gekommen.

Auf diesen geistig- kulturellen Mittelpunkt an der Wende zwischen Antike und Mittelalter bezog sich Bischof Pilgrim, um seine Forderungen nach einem vergrößerten Kirchenreich durchzusetzen. Er wollte die Nachfolge des alten Bistums Lorch antreten. Um aber den Anspruch geltend machen zu können, mußte er Urkunden vorweisen — und solche gab es nicht.

Da zögerte Bischof Pilgrim nicht, fünf Bullen herstellen zu lassen. Ein Schreiber in der kaiserlichen Kanzlei mit Namen Willigis C. war bereit, nach allen Regeln handschriftlicher Kunst die gewünschten Pergamente anzufertigen. Die Chroniken, mit dicken Siegeln versehen, waren so abgefaßt, als hätten Päpste und Kaiser schon im 9. und 10. Jahrhundert Passau das zugestanden, was Pilgrim forderte.

In den Bullen stand in lateinischer Sprache, die Diözese Passau sei die rechtmäßige Nachfolgerin von Lauriacum, mithin das älteste bayerische Bistum, und habe einen Anspruch darauf, zum Erzbistum erhoben zu werden. Diese »Urkunden« wurden von Pilgrim dem Kaiser und dem Papst vorgelegt. Freilich wurden die Passauer Ansprüche auch jetzt nicht anerkannt. Geistliche und weltliche Macht ahnten oder wußten, unter welchen Umständen die Pergamente entstanden waren. Im übrigen war Pilgrims Onkel, der Erzbischof von Salzburg, ebenfalls nicht müßig gewesen und hatte seinerseits eine Papsturkunde herstellen lassen.

Diese Chroniken haben in der Folgezeit zu beträchtlichen Verwirrungen geführt. »Die gefälschten Bullen verwendete zum erstenmal der Chorherr Magnus von Reichenberg (gestorben 1195). Von da an kam die Lorcher Fabel nicht mehr zur Ruhe und trieb noch neue Blüten.« (184). Erst in der Mitte des vorigen Jahrhunderts haben Historiker und Kirchengeschichtler bündig nachzuweisen vermocht, daß die Pergamente üble Machwerke waren. Einige Forscher ereiferten sich darüber und sprachen von Pilgrim als dem »größten Fälscher der deutschen Geschichte«. Andere beurteilten die Dinge gelassener und erklärten, solche Fälschungen seien nichts Ungewöhnliches gewesen. Es gebe kaum ein mittelalterliches Archiv, das keine gefälschten Urkunden enthalte.

Um seine Wünsche auf andere Weise durchzusetzen, wurde Bischof Pilgrim nun in der Missionsarbeit in Ungarn tätig. Er übernahm die Methoden der angelsächsischen Bekehrung und entsandte geeignete Mönche und Priester. In kurzer Zeit gelang es ihm, etwa 5000 Ungarn der höheren Stände taufen zu lassen. Sicherlich ist sein Bericht an den Papst, in dem es heißt, das ganze ungarische Volk sei bereit, sich taufen zu lassen, übertrieben. Aber Pilgrims Missionaren gelang es doch, den arpadischen Großfürsten Geisa, den Herrscher über die vereinigten magyarischen Stämme, zu bekehren und ebenfalls seinen Sohn Vajk.

Bei der Taufe nahm Vajk den Namen Stephan an. Unter diesem Namen erhielt er zu Weihnachten des Jahres 1001 von Papst Sylvester die Krone und das Apostelkreuz und wurde zum ersten König von Ungarn ausgerufen.

Stephan heiratete die deutsche Fürstin Gisela, die Schwester von Kaiser Heinrich II., die auch mit Bischof Pilgrim verwandt war. Gisela hat dann viele Deutsche ins Land gerufen. Sie waren den ungarischen Herrschern wichtig zur Stärkung ihrer Macht, ein Vorgang, der schon unter Großfürst Geisa begonnen hatte.

In den ungarischen Chroniken werden diese Ritter aus dem Westen »hospites teutonici«, deutsche Gäste, genannt. Und wenn es im Nibelungenlied bei der Begrüßung von Kriemhild auf dem Tullner Feld von den Waffenspielen heißt:

Von den deutschen Gästen brach da mancher Schildesrand,

dann klingen hier sicherlich die Worte von den »hospites teutonici« an, die man nun auf jene Deutsche beziehen kann, die sich im 10. und 11. Jahrhundert am Arpadenhof eingefunden hatten — ebenso wie auf die germanischen Vasallen am Hof von Etzel.

Die Deutschen stellten in Ungarn bald eine Macht dar. Sie genossen manche Vorzüge, was den Neid der Einheimischen erregte. Als König Stephan 1083 starb und sich die antideutsche Partei durchsetzte, geriet Gisela in eine schwierige Lage. Bösartige Gerüchte über sie und über ihre politischen Absichten wurden in Umlauf gebracht. Sie konnte sich jedenfalls nicht mehr in Ungarn halten. Als Kaiser Heinrich III. durch Ungarn nach Bayern zog, nahm er sie mit nach Passau. Eine Chronik berichtet:

»Als der Keiser aus Hungarn herauff zog (wohl 1045), nahm er mit die Königin Geisel ... zu Passaw in das Frauenkloster, darinnen sie auch gestorben, ir Grab noch gezeygt wird. Die Hungarn gehn Kirchfährten zu irem Grab herauff biss gen Passaw, haltens für heylig.«

Giselas Grab findet sich noch in der Klosterkirche der Passauer Abtei Niedernburg. Es wurde in den Boden eingelassen und ist von einem romanischen Stein gedeckt. Darüber wurde nachträglich ein gotisches Hochgrab errichtet, das die Inschrift der romanischen Tafel wiederholt.

Pilger sind jedoch nicht nur im 11. Jahrhundert hierher gekommen, wie die Chronik zu berichten weiß. Man ist zu allen Zeiten zu diesem Grab gewallfahrt und tut es heute noch. Viele Ungarn haben die erste Königin ihres Landes nicht vergessen. So ist das Grab fast immer mit Blumen und Kränzen geschmückt, mit Schleifen in ungarischen Farben und ungarischen Inschriften.

Das Leben der Gisela mag frühe Niederschriften des Nibelungenliedes beeinflußt haben. Welche Vorlagen für die Kriemhild der Dichtung der Passauer Autor auch benutzt haben mag: Wenn er der Geschichte gegenüber aufgeschlossen war, dann wird ihn das Passauer Grab einer deutschen Fürstin, die nach Ungarn heiratete und dort scheiterte und in vielem an Kriemhild erinnerte, kaum gleichgültig gelassen haben.

Der Passauer Bischof Pilgrim hat die Übersiedlung seiner Verwandten Gisela ins Kloster Niedernburg nicht mehr erlebt. Er war Jahrzehnte vorher gestorben. Denkbar ist, daß er die Bestrebungen zur Hochzeit zwischen Stephan und Gisela, die ja auch stark politisch-kirchlicher Natur waren, gefördert hat. Denn diese Hochzeit lag ganz in seiner Absicht.

Es mag auch sein, daß der vielseitig interessierte und gebildete Bischof Pilgrim, dessen Anliegen es beispielsweise war, die Passauer Domschule auszubauen, an einer frühen Teilfassung des Nibelungenliedes beteiligt gewesen ist. In der Klage wird gesagt, Bischof Pilgrim habe durch seinen Schreiber, den Meister Konrad, den Untergang der Burgunder am Hof Attilas in »latînischen buochstaben« aufschreiben lassen, wobei die Aussagen des Spielmanns Schwemmel und anderer Überlebender benutzt worden seien.

Dieser Text hat zu Überlegungen und Nachforschungen geführt. Während einige Wissenschaftler den Ausführungen keine Bedeutung beimessen, andere meinen, man dürfe an ihnen nicht ganz vorbeigehen, es könne doch nicht ganz unglaubwürdig sein, was in der Klage behauptet wird, haben sich noch andere ans Aktenstudium gemacht.

Dabei wurde ein Kanoniker Konrad entdeckt (131), der von 1196 bis 1209 Verwalter, Lehrer und Schreiber des Passauer Stifts gewesen ist, und ein Kaplan Konrad (100), der von 1216 bis 1224 in Passau bischöflicher Schreiber und anschließend in der Kanzlei der Babenberger Herzöge tätig war. Die beiden Konrad lebten jedoch nicht zur Zeit Pilgrims, sondern rund zweihundert Jahre später. Scheiden sie darum als mögliche Autoren aus?

Der Kanoniker und Kaplan waren Zeitgenossen eines berühmten Nachfolgers von Pilgrim auf dem Bischofsstuhl von Passau. Es war Wolfger von Erla, genannt von Ellenbrechtskirchen nach der verfallenen Burg gleichen Namens im Kreis Dingolfing in Niederbayern. Wolfger zog 1191 in die Passauer Residenz ein, zweihundert Jahre nach Pilgrims Tod. Nach Wolfger wurde das Passauer Stadtwappen entworfen, das einen roten Wolf auf silbernem Grund zeigt.

Wolfger war Pilgrim in vielem ähnlich. Beide liebten den Umgang mit Sängern und Spielleuten. Die Identität zwischen ihnen ging so weit, daß der Dichter des Nibelungenliedes, wenn er von Pilgrim sprach, wohl Wolfger von Ellenbrechtskirchen gemeint hat, der wahrscheinlich sein Auftraggeber gewesen ist. Da der Dichter seinen Herren nicht offen nennen konnte, tat er es verschlüsselt.

Bischof Wolfger, der spätere Patriarch von Aquileja, war ein bedeutender Politiker, der sich gut mit den Babenbergern, den österreichischen Herzögen, verstand, die staufische Kaiserpolitik befürwortete und das Vertrauen des Papstes gewann. Er wird als einer der fähigsten Diplomaten seiner Zeit bezeichnet, als geschickter Mittler zwischen geistlicher und weltlicher Macht. Wolfger war kein puritanischer, asketischer Typ, im Gegenteil. Er hat sich erst als Witwer mit 45 Jahren dem geistlichen Stand zugewandt. Auch in dieser Stellung blieb er den Genüssen des Lebens zugetan.

»Wo er ging und stand, daheim wie auf Reisen«, schreibt Panzer (131), »war er von Gauklern und Sängern, Sängerinnen und Tänzerinnen umschwärmt.« Er hatte ein Herz für Artisten und mochte ihre Spieler, er öffnete seine Taschen nicht nur dem fahrenden Volk, auch den Bettlern.

Die dichterischen Strömungen verfolgte er mit Interesse und förderte sie. Mancher der Dichter und Sänger im

Südosten gehörte zu seiner Umgebung. Bekannt ist dies von Walther von der Vogelweide, dem bedeutendsten deutschen Lyriker des Mittelalters, der in Österreich seine Lehrjahre verbracht hat.

In Wolfgers Nähe hat auch der Dichter des Nibelungenliedes gelebt. War es tatsächlich einer der beiden Konrad aus Passau? Die Wissenschaft hat es nicht bestätigt. Der Dichter ist trotz jahrzehntelanger Forschung anonym und im Dunkel geblieben. »Der Nebel scheint sich niemals heben zu wollen, der über die Person des Dichters gelagert ist.« Dennoch können wir indirekt aus dem Werk Rückschlüsse ziehen.

Bei Heusler (77) steht zu lesen, der namenlose Verfasser sei Spielmann gewesen, »aber von der höheren Art: schreibkundig und wohlbewandert in weltlicher und geistiger Dichtung, in Epen und Minnesang«. Das läßt aufhorchen. Zwar treten im Nibelungenlied Spielleute auf, Werbel und Schwemmel, und auch Volker wird so bezeichnet. Hier können die frühgermanischen Skalden oder Skope, die hoch angesehen waren, Vorbild gewesen sein. Aber der Begriff Spielmann ist schillernd, hat Wandlungen durchgemacht und ist einer völligen Abwertung unterlegen.

Spielleute, Jongleure, Rhapsoden, Skomorochi, diese Juglares, Joculatores, Menestrels, Mimi oder wie man sie genannt hat, gehören im Mittelalter im allgemeinen zu den Vaganten, Bettlern und Zigeunern, Akrobaten, Feuer- und Schwertschluckern, zu den billigen Musikanten, Seiltänzern, Ringkämpfern und Bärenführern, die auf den Jahrmärkten und auf den Messen zu Hause waren.

Im »Sachsenspiegel« werden Singer, Springer und Gaukler in einen Topf geworfen, und in der provenzalischen Dichtung wird erläutert, was ein Spielmann, ein Jongleur, alles können muß: Er soll dichten, springen, mit Würfeln spielen, Äpfel von Messern werfen und fangen, mehrere Instrumente beherrschen, durch vier Reifen springen, den Gesang der Vögel nachahmen, die Marionetten tanzen lassen, sich einen roten Bart anlegen, Hunde und Affen dressieren, mit den Geschichten von Troia, Argos, Jason, Dädalos bekannt sein und anderes mehr.

Gewöhnliche Spielleute standen bei der gesellschaftlichen Wertung ganz unten und waren sogar den Huren, den unehelichen Kindern und den Kämpen gleichgeordnet. Man hatte das »armselige Gesindel in ungeheuerlicher Weise überschätzt. Es muß endlich einmal die Frage gestellt werden, ob dieses fahrende Gesindel handgreiflicher, primitiver, grobsinniger Erlustigung irgend etwas mit dem Geschäft der Dichtung zu tun habe.« (122) Die Frage stellen heißt sie verneinen. Spielmann in diesem Sinn ist der Autor des Nibelungenliedes zweifellos nicht gewesen.

Er war gebildet, konnte lesen und schreiben und sprach mehrere Sprachen. Er hat wohl verschiedene Reisen unternommen und kannte die Gesellschaft seiner Zeit. War er dann Kleriker? Auch das muß bestritten werden. Denn im Nibelungenlied ist wenig Kirchlich-Religiöses zu finden, eher Heidnisches. Ein Kleriker hätte auch kaum jene Szene breit ausgemalt, in der Hagen den Pfaffen des Königs in die Donau wirft.

Wenn er aber kein Spielmann und kein Kleriker gewesen sein kann, welchem Stand mag er dann angehört haben? Es ist denkbar, daß er ein Sänger halbritterlicher Herkunft war, der, ähnlich wie Walther von der Vogelweide, an weltlichen oder geistlichen Höfen lebte. Hier kann er den Auftrag erhalten oder sich selbst gestellt haben, ein Ritter-Epos zu verfassen, das an langen Abenden in der Residenz von Bischof Wolfger in Passau oder am Hof der Babenberger in Wien in Fortsetzungen verlesen werden sollte.

Für diese Absicht fand der Dichter verschiedene Quellen vor, wobei zwei Sagenkreise die hauptsächlichen Vorwürfe bildeten. Die eine Sage, das Brünhild-Siegfried-Lied, war im 5. Jahrhundert im Westen entstanden und ist mehrfach abgewandelt worden, zuletzt im 12. Jahrhundert. Die andere Sage behandelte den Burgunderuntergang. Sie war in ihrer ersten Form ebenfalls im 5. Jahrhundert und auch im Westen entstanden und gelangte im 8. Jahrhundert nach Bayern-Österreich. Hier wurde der Stoff unter Einbeziehung der im Donauraum beliebten Dietrich-Erzählungen nicht unwesentlich verändert. So trat statt des rücksichtslosen, brutalen Attila ein weichherziger, gutmütiger Herrscher auf, und den Verrat an den Gästen am Hunnenhof beging nun Kriemhild. Aus solchem Burgunderlied schuf ein Dichter im 12. Jahrhundert bereits ein Leseepos.

Diese verschiedenen Fassungen der Vorstufen zum Nibelungenlied, die Andreas Heusler erkannt hat (77), können nur mittelbar belegt werden. Heusler hat sie indirekt aus der norwegisch-isländischen Dichtung abgelesen, in die die Erzählungen von Siegfried, Brünhild, Hagen und Etzel Eingang gefunden hatten. In den alten Liedern und Sagas sind sie erhalten geblieben. Diese Heuslersche Deutung stößt auf zunehmende Kritik. Aber vorläufig gilt sie noch als möglicher Maßstab.

Der große Unbekannte aus Passau fand jedenfalls um das Jahr 1200 als Grundlagen für seine Planung die Siegfriederzählung vor, die in mündlicher, wahrscheinlich aber auch in schriftlicher Form bestand. Der Autor verfügte außerdem über die schriftliche Burgundersage. Er vereinigte beide Teile, wobei er den Umfang wesentlich verstärkte.

Er übernahm ferner vom ältesten bekannten deutschen Minnesänger, dem Kürenberger, der im 12. Jahrhundert gelebt hat, dessen kunstvoll gebaute Strophen, die aus vier Langzeilen zu je zwei Kurzzeilen bestanden.

Der Autor hatte eine sorgfältige Redaktionsarbeit zu leisten. Es ging um die Abstimmung, Umstellung und Anpassung der Aventiuren und Strophen, um die Aufhebung von Widersprüchen. Neue Schwerpunkte mußten gebildet, alte beseitigt werden. Dabei erwuchs Kriemhild zur beherrschenden Figur. Der Nibelungenhort mußte als durchgehendes, bewegendes Motiv erscheinen und das Lied überzeugend zusammenfassen.

Außerdem hatte der Dichter die rauhe, unbeholfene Sprache zu glätten und durch eine verfeinerte, höfisch-ansprechendere Form zu ersetzen. Der Dichter ist dem gern nachgekommen, nicht nur bei der Aufzeichnung von Turnieren, Hochzeiten und Empfängen.

Den tragischen Ausgang der Handlung, den Untergang der Burgunder am Etzelhof, hat er dagegen übernommen. Ja, er hat die Wirkung der Tragödie durch dramaturgische Kunstgriffe, durch die eindringliche Schilderung der gewaltigen Leidenschaften und der Auswegslosigkeit des Schicksals noch zu steigern gewußt.

Wir haben den Verfasser des Nibelungenliedes in Passau nicht zu entdecken vermocht, wenngleich wir die Gassen betraten, die er gegangen ist, die Gebäude aufsuchten, die er gekannt haben muß, und uns der staufischen Zeit erinnerten, deren Kind er gewesen ist. Der Dichter bleibt anonym — wie für alle, die ihm nachgespürt haben. Allerdings sind wir ihm näher gekommen.

Am Passauer Dreiflußeck spürt der Leser des Epos etwas vom Wesen des Dichters; er erfaßt den Spannungsbereich, der das Lied bestimmt und der von Sentiments und Weltschmerz bis zur ungebändigten Härte reicht.

Diese Spannungen bestimmen nicht allein das Lied, auch den Verfasser. Er war das Spiegelbild seines Werkes. Er war weich und gefühlvoll bis zur Rührseligkeit mit fast femininen Zügen, andererseits von einer männlich-kämpferischen Kraft beherrscht, die über das Ritterliche hinaus bis zum Dämonischen vorstieß. Diese nicht ungefährliche Polarität hat den Dichter dazu befähigt, jene wirklich-unwirklichen Figuren zu zeichnen, die zwischen Himmel und Hölle zu jeder Handlung imstande waren.

15. Das Nibelungenlied als Reiseführer

Raubritterburgen über der Donau · Teufel und Dämonen am Greiner Strudel · Im Nibelungengau · Auf der Suche nach dem Markgrafenpalast in Pöchlarn · Rüdiger, der Flüchtling aus dem 10. Jahrhundert · Der Wirt Astold von Melk · Hohes Lösegeld für König Richard Löwenherz von England · Vielvölkertreffen auf dem Tullner Feld

Das Nibelungenlied ist der früheste deutsche Reiseführer, über 600 Jahre älter als Baedekers Handbücher. Diesen mittelalterlichen Führer können wir auch noch im 20. Jahrhundert benutzen. Zumindest gilt das für Reisende, die nicht nur die Gegenwart, sondern auch die Vergangenheit für bemerkenswert halten.

Das Lied bewährt sich als Reiseführer, weil es im Gegensatz zu anderen Epen trotz allem sagenhaften Beiwerk der frühen Entstehungsstufen recht wirklichkeitsgetreu berichtet: »Das Nibelungenlied bewegt sich mit geographischer Gewissenhaftigkeit in dem wirklichen Raum der Rhein- und Donaulandschaft.« (23) Dabei nimmt die Genauigkeit der Schilderung zu, je weiter wir in den Südosten gelangen. Der Dichter war in Bayern-Österreich beheimatet, er kannte die erwähnten Städte persönlich. Dort unterliefen ihm kaum Irrtümer.

Das Nibelungenlied spielt hier auf einer der ältesten Straßen unseres Kontinents, vorgezeichnet durch die Donau, die die Ausläufer der Alpen und die aus der Tschechoslowakei vorstoßenden Höhenzüge durchbricht. Dabei entstehen farbige Bilder, die durch den geschichtlichen Hintergrund zusätzlichen Reiz gewinnen. Dieses geographisch-historische Zusammenspiel in solch heiterer Flußlandschaft ist in Europa selten.

Das Donautal war eine politisch, militärisch und wirtschaftlich wichtige Durchgangsstraße für viele Völker und Zivilisationen. Für die Römer bildete der Strom einen bedeutenden Verkehrsweg und zugleich einen Schutz gegenüber dem Norden für die Provinz Rätien, Noricum und Pannonien.

Karl der Große zog mit seinem Heer diese Route, um das Reich weiter nach Südosten auszudehnen. Besonders der Frankenherrscher hat die Bedeutung des Flusses erkannt. Um ihn mit dem Rhein-Main-Gebiet zu verbinden, plante er einen Kanal. Er ließ 793 bei Weißenburg die noch heute sichtbare sogenannte »fossa Carolina« ausheben.

Die Reitervölker Asiens stürmten an der Donau entlang nach Westen, islamische Heerscharen wollten Europa für Mohammed erobern.

Dann wiederum zogen christliche Ritter in drei Kreuzzügen längs der Donau nach Palästina. An diesem Fluß wurden Schlachten geschlagen, die die Geschicke Europas bestimmten. Hier entschied sich auch das Schicksal der Nibelungen.

Sie folgten östlich Passau auf der rechten Flußseite jener Straße, die heute ihren Namen trägt. Das beidseits von Wäldern überzogene und sich verengende Tal ist mit Schlössern und zerfallenen Burgen besetzt, die weit in die Vergangenheit zurückreichen, ob es der Krämpelstein ist, der Vichtenstein, der Wesenstein oder die Ruine Haichenbach an der Schlögener Schlinge. Einige Burgen waren regelrechte Räubernester. Doch die Reisenden des Nibelungenliedes hatten Glück:

Sie wurden auf der Straße von Räubern selten angerannt.

Bald nach den Raubritterburgen wird das Tal breiter. Es weitet sich zum Becken von Eferding mit der Stadt gleichen Namens. Der Ort war von je Raststation, auch für Kriemhild und deren Gefolge:

Nun war gen Everdingen die Königin gekommen.

Auf diese Zeile sind die Eferdinger noch heute stolz, sie hebt das Prestige. Darum hat man den Vers in der Schule groß an die Wand geschrieben und dazu ein Bild der Burgunderkönigin gemalt.

»Wo haben die Eferdinger Kriemhild begrüßt?« Auf diese Frage erteilt Hauptlehrer Frank mit großer Selbstverständlichkeit Antwort: »Dort, wo das Starhemberger Schloß steht. Es wurde auf den Grundmauern der alten Burg errichtet, in der sich das wichtige mittelalterliche Geschehen abgespielt hat. Die Umwallung ist noch östlich des Schlosses und nördlich der Kirche vorhanden.«

Der weitere Weg nach Osten führte die Nibelungen über den alten Ochsenweg nach Linz, das damals so unbedeutend gewesen ist, daß es im Epos übersprungen wird. Das Lied spricht statt dessen von der Traun, die bei Linz in die Donau mündet, und von Enns:

Über die Traune kamen sie bei Ense auf das Feld.
Da sah man aufgeschlagen Hütten und Gezelt.

Von Enns wurde bereits im Zusammenhang mit Lorch berichtet, dem alten Bischofssitz, für den sich Pilgrim interessiert hatte, um seine ehrgeizigen Pläne durchzusetzen. Lorch und Enns liegen nebeneinander, die alte Stadt im Tal, die neue auf der Höhe. Während Lorch untergegangen ist, erhebt sich Enns mit seinen Mauern, einem Schloß, verwinkelten Gassen und urtümlichen Höfen wie eine aus der Spielzeugschachtel gebaute Stadt. Überragt wird sie von dem 59 Meter hohen, den Marktplatz und den ganzen Ort beherrschenden Stadtturm.

Von diesem Wacht-, Glocken- und Uhrturm, einem aus Konglomeratstein errichteten, freistehenden Bau, der bis auf seine geschwungene Haube einem italienischen Campanile nicht unähnlich ist, überblickt man das Enns- und Donautal. Von hier aus müßte auch das »Feld« zu sehen sein, von dem im Nibelungenlied die Rede ist. Lange Zeit wurde die dem Ort westlich vorgelagerte »historische« Ebene von Lorch-Lauriacum dafür gehalten. Hier hatte Karl der Große vor seinem Awarenfeldzug 791 drei Tage lang Bußfeierlichkeiten angesetzt. Aber auf diesem Gelände haben die Nibelungen nicht gezeltet. Sonst hätte der Dichter des Liedes einen Hinweis auf das weithin bekannte Lorch gegeben.

Wer jedoch vom Stadtturm nach Osten blickt, über die Enns und die neuerrichtete Brücke bis zum vier Kilometer entfernten Rems, der kommt der Lösung näher. »Dort steht im freien Feld eine alte Kapelle, dort blieben die Nibelungen über Nacht«, bedeutet Dr. Kneifel, der als Privathistoriker großen und kleinen Dingen der Geschichte von Enns nachgeht, wenn er nicht als Arzt über die Gesundheit seiner Mitbürger wacht.

Auf diesem Feld, auf dem man bis ins 15. Jahrhundert bedeutende Gäste zu empfangen pflegte, wurde Kriemhild festlich begrüßt, besonders von Markgräfin Gotelind, der Frau Rüdigers von Bechelaren:

Von den Herbergen ritt ihrer Frau entgegen
Gotelind die schöne.

Und während einige Ritter im Turnier ihre Geschicklichkeit zeigten und »viel Schaftsplitter« durch die Lüfte flogen, fanden andere größeres Vergnügen daran, sich dem weiblichen Gefolge zu widmen:

Sie setzten nach dem Gruße sich nieder auf den Klee.
Da lernten sich kennen, die sich fremd gewesen eh.

Die Bestätigung für die Begegnung östlich der Enns wird auch im Epos selbst gegeben. Da heißt es, daß die Rast in Rüdigers Grafschaft erfolgt sei, die bis zur Enns reiche. Da der Markgraf ein Vasall Etzels war, erstreckte sich also Attilas Reich bis zu diesem Fluß. Hier war demnach die Grenze zwischen West und Ost, und so blieb es Hunderte von Jahren.

Vom 7. bis zum 10. Jahrhundert bestanden starke Brückenköpfe und Bollwerke. 1532 fand eine Schlacht zwischen den Türken und einem Reichsheer statt, nach damaligen Begriffen eine Auseinandersetzung zwischen Orient und Okzident. Und nach dem Zweiten Weltkrieg ging hier der Eiserne Vorhang nieder, die Trennungslinie zwischen der amerikanischen und der russischen Besatzungszone. Heute bildet die Enns die Grenze zwischen Ober- und Niederösterreich.

Hinter Enns, wo die Niederung des Machlandes ausläuft, tritt die Donau im Strudengau ins Gebirge ein und fließt bei Grein durch ein romantisches Engtal. Hier hat sich früher der Fluß an Riffen und steilen Klippen verfangen. Die Durchfahrt war wegen der heimtückischen Wirbel mit beträchtlichen Gefahren verbunden. Noch Anfang des vorigen Jahrhunderts beschreibt ein Reisender die aufregende Wasserfahrt folgendermaßen:

»Sobald eine neue Wendung des Stromes uns den Anblick von Grein benimmt, steigt mitten aus dem Flusse eine Felsenmasse mit einem Schloß empor. Die Wellen rauschen und toben auf beyden Seiten dieser Insel, und ehe man noch im klaren ist, welchen Weg das Schiff einschlagen werde, gleitet es bereits auf der linken Seite einen kleinen Fall hinab, kämpft einen Augenblick mit den schäumenden Wogen und wird dann zwischen zwey Felsen durchgerissen. Kaum hat man sich von dem ersten

Schrecken erholt, als man schon gegen einen ungeheuren Stein geworfen wird ... Ein gefährlicher Wirbel schlingt seine Kreise um das Schiff.«

Der Greiner Strudel hat manche Opfer gefordert. So ist der Bischof Freising 926 in den Wirbeln umgekommen, und ein Regensburger Mönch schreibt im 11. Jahrhundert von »jener gefährlichen Enge, wo der Tod seine Herberge zu haben scheint«.

Zu der wilden Landschaft paßte die kleine Sperrburg über dem Strudel. Diese Befestigung, heute Werfenstein genannt, wurde nach einer Urkunde aus dem 12. Jahrhundert in Verbindung gebracht mit einer Frau Helchin oder Helekan. Das führte zur Überlegung, ob damit Etzels Frau Helche gemeint gewesen sei. Denn im Nibelungenlied ist von einer Burg der Helke die Rede:

Eine reiche Veste im Lande wohl bekannt
... einst wohnte Helke da.

Die Burg von Attilas Frau soll jedoch nach dem Epos weiter donauabwärts gestanden haben, in Zeiselmauer oder Traismauer. Doch eine Festung der Hunnenkönigin wird in diesen beiden Orten durch keine Urkunde bestätigt. Darum möchten einige Forscher den Namen Helekan anders deuten und in Verbindung bringen mit dem Wort Hel = Hölle und mit dem unheimlichen Greiner Strudel, der die Hölle selber war. Dämonen und Teufel gingen um.

So wird zum Beispiel berichtet: Des Teufels Großmutter ließ sich über dem Strudel ein Schloß bauen und machte sich ein Vergnügen daraus, mit den vorbeifahrenden Schiffen Schabernack zu treiben. Einmal streckte ein Schiffer der Teufelin die Zunge heraus. Darüber geriet sie in solchen Zorn, daß sie einen Felsblock nach dem Schiff warf und einen Teil des Schlosses hinterher. Damit wurden zwei riesige Löcher ins Donaubett gerissen und entstanden die Klippen und Strudel. Seit der Zeit, so heißt es, sei die Burg eine Ruine ...

Eine andere Sage geht zurück auf die Fahrt von König Heinrich III. und Bischof Bruno von Würzburg durch den Strudel im Juni 1045. Der König fuhr glücklich durch die Wildwasser. Doch vor dem Schiff des Bischofs erschien aus den Fluten ein Wasserdämon und rief dem Bischof zu, er werde immer seiner Macht unterliegen, wohin er auch reise. Bruno von Würzburg beschwor das Gespenst mit einer Formel, mit der man Geister austrieb. Alsbald versank der Dämon im Greiner Strudel. Als der Bischof aber am nächsten Tag auf Schloß Persenbeug zu Gast war, stürzte über der Gesellschaft der Festsaal ein. Der König kam lebend davon, der Bischof starb jedoch nach wenigen Tagen.

Panzer verweist darauf, es sei bemerkenswert, daß die Begegnung mit dem Dämon hier wie im Nibelungenlied einem nach Ungarn ziehenden König widerfährt, daß die Prophezeiung wie bei den Meerweibern am Kelsbach baldigen Tod ankündigte und sich die Wahrheit der Voraussage wie bei den Wassernixen im Lied so auch hier an einem Priester erhärte. Der Dichter des Nibelungenliedes habe sicherlich Frau Helekans Schloß am Greiner Strudel gekannt. Er habe den Namen auf die Hunnenkönigin bezogen, die Burg selbst aber weiter donauabwärts versetzt.

Wo der Strudengau endet, werden die Erinnerungen an das Epos so eindringlich und hat sich die Bevölkerung so intensiv mit der Dichtung befaßt, daß die Donaulandschaft zwischen Persenbeug und Weitenegg Nibelungengau genannt wird.

Mittelpunkt ist Pöchlarn, das Bechelaren des Liedes. Jedes Jahr im Juni werden auf der Donauwiese Szenen aus dem Nibelungenlied gespielt, in denen der Held der Stadt, Markgraf Rüdiger, leibhaftig auftritt. Hier hört

man, die Mauern der Stadt im Rücken und die flutende
Donau vor sich, jene Verse aus dem Epos:

> *Die Fenster in den Mauern sah man offen stehn.*
> *Man konnte Bechelaren unverschlossen sehn.*

Oder:
> *... und gingen dann*
> *In einen weiten Palas, der schaute schmuck sich an,*
> *Vor dem die Donau unten die Flut übergoß.*
> *Sie saßen dort im Freien und hatten Kurzweil groß.*

Danach müßte der Markgrafenpalast direkt an der Donau gelegen haben. Heute findet man zwar am Strom den runden Welserturm, nach dem Augsburger Kaufmannsgeschlecht der Welser genannt, die hier ihre Waren abluden, und den Urfahrtturm. Doch keiner hat eine Beziehung zur Burg. Beide sind erst im späten Mittelalter gebaut worden, allerdings auf römischen Fundamenten und zum Teil mit römischen Steinen. Die Türme liegen in einer Fluchtlinie, die weder dem römischen noch dem frühmittelalterlichen Stadtbild entsprach.

Zur Römerzeit lag der Ort weiter nördlich. Noch in der Mitte des 16. Jahrhunderts floß der Strom über römisches Pflaster und Gemäuer hinweg. Das römische Pöchlarn ist eine beachtliche Siedlung gewesen, die aus zwei Kastellen und einer Zivilstadt bestand. Unter dem Namen Arelape war sie an der Mündung der Erlauf in die Donau als günstiger Hafen gegründet worden, in dem die Donauflottille stationiert war. Die Bauten waren so massiv, daß noch lange nach dem Zerfall des Römerreiches die Bewohner von Bechelaren hinter antiken Mauern wohnten.

Römisch sind auch im jetzigen Pöchlarn noch manche Fundamente und unterirdische Wehranlagen. Aus dem alten Arelape stammen ferner Steine, Grabplatten und Reliefs im Mauerwerk der Pfarrkirche. So überdauerte vieles die Jahrhunderte, doch nicht die Donaufront. Sie ist vom Strom zerstört worden.

Eine schmale Ruinenfläche zog sich am Fluß entlang. Wo diese in die Stadt überging, dort ist Rüdigers Burg zu suchen. Einige Forscher sagen, sie habe an der Stelle der Pfarrkirche gelegen. Andere möchten den Palast in den Südosten des Römerkastells verlegen und meinen, die Burg sei zu Rüdigers Zeit noch ein antikes Bauwerk gewesen.

An dieser Stelle ist 1576 das neue Schloß von Bischof David von Regensburg errichtet worden, das im 19. Jahrhundert umgebaut wurde und sich heute als Besitztum der Freiherrn von Tinti im neuromanischen Stil in einem Park erhebt.

Die jetzige Donaufront und jene von Merian auf dessen Stich von 1649 geben jedenfalls nicht den Zustand jener Zeit wieder, in der wir Rüdiger von Bechelaren zu suchen haben.

Hat er überhaupt gelebt? Oder ist er nur eine Phantasiegestalt, an der sich die höfische Zeit mit ihren Tugenden erweisen sollte? Manche bestreiten jede historische Identität entschieden. Andere wollen in dem Markgrafen geschichtliche Persönlichkeiten sehen, die der Dichter des Nibelungenliedes oder frühere Dichter bei der Zeichnung Rüdigers im Auge gehabt haben.

So wird der erste Markgraf der Ostmark genannt, Burkhard (956—975), der in Bechelaren residierte. Häufiger noch erscheinen bei den Deutungen die Babenberger, die Begründer Österreichs. Vor allem erinnert man sich dabei an Leopold I. (976—994), Leopold III. (1095—1136), an Herzog Heinrich II. Jasomirgott (1141—1177) und ganz besonders an den Zeitgenossen des Nibelungendichters, Herzog Leopold VI. (1198—1230), der gegenüber den kulturellen Bestrebungen und den Sängern so aufgeschlossen war wie Bischof Wolfger von Passau.

Der großartige Empfang und das Idyll von Bechelaren — die Verlobung Giselhers mit der Markgrafentochter Diethilde — könnte jedoch auch ein zeitgenössisches Spiegelbild von der Reise Kaiser Friedrichs I. Barbarossa nach Ungarn sein. Bei diesem dritten Kreuzzug 1189 wurde Barbarossa großzügig von Bela III. und seiner Gemahlin in Gran empfangen.

Die Gäste blieben wie im Epos vier Tage. Sie wurden wie im Nibelungenlied von der Frau des Gastgebers reich beschenkt. Außerdem fand eine Verlobung statt zwischen Belas Tochter und Barbarossas Sohn, dem Herzog Friedrich von Schwaben, der seinen Vater auf dem Kreuzzug begleitete. Schließlich sollte der Bräutigam seine Braut erst mit in die Heimat nehmen, wenn er aus dem Osten zurückgekehrt wäre, was geschichtlich wie in der Dichtung nur eine Hoffnung blieb. (128)

Die Parallelen sind überraschend. Da der Dichter Barbarossas Heerzug wohl in Passau erlebt und vom Fortgang der Ereignisse gehört haben dürfte, ist ein Bezug auf dieses Geschehen im Epos nicht auszuschließen. Damit ist jedoch nicht die Frage beantwortet, ob Rüdiger historisch gewesen ist oder nicht.

Nun hat der Darmstädter Archivdirektor Dieterich im Totenbuch des nordwestlich von Wien gelegenen Stiftes St. Andrä die Eintragung von einem »Rudegerus marchio« gefunden. Sie stammt aus dem 13. Jahrhundert. Wenn es sich dabei um die Notiz zu einer früheren Vorlage handelt, was angenommen wird, dann ist diese Entdeckung nicht ohne Belang.

Es gibt andere Hinweise. So schreibt im Jahre 1160 der weitgereiste burgundische Dichter Metellus von Tegernsee: »Im Osten ist die Gegend am Erlauffluß durch ein bei den Deutschen sehr gefeiertes Gedicht über die Kraft des Grafen Roger und des alten Tetric berühmt.« Es handelt sich um Rüdiger von Bechelaren und Dietrich von Bern.

Weiter lesen wir beim »Anonymus Spervogel«, einem unbekannten fahrenden Dichter des 12. Jahrhunderts, von der großen Freigebigkeit eines Rüdigers, die ja auch im Nibelungenlied gerühmt wird. Von dem Zeitgenossen Wernhart berichtet Spervogel, »er machte es wie Rüdiger, der saß zu Bechelaere und behütete die Mark so manchen Tag«.

Rüdiger hat jedoch nicht zur Zeit des Nibelungendichters gelebt, sondern früher, denn er ist bereits im Leseepos von 1160 erwähnt, der »älteren Nibelungennot«, und diese hat ihn ebenfalls aus schon vorgefundenen Unterlagen übernommen.

Wir können dem Markgrafen von Bechelaren noch näherkommen, wenn wir im Epos einige Zeilen interpretieren, die meist überlesen werden. Rüdiger sagt in der 27. Aventiure von sich und seiner Frau:

Wir sind beide heimatlos, ich und mein Weib.

Und zehn Aventiuren weiter ruft der Markgraf der Burgunderkönigin zu, bevor er in den Kampf geht:

So befehl ich euch auf Gnade mein Weib und mein Kind
Und all die Heimatlosen, die da zu Bechelaren sind.

Rüdiger ein Heimatloser, ein »Ellender«, wie der Begriff im Mittelhochdeutschen lautet? Das kann keine zufällige Kennzeichnung sein! Hier wurde ein echtes Schicksal aufgegriffen und von Dichter zu Dichter weitergegeben.

Rüdiger war Emigrant. Er war aus dem Westen geflohen und hatte sich im Osten neu angesiedelt. Wie können dann die geschichtlichen Zusammenhänge sein?

Der Verfasser der Chronik von Pöchlarn, Fritz Eheim (53), meint, Rüdiger sei mit Herzog Arnulf von Bayern 914 nach Ungarn geflüchtet. Dort hätten sie um Asyl gebeten, was ihnen gewährt worden sei. Dann sei Rüdiger von den Ungarn zum Grenzgrafen mit Sitz in Bechelaren erhoben worden, wobei seine Gefolgsleute — »all die Heimatlosen, die dazu Bechelaren sind« — die militärische Truppe stellten.

Rüdiger kann also eine historische Persönlichkeit gewesen sein.

Sein Schicksal ist bereits im zehnten Jahrhundert von den Sängern aufgegriffen worden. Sein Bild verband sich in der Phantasie des Volkes bald mit den Germanen, die zu Attilas Zeit im Hunnenreich als Vasallen dienten. Diese Verschmelzung lag darum nahe, weil in Bayern-Österreich die Hunnen, Awaren und Ungarn, die in oft wiederholten Feldzügen nach Westen vorgestoßen waren, zu einem einzigen Volke verschmolzen, wie es auch in der Vorstellung des Nibelungendichters der Fall gewesen ist.

»Durch Österreich hernieder« ging die Fahrt von Bechelaren längs der Donau:

Zetal durch Osterrîche,

wie es in der Ursprache des Epos heißt. Urkundlich zum ersten Mal erscheint das Wort, aus dem später Österreich wurde, im Jahre 996. Zwanzig Jahre zuvor hatte Kaiser Otto II. dem Babenberger Leopold I. diese Mark im Osten übertragen. Das war nur möglich, weil der Vater des Kaisers, Otto I., der der Große genannt wird, auf dem Lechfeld bei Augsburg die Ungarn vernichtend geschlagen hatte und damit die Marken Karls des Großen neu entstanden. Die Übergabe von Osterrîche an den Babenberger kann man als Geburt Österreichs bezeichnen. Die erste

Residenz war Melk, wo Leopold I. nach 976 eine Burg errichten ließ.

Melk liegt am Wege der Nibelungen, es folgt gleich auf Pöchlarn. Mit seinem Benediktinerkloster auf dem 57 Meter hohen Fels über der Donau formt es sich zu einem kühnen Bild. Auf der trapezförmigen Plattform des Felsens ist nach den Plänen von Jakob Prandtauer von 1702—1736 unter Anpassung an die topographischen Gegebenheiten ein Meisterwerk nicht nur des österreichischen, sondern des europäischen Barocks in außerordentlichen Dimensionen entstanden.

Bastei, Vor- und Haupthof, Sakristei, Kirche, Marmorsaal und Terrasse sind in der riesigen Südfront von 320 Meter Länge zusammengefaßt und erheben sich über dem kleinen Ort von 3000 Einwohnern wie eine Fata Morgana.

Noch einrucksvoller ist der Blick von der Wasserfront. Von hier aus schließen sich Rundterrasse, Marmorsaal, Bibliothek und die darüberragenden Doppeltüren sowie die Kuppel der Barockkirche, die mitten in den Palast hineingestellt ist, zu einem terrassenförmig aufsteigenden Komplex zusammengestellt, der impressionistisch aufgelöst im Wasser noch einmal erscheint. Zur Kulisse wird Melk, wenn dieses Doppelbild nachts, von Scheinwerfern angestrahlt, schwefliggelb aufleuchtet.

Am Fuß des Felsens, in der Kremerstraße Nr. 6, erinnert eine Tafel mit Versen aus dem Nibelungenlied an das Melk-Medelik:

Aus Medelik auf Händen brachte man getragen
Manch schönes Goldgefäß angefüllt mit Wein
Den Gästen auf der Straße und hieß sie willkommen
sein.

Ein Wirt war da gesessen, Astold genannt,
Der wies ihnen die Straße ins Österreicherland.

Als diese Zeilen geschrieben wurden, bestand natürlich die barocke Benediktinerabtei noch nicht, wohl aber ein früheres Kloster. Die Babenberger hatten 1101 ihre Residenz auf den Kahlenberg bei Wien verlegt — nach einer mehr als hundertjährigen Regentschaft in Melk. Die Burg über der Donau wurde den Mönchen überlassen.

Dennoch spricht der Nibelungenlied-Dichter nicht von einer Abtei, wahrscheinlich beruft er sich auf frühere Unterlagen. Von dem Wirt Astold, der die Durchreisenden mit Wein aus goldenen Bechern bewirtet, ist historisch nichts überliefert.

Geschichtlich bekannt ist jedoch von Melk, daß hier nicht nur Österreich selbst, sondern auch seine Poesie und Geschichtsschreibung aus der Taufe gehoben wurden. Um 1130 wurde in Melk das »Marienlied« aufgezeichnet, und 1127 verstarb in der Nähe die erste mit Namen überlieferte Dichterin, die in deutscher Sprache schrieb, die Klausnerin Ava. Zur selben Zeit regierte im Kloster Melk Abt Erchenfrid (1121—1163), der erste Historiker Österreichs.

Mit Melk haben wir die Wachau erreicht, das schönste Stück der Donau auf ihrem Weg vom Schwarzwald bis zum Schwarzen Meer. Kein Attribut der Romantik fehlt, so daß Eichendorff in seinem »Taugenichts« über eine Donaufahrt berichten konnte:

»Ich aber habe mich unterdes ganz vorn auf die Spitze des Schiffes gesetzt, ließ vergnügt meine Beine über dem Wasser herunterbaumeln und blickte, während das Schiff so fortflog und die Wellen unter mir rauschten, immerfort in die blaue Ferne, wie da ein Turm und ein Schloß nach dem anderen aus dem Ufergrün hervorkam, wuchs und wuchs und endlich hinter uns wieder verschwand.«

Es ist eine beschwingte Landschaft, in der alles die ihm zugedachte Rolle eindrucksvoll zu spielen vermag, der breite Strom, die gewellten Hänge oder steilen Felsen, die Burgen auf den Höhen und die geduckten Dörfer im Tal. Dazu die Spuren nicht unbedeutender Künstler, ob sie Prandtauer, Munggenast oder Martin Johannes Schmidt heißen. Und Geschichten aus alten Zeiten.

So wie das Nibelungenlied auch hier von Raubrittern spricht, so kennt man in der Wachau noch andere Räubergeschichten. Jahrhundertelang haben Banditen die Gegend unsicher gemacht.

Da war Georg Scheck vom Wald, bekannt als »Schrekkenwald«. Er hauste auf dem Aggstein, dessen Bergwände 300 Meter senkrecht in die Tiefe fallen. Er pflegte die Donau mit Ketten zu sperren, zwang die Schiffe zum Anlegen und plünderte sie. Die Gefangenen stieß er auf dem Aggstein auf eine schmale Felsenplatte, die er seinen »Rosengarten« nannte. Dort blieben sie über dem Abgrund ohne Wasser und Brot, bis ein hohes Lösegeld bezahlt worden war.

Die Wachau bietet drei Höhepunkte: Melk, Aggstein und Dürnstein. Dürnstein zählte trotz allem geschichtlichen Wechsel fast immer nur 600 Einwohner. Um so größer sind die Besucherscharen. Sie werden angelockt von Geschichte, Sage und Wein, die hier eine reizvolle Mischung eingegangen sind. Davon sprechen die Ruine auf der Höhe, deren Mauern noch zum Teil den Ort umschließen, oder die barocke Stiftskirche mit ihrer breiten Terrasse über dem Fluß. Das spürt man am Gärgeruch, der aus den Kellern steigt. Man liest es an den schmiedeeisernen Schildern der Gasthöfe ab. Der bekannteste heißt »Zum Richard Löwenherz«. Bei einem Glas »Flohhaxn« läßt sich hier gut die Ortschronik studieren.

Der bedeutendste Einwohner seit Bestehen des Ortes war König Richard I. von England, auch »Löwenherz« genannt. Er hatte während des dritten Kreuzzuges (1189 bis 1192) den österreichischen Herzog Leopold V. beleidigt. Auf dem Rückweg aus dem Heiligen Land strandete Richards Schiff in der Adria. Er versuchte, verkleidet durch Österreich zu gelangen, wurde jedoch bei Wien erkannt und gefangengenommen. Leopold übergab den englischen König dann seinem Gefolgsmann Hadmar II. von Kuenring, und dieser setzte »Löwenherz« auf dem Dürnstein fest.

Richards Schicksal wurde in England bald bekannt, man wußte aber nicht, wo er gefangengehalten wurde. Hier setzt nun die Sage ein. »Löwenherz«, ein Freund von Abenteuern, Festen und Turnieren, edelmütig und grausam, großzügig und habgierig, ein leidenschaftlicher Krieger und Freund der Sänger, der selbst Gedichte schrieb, hatte einen Gefolgsmann Blondel, der Richard schon in der Jugend in höfischen Liedern unterrichtet hatte. Blondel erfuhr von Richards Gefangennahme und gelangte auf der Suche nach ihm auch zum Dürnstein. Unter dem Turm der Feste sang er ein französisches Lied, das er für Richard verfaßt hatte. Kaum hatte Blondel die erste Strophe beendet, als der Gefangene in der Burg mit dem Lied fortfuhr.

Richard wurde 1193 an Kaiser Heinrich VI. übergeben und ein Jahr später freigelassen. Vorher hatte er sich verpflichtet, ein Lösegeld von 150 000 Mark zu zahlen, für damalige Zeit ein außerordentlicher Betrag. Zur Eintreibung mußten in England verschiedene Steuern erhoben werden. Trotzdem ist das Lösegeld nie ganz bezahlt worden.

Bei den Verhandlungen um Richards Auslieferung und das Lösegeld, von dem ein nicht unbeträchtlicher Teil an den Wiener Herzogshof fallen sollte, hat nun Bischof Wolfger von Passau, der Gönner des Nibelungendichters, eine Rolle gespielt. Darum wird auch für den Dichter der berühmte Gefangene ein Begriff gewesen sein. Die im Südosten ungebräuchliche Namensform Ritschart, die im

Nibelungenlied für einen der Mannen Dietrichs gebraucht wird, kann sehr wohl auf den englischen König zurückgehen, dessen Namen man so schrieb, wie er ausgesprochen wird.

In aller Munde war damals das hohe Lösegeld, von dem auch Wolfger einen Teil erhielt. Walther von der Vogelweide erinnert den Stauferkönig Philipp an dessen Anteil und appellierte gleichzeitig an die Freigebigkeit des Herrschers. Außerdem wurden von dem Geld Befestigungsanlagen erbaut, Tore und Mauern in Städten, die der Nibelungendichter gekannt hat und durch die er die Nibelungen ziehen ließ: Enns, Wien und Hainburg.

Bald hinter Dürnstein weitet sich das Tal zur letzten großen Donauebene vor Wien mit den Weinbergen des Wagrams im Norden und den Ausläufern des Wiener Waldes im Süden. Am Beginn dieser Niederung hatten die Römer ihr Sperrfort Favianis errichtet, das sich in die Kette der römischen Kastelle am Donaulimes einfügte. Aus Favianis wurde Mutaren, heute Mautern. Es ist fünfmal in alten Epen genannt, auch im Nibelungenlied. Aber in Mautern verweilten die Reisenden nur kurz. Mehrere Tage blieben sie dagegen in Traismauer. Von Kriemhild heißt es:

Sie blieb zu Traismauer bis an den vierten Tag.

Daß die Königin in dem kleinen Ort eine so lange Pause einlegte, vermerken die heutigen Bewohner mit Wohlwollen. Sie danken es der Burgunderkönigin damit, daß sie Kriemhild hoch zu Roß an die zur Stadt hin gerichtete Mauer des dreitürmigen Römertors gemalt haben und darunter zwei Strophen aus dem Nibelungenlied, in denen der Fluß Traisen und der davon abgeleitete Name der Stadt genannt werden.

Kriemhild wohnte im Schloß des Erzbischofs von Salzburg zwischen dem Nord- und Westtor in Traismauer. Diesem Schloß ist es wie manchem fürstlichen Palast schlecht ergangen, da Gelder zur Unterhaltung fehlten. Einige Wappen, Wendeltreppen und Arkaden im Hof erinnern jedoch an bessere Zeiten. In die Wand gemauerte Steinplatten stammen aus römischer Zeit.

Über dem Schloßtor verweist eine lateinische Inschrift auf die Erbauerin des alten Kastells von Traismauer, die erste Thrakische Reiterschwadron. Von dieser kennen wir sogar zwei Soldaten: Julius Agricola und Aelius Quartio. Ihre Namen sind auf einer Platte im Schloßhof verzeichnet. Das Thrakische Kastell, an Stelle einer früheren Befestigung 140 bis 143 n. Chr. errichtet, deckt sich noch mit dem Umfang der heutigen Stadtmauer.

Kriemhild verweilte in Traismauer darum solange, um zeitgerecht die nächste Rast zu erreichen, von der es im Nibelungenlied heißt:

Eine Stadt liegt an der Donau im Österreicherland,
Die ist geheißen Tulne.

Hier war die große, festliche Begegnung zwischen Kriemhild und Etzel. Dafür hatte der Hunnenkönig seine Gefolgsleute aus verschiedenen Völkerschaften aufgeboten:

Von Reussen und von Griechen ritt da mancher Mann.
Die Polen und Walachen zogen geschwind heran.
Aus dem Land zu Kiew ritt da mancher Degen
Und die wilden Petschenegen.

Vierundzwanzig Fürsten kamen, Ramung aus der Walachei, Gibeke, Hornbog, Hawart aus Dänemark, Irnfried aus Thüringen, Etzels Bruder Blödel, Dietrich von Bern und viele andere. Attila führte Kriemhild in ein Königszelt mit fürstlichem Thron, während ringsum die Ritter sich in Waffenspielen ergingen.

Auf dem Hintergrund der Turniere, Zelte und Hütten stiegen die Silhouetten der Mauern und Türme der Stadt Tulln empor. Die Stadt war damals rechteckig umwallt und zog sich am Donauufer entlang. Sie hatte die Grundfläche des Römerkastells gesprengt. An Stelle des Prätoriums war das Babenberger Schloß entstanden, von dem heute kaum mehr als das spätromanische Fenster im Wiedhof geblieben ist.

Außerhalb der Mauern hatte man die romanische Pfarrkirche errichtet, und Mitte des 13. Jahrhunderts kam der elfseitige Karner, das Beinhaus, hinzu, das berühmteste in Österreich. Flechtwerk-, Riegel- und Rhombenmuster im romanischen Portal gehen zurück auf normannische Bauelemente.

In dieser mittelalterlichen Stadt in einem Rechteck von 639 mal 420 Meter war wenig Platz für die Vielvölker-Begegnung zu Ehren Kriemhilds. Tulln war zu klein für den Aufmarsch von rund 10 000 Menschen. Das Epos spricht darum vom »Feld«, wo Empfang und Waffenspiele stattfanden. Damit ist das Tullner Feld gemeint, das sich auf viele Kilometer südlich der Donau erstreckt.

Hier hat nicht nur Attila im Sinn des Epos seine Gefolgsleute zusammengezogen. Das Tullner Feld war von jeher wegen seiner günstigen geographischen Bedingungen ein Aufmarschplatz, den viele Heere benutzten. Karl der Große trat im Jahr 791 von hier aus zur entscheidenden Schlacht gegen das asiatische Reitervolk der Awaren an.

Das Tullner Feld wurde außerdem seit den Babenbergern zum Ort, wo Herzöge und Könige unter großem Aufgebot ihre Braut einholten. Diese Etikette des österreichischen Hofes ist bis in neuere Zeit gültig geblieben. Noch Joseph I., römisch-deutscher Kaiser von 1705—1711, folgte 1699 dem alten Brauch. Ein Zeitgenosse berichtet:

»Den 18ten langten sie zu Tulln an. Bis dahin pflegt nach Oestreichischer Gewohnheit der Bräutigam seiner neu verlobten Gemahlin entgegen zu reiten und wird bei dem ersten Empfange von derselben mit einem reich mit Juwelen gezierten Hut beschenkt.« (181)

Kriemhilds Begrüßung auf dem Tullner Feld ist also keine Erfindung. Der Empfang geht auf alte Gebräuche zurück. Er lehnt sich an die Geschichte an, wie das Epos manchmal offen oder versteckt wirkliche Ereignisse widerspiegelt. So wird das Nibelungenlied, wenn Zeit, Ort und Personen richtig gedeutet werden, zur farbigen Kulturgeschichte.

16. Am wonnereichen Hof zu Wien

Ein Pelz für Walther von der Vogelweide in Zeiselmauer · Am Hof der Babenberger in Wien · Das historische Vorbild zur Hochzeit von Kriemhild und Etzel · Die mächtigen Ruinen von Carnuntum · Kriemhild und Etzel auf der Festung Hainburg

Am 12. November 1203 ritt Bischof Wolfger von Passau mit einem Gefolge von über 30 Personen in Zeiselmauer ein, jenem kleinen Ort westlich von Wien an der Durchgangsstraße nach Ungarn. Wolfger stieg im Passauer Hof ab, in dem damals die vornehmen Reisenden zu rasten pflegten. In der Begleitung waren einige Geistliche, verschiedene Bewaffnete zum Schutz der Gesellschaft, auch Jäger, denn Wolfger liebte es, mit Hunden und Falken dem Waidwerk nachzugehen, ferner Diener, Läufer, Pferdeburschen und — Walther von der Vogelweide. Auf den Aufenthalt von Walther von Wolfger in Zeiselmauer verweist heute eine Tafel mit ausführlicher Inschrift am Gasthof König.

Walther wird in den Reiseabrechnungen des Bischofs genannt, die Geistliche in lateinischer Sprache abgefaßt haben. Als die Papiere, insgesamt elf Blatt, Ende vorigen Jahrhunderts aufgefunden wurden, bedeutete dies für die Fachwelt eine Sensation. Denn zum ersten Mal lag damit ein Beleg aus der Zeit des Dichters vor. Wenn es auch nur wenige Worte waren, so sprach ein Forscher dennoch von »einem Fels auf dem unsicheren Grund der Waltherforschung«.

Die Worte lauten: »Am folgenden Tag in Zeiselmauer Walther, dem Sänger von der Vogelweide, für einen Pelz 5 lange Schilling.« Das waren 150 Pfennig, für damalige

Verhältnisse ein ansehnlicher Betrag, denn ein Pferd kostete zur selben Zeit nur 240 Pfennig.

Walther erhielt das Geld am 12. November. Am 11. war in Österreich wie üblich das Fest des heiligen Martin begangen worden. An diesem Tag erinnerte das fahrende Volk gern die vermögenden Herrschaften an die legendäre Freigebigkeit von Martin, der in Frankreich seinen Mantel mit einem Bettler geteilt haben soll. Zur Ermunterung für ähnliche Taten gab es unter den Vaganten Lieder wie das folgende, das in der Übersetzung aus dem Lateinischen lautet:

Von St. Martins Vorbild laßt
euren Sinn erwecken.
Reicht dem Fremdling ein Gewand
seinen Leib zu decken!

Walther hat den Bischof wohl daran erinnert, daß er dringend einen Pelz brauche, zumal der Winter bevorstand. Walther wußte, daß er bei Wolfger, in dessen Dienst er stand, Verständnis finden würde. Der Passauer Bischof hatte ja für wildfremde Fahrende aller Art eine offene Hand, wie die Reiseabrechnungen bezeugen. Ein Spaßmacher zum Beispiel erhielt für seine Darbietungen 12 Pfennig und ein »kahlköpfiger Schauspieler« 30 Pfennig.

Wolfger war mit seinem Gefolge aus Wien gekommen. Er hatte am Hof der Babenberger über zwei Wochen verbracht und an der Hochzeit von Leopold VI. mit der byzantinischen Prinzessin Theodora teilgenommen. Wolfger hat die Ehe eingesegnet, Wien gehörte damals zur Passauer Diözese. Die Vermählung ist prunkhaft begangen worden. Viele auswärtige Gäste waren nach Wien gekommen. Auch das einfache Volk nahm an den Feierlichkeiten großen Anteil.

Walther von der Vogelweide ist nicht der einzige Sänger gewesen, der bei dem Fest zugegen war. Wahrscheinlich hat auch der Dichter des Nibelungenliedes daran teilgenommen. Wolfger liebte es ja, von Sängern umgeben zu sein. Wenn nun der Autor des Epos Gelegenheit gehabt hat, an der Vermählung von Leopold mit Theodora in Wien teilzunehmen, und wenn er wenig später bei der Niederschrift des Nibelungenliedes eine Hochzeit schilderte — jene von Etzel mit Kriemhild — dann wird ihm das Babenberger Ereignis vor Augen gestanden haben.

Darum ließ er die »Hunnenhochzeit« in Wien stattfinden. Bemerkenswert ist auch, daß Wolfger und sein Gefolge 17 Tage in Wien gewesen sind — und die Feierlichkeiten der Vermählung Etzel-Kriemhild genausolange dauerten:

Die Hochzeit währte siebzehn Tage lang.
Von keinem anderen König weiß der Heldensang,
der solche Hochzeit hielte, es ist uns unbekannt.
Alle, die da waren, die trugen neues Gewand.

Neue Kleider, prunkvolle Gewänder, sind für den Nibelungendichter immer ein Grund zur Erwähnung, besonders auf dieser west-östlichen Hochzeit ohnegleichen. Die Gäste, die zur Vermählung geladen waren, erschienen in allerfeinster Garderobe. Wer nichts Passendes anzuziehen hatte, der wurde vom Herrscher beschenkt:

Wohl gab auch nie ein König bei seiner Hochzeit
so manchen reichen Mantel, lang, tief und weit.

Ob auch der Autor des Epos in Wien einen Mantel erhalten hat? Das ist möglich. Wie hochherzig Leopold VI. seine Sänger und Spielleute außerdem bedacht hat, das

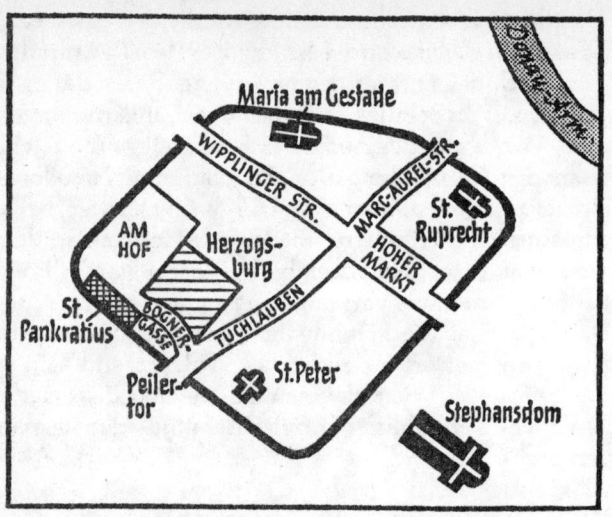

Wien um 1200 n. Chr. In die Herzogsburg der Babenberger verlegte der Dichter die Prunkhochzeit zwischen Etzel und Kriemhild.

ist im Nibelungenlied übertreibend vermerkt:

> *Des Königs Spielleute Werbel und Schwemmelein*
> *wohl an tausend Marken nahm jedweder ein*
> *bei dem Hofgelag oder mehr als das.*

So war der Wiener Hof für alle Sänger und Spielleute der damaligen Zeit ein erstrebenswertes Ziel. Hier wurden ihre Vorträge so bedacht wie nirgendwo sonst. Man schätzte die Lieder auf die Großen der Zeit und machte den Sängern beträchtliche Geldzuwendungen oder andere Geschenke. Darum schrieb Walther von der Vogelweide nicht ohne Grund:

Daz ist der wünnecliche hof zu Wiene.
(Das ist der wonnereiche Hof zu Wien.)

In Wien hat christliches und weltliches Schrifttum im 12. und 13. Jahrhundert einen erstaunlichen Aufschwung genommen. Reinmar der Alte, der die rheinisch-provenzalische Lyrik nach Österreich gebracht hatte, nahm bald die beherrschende Stellung ein. 1190 kam Walther hinzu, der als Schüler von Reinmar von sich selbst gesagt hat:

Ze Osterrîche lernte ich singen unde sagen.

Dichter aus allen Teilen Deutschlands zogen in den Südosten, auch Troubadours aus Frankreich. Wien war ein Magnet für die Sänger geworden. Darum stellen einige Forscher die Frage, ob vielleicht hier und nicht in Passau das Nibelungenlied entstanden ist.

Die hohe Zeit der Kunst in Wien dauerte allerdings nur wenige Jahrzehnte. Der Stricker, ein mittelhochdeutscher Dichter aus der ersten Hälfte des 13. Jahrhunderts, beklagte schon bald den Verfall und erinnerte wehmütig an die Zeiten, als österreichische Fürsten begierig waren auf das Lob der Dichter und ihnen große Empfänge bereitet hatten.

Die Burg von Wien, wo die Künstler ein- und ausgingen und die der Dichter des Nibelungenliedes gekannt hat, ist nicht identisch mit der jetzigen Burg, die sich beherrschend zwischen Heldenplatz und Michaelerplatz erhebt. Die alte Burg ist 1158 von Heinrich Jasomirgott errichtet worden, der Wien zur Hauptstadt erhob. Es war ein quadratischer Bau mit Ecktürmen, Mauern und Gräben. Heute erinnert an der Länderbank am »Hof« eine Inschrift an den »wonnereichen Hof zu Wien«:

»An dieser Stelle stand ein Hof der Babenberger Markgrafen und Herzöge, später für die herzogliche Münze verwendet. Das Haus wurde 1386 den Karmelitern übergeben, kam 1554 in den Besitz des Jesuitenordens und war, zum Kriegsgebäude umgebaut, 1775 bis 1913 Sitz der obersten Kriegsbehörde, zuletzt des Kriegsministeriums.«

Das mittelalterliche Wien, die Stadt des Nibelungendichters, lag dort, wo die Römer ihr Kastell Vindobona über dem Arm der Donau erbaut hatten, der heute Danaukanal heißt. Noch jetzt erkennt man dieses alte »Vindobona« und das Wien von 1200 aus dem Straßenverlauf. Mauern und Türme deckten sich weitgehend mit den römischen Befestigungen, und manches stand noch aus antiker Zeit.

Aus dem römischen Zentrum, dem Prätorium, war der mittelalterliche »Hohe Markt« entstanden, Wiens Hauptmarktplatz mit Buden und Kramläden aller Art. Im übrigen verteilten sich die Kaufleute und Handwerker nach Branchen und Zünften aufgegliedert über die Stadt. Die von auswärts kommenden Kaufleute hatten jedoch nicht das Recht, innerhalb der Mauern zu verkaufen. Darum entstand außerhalb ein Bezirk von Herbergen, Schenken, Bädern, Verkaufsständen und Geschäften.

Der Verkehr hatte damals auf den Straßen nach Deutschland und dem Orient stark zugenommen. Gleiches galt für die Nord-Süd-Strecke von Italien zur Ostsee. Wien war der Schnittpunkt. Hier trafen sich die Kaufleute aus Metz, Aachen, Ulm, Regensburg und Passau, aus Italien, Böhmen, Polen und Ungarn. Sie handelten mit Getreide und Salz, mit Gewürzen und Öl, Fischen und Schlachtvieh, Häuten und Pferden, Wein, Öl und Paprika.

Es gab Spezialitäten, so etwa Waffen, die man in der Bognergasse erstand. Auch Tuche waren in Wien gefragt; sie wurden unter den Tuchlauben verkauft, die vom Hohen Markt nach Südwesten verliefen und am Peilertor in die Bognergasse mündeten. Die Umsätze waren beträchtlich. Nicht nur die Wiener kauften ein, die vornehme Gesellschaft aus der Provinz ebenso. Auch Rüdiger:

Man fertigte die Kleider in der Stadt zu Wien.

Die Stadt war klein — winzig im Vergleich zur heutigen Ausdehnung. Dennoch fanden außer den Geschäften und zierlichen Fachwerkhäuschen mit Weingärten auch noch vier Kirchen Platz: St. Ruprecht, St. Peter, Maria am Gestade und St. Pankratius. Kein Raum blieb mehr für das Schottenkloster und den Dom St. Stephan, die darum außerhalb der Mauern errichtet wurden. Die Stadt war auch viel zu eng für die Tausende von Besuchern, die zur Kriemhild-Etzel-Hochzeit nach Wien gekommen waren:

Sie konnten nicht bleiben zu Wien in der Stadt,
die nicht Gäste waren. Rüdiger sie bat
von der Burg von hinnen zur Herberg auf das Land.

Die Suche nach den Nibelungen führt durch viele Epochen, durch die Stauferzeit, durchs Reich der Franken, die Völkerwanderungszeit und auch durch die Welt der Römer. Auf dem Weg von Worms nach Ungarn wird die Antike genauso spürbar und sichtbar wie beim Verfolg der Routen der geschichtlichen Burgunder von Rhein zur Rhone. So steht der Schatten des römischen Reiches beherrschend hinter dem Nibelungenlied, wenn man die Fährten aufnimmt.

Wien war Vindobona, Lorch hieß früher Lauriacum, und östlich Wien, kurz vor den Grenzübergängen zur Tschechoslowakei und Ungarn, erstrecken sich bei Petronell und Deutsch-Altenburg auf viele Kilometer die Ruinen von Carnuntum.

Die drei Kastelle sicherten das Römerreich gegen die nördlich der Donau ansässigen Hermunduren, die Markomannen und die Quaden. Zu Lande standen die Legionen, zu Wasser patrouillierten die Boote der römischen Flottillen und schützten das Reich an einer gefährdeten Front gegen die Anrainer im Norden.

Südlich des Stromes verliefen die vorzüglich ausgebauten und zu jeder Jahreszeit benutzbaren Straßen, über die viele Völker in der Geschichte wie auch in der Sage gezogen sind.

Die Römerbauten waren so gewaltig, daß noch die Reisenden des 12. Jahrhunderts sie nicht übersehen konnten, zumal die Route nach dem Osten direkt durch Carnuntum führte. Geradezu gespenstisch erhob sich südlich der Straße das 20 Meter hohe »Heidentor«, ursprünglich aus vier gewaltigen Pfeilern bestehend, die durch Tonnengewölbe verbunden waren. Das gigantische Bauwerk ist ein Grabmal oder ein Triumphbogen gewesen. Heute gelten die zwei noch stehenden, aus Ziegeln und Bruchsteinen gemauerten Pfeiler als das einzige über Tage erhaltene antike Bauwerk Österreichs.

Im Verlauf der archäologischen Arbeiten sind weite Strecken von Carnuntum freigelegt worden. Zwei Amphitheater wurden ausgegraben, von denen jenes der Zivilstadt 25 000 Zuschauer fassen konnte und das Theater für die Legionäre des Kastells 8000 Besucher.

Die Wissenschaftler stießen auch auf die sogenannte Palastruine, ein prunkvoll ausgestattetes Repräsentativgebäude, und sie befreiten die Zivilstadt von meterhohem Schutt. Dabei kamen Geschäftsstraßen ans Tageslicht mit in Steinplatten eingegrabenen Radspuren, Wohnhäuser mit Warmluftbeheizung und Mosaikfußböden. Auch Hausheiligtümer mit kleinen Altären wurden freigelegt. Solch eine Kapelle mit einem Altar in einer halbrunden

Nische hatte der Bürger Maticeius Clemens den Nymphen geweiht.

Carnuntum war von beträchtlicher Ausdehnung. Es erstreckte sich westlich von Petronell über Deutsch-Altenburg bis nach Hainburg. Viele Funde und der Verlauf der römischen Wasserleitung bestätigen es. So ist auch Hainburg altes Siedlungsgebiet.

Dem Nibelungendichter ist diese Tatsache nicht fremd gewesen. Er hat den römischen Hintergrund der Stadt gekannt und hat darum von ihr als der »alten« gesprochen — wohl weil er wußte, daß sie am Rande des noch in bedeutenden Trümmern aufragenden römischen Carnuntum erbaut war.

Noch vor dem Auslauf des 4. Jahrhunderts n. Chr. kam das Ende. Der Markomannen- und Quadeneinfall von 395 leitete den Untergang ein. Die Germanen siedelten sich an und vermischten sich mit der noch ansässigen Bevölkerung. Doch von nun an war es nicht mehr möglich, die hohe Zivilisation der Vergangenheit aufrechtzuerhalten. Die Militär- und Zivilstadt verfielen. Sie wurden zu einem riesigen Steinbruch für die Ortschaften ringsum, auch für Hainburg.

Auf Grund seiner vorgeschobenen Lage wurde Hainburg auf Beschluß des Reichstages von Nürnberg im Jahre 1050 zur östlichsten Reichsfestung erklärt und mit Wällen und Mauern abgesichert. Mit Teilen des Lösegeldes für Richard Löwenherz wurde die Befestigung ausgebaut. Dieser burgartige Charakter ist geblieben. Die Mauern sind stellenweise noch zehn Meter hoch, und die Stadttore mit ihren runden Vorbauten aus Buckelquadern gelten als die Wahrzeichen der Stadt.

Hainburgs Geschichte meldet Höhepunkte und grausame Geschehnisse. Die letzteren sind meist gebunden an den Zusammenprall mit dem Osten. In Hainburg spricht man vor allem vom Einfall der Türken, die 1683 die Stadt berannten und sie einnahmen. Die Bevölkerung versuchte zu entkommen. Sie wollte durch das Fischertor fliehen, doch dies war gesperrt. So stauten sich Hunderte und Tausende von Menschen davor und wurden von den Türken niedergemacht. Die zum Tor führende Straße heißt in Erinnerung an diese Schreckenszeit Blutgasse, denn das Blut der Ermordeten soll in Strömen die Steinstufen hinab in die Donau geflossen sein.

Nur acht Personen konnten sich im Rauchfang des Gasthauses »Zum Wilden Mann« verstecken und retteten damit ihr Leben. Das erzählt jedenfalls die Tafel in der Ungarnstraße Nummer 10.

Das Nibelungenlied kann davon nichts berichten. Es spricht nur knapp und kurz von Etzels und Kriemhilds Aufenthalt in der Stadt:

In Hainburg der alten verblieb man über Nacht.

Die hohen Gäste nächtigten aber nicht im Ort selbst, der sich in breiter Front an der Donau entlangzieht. Sie wohnten vielmehr auf dem steil ansteigenden Berg über der Stadt. Hier hatte Graf Heimo, der Mundschenk des deutschen Königs Arnulf, um 900 eine Festung errichtet, zu der auch die Steine von Carnuntum benutzt worden sind.

Vom Schloß des Heimo bietet sich ein großartiger Blick auf die Donau und die Stadt, deren Gassen bis zum Bergfuß ansteigen und deren Mauern die Hänge bis zur Festung hinaufklettern, die sich breit auf dem Gipfel hinlagert. Gut sind die Burgmauern erhalten und der Bergfried, der wie einst die Donaulandschaft überblickt.

Vom Palas und von der Burgkapelle blieben nur einige Mauern mit Nischen und romanischen Fenstern, über die im Sommer flinke Eidechsen huschen. In dieser Burg des königlichen Mundschenks, die über tausend Jahre Geschichte erlebt hat und deren römische Quader von Gras und Buschwerk überwuchert sind, spürt man noch mittelalterliche Atmosphäre. Man vermeint sogar, Nibelungenluft zu wittern.

Südlich an Preßburg vorbei ritten Etzel und Kriemhild mit ihrem Gefolge nach Wieselburg, nahe Ungarisch-Altenburg. Beide Orte sind heute unter dem Namen Mosonmagyarovar vereinigt.

Wieselburg war im 12./13. Jahrhundert ein Flußhafen von Bedeutung, bekannt durch den Getreidehandel. An dem südlichen Donauarm, an dem die Stadt gelegen ist und der sich in zahlreichen Windungen weit vom Hauptstrom entfernt, standen ursprünglich große Speicher, in denen Korn gestapelt wurde. Wieselburg war durch diesen Getreideumschlag wohlhabend geworden. Im Nibelungenlied heißt es »diu rîche«, die reiche Wieselburg war aber nicht nur ein bekannter Handelsplatz. Alle Reisenden in den Südosten kamen durch den Ort. Manche benutzten den Wasserweg.

Friedrich I. Barbarossa hat 1189 auf dem dritten Kreuzzug große Strecken auf der Donau zurückgelegt, während sein Heer mit Pferd und Wagen zu Land folgte. Dabei kam Barbarossa durch Wieselburg.

Auch Heinrich der Löwe besuchte 1172 auf einer glanzvollen Pilgerfahrt nach Jerusalem die Stadt. Über diese Reise sind wir durch die Berichte des Lübecker Abtes Arnold informiert, der an der Fahrt teilnahm und sie farbig schilderte. Heinrich der Löwe fuhr den Strom abwärts, während der Troß mit Knechten und Rossen den Landweg benutzte und allabendlich an vorausbezeichneten Lagerplätzen mit den Rittern zusammentraf.

Ähnlich wird die Fahrt von Etzel und Kriemhild gewesen sein, die in Wieselburg — im Nibelungenlied in alter Sprachweise Misenburg genannt — Schiffe bestiegen und die Segel setzen ließen:

In Misenburg der reichen fing man zu segeln an.
Verdeckt ward das Wasser von Roß und auch von
Mann,
als ob es Erde wäre, was man doch fließen sah.
Die wegmüden Frauen mochten sich wohl ruhen da.

Damals herrschte ein beträchtlicher Verkehr auf dem Fluß. Es war die zweite große Periode der Schiffahrt, nachdem die erste unter den Römern längst ausgelaufen war. Diese neue Epoche, die durch die Kreuzritterfahrten und den darauf folgenden umfangreichen Güteraustausch mit dem Orient begründet wurde, führte zu einem so intensiven Schiffsverkehr, wie er nie wieder auf der Donau erreicht worden ist.

Die am Strom liegenden Städte, die die Gunst zu nutzen wußten, blühten auf, auch Wieselburg. Als aber die Türken Konstantinopel eroberten und damit Ostrom-Byzanz zerfiel, als außerdem bald darauf der Seeweg nach Indien entdeckt wurde, schlug der Welthandel völlig andere Wege ein.

Die damals die Donau befahrenden Schiffe waren unterschiedlich gebaut, je nach Transportzweck oder Ursprungsort. Die Boote waren bis zu 24 Meter lang und aus Holz gezimmert. Man unterschied zweiwändige Schiffe, Einbäume und Flöße. Diejenigen Boote, die zur einmaligen Talfahrt benutzt wurden, hießen Plätten. Sie waren nur roh zusammengezimmert und wurden am Endpunkt der Reise zerschlagen und als Brenn- oder Bauholz verkauft.

Die anderen, festeren Schiffe, die wieder stromauf fuhren, hießen Zillen. Mit ihnen wurden keine Passagiere flußaufwärts befördert, da die Reisen zu lange dauerten. Von Budapest bis Linz brauchte man sechs Wochen. Die Boote wurden entweder stromauf gerudert oder von Pferden am Ufer gezogen. Drei oder vier Schiffe wurden zusammengebunden und an die vierzig besonders kräftige Pferde davorgespannt. Knechte machten diesem »Gegenzug« am Ufer den Weg frei. Sie schlugen das Gestrüpp nieder, sie durchwateten die in die Donau einmündenden Bäche und hoben die angespannten Schiffstaue über Hindernisse hinweg. Das ging unter Befehlen, Zurufen und lautem Geschrei vor sich. Eine wilde Jagd, von den Anwohnern neugierig verfolgt, zog an der Donau aufwärts.

Doch damit hatten die königlichen Boote von Etzel und Kriemhild nichts zu tun. Sie glitten geruhsam den Fluß abwärts, von der Strömung und dem Wind getrieben. Sie waren zusammengebunden, um eine größere Stabilität zu erreichen. Dieses Verfahren ist auf der Donau bis ins 19. Jahrhundert hinein üblich gewesen. Um die Reisenden gegen die Sonne zu schützen, hatte man die Boote mit kostbaren Tüchern abgedeckt. Der Dichter hat ähnliche fürstliche Schiffe in Passau, Wien oder vielleicht auch in Wieselburg beobachtet. Er notierte:

*Zusammen ward gebunden manches Schifflein gut,
daß ihnen wenig schaden mochte die Welle und die Flut.
Darüber ausgebreitet manch köstliches Gezelt,
als ob sie noch immer wären auf dem Lande und dem Feld.*

So zog die Königsflotte mit bunten Wimpeln donauabwärts. Es war Frühling. Der Strom glänzte im satten Blau in der unendlichen Weite der ungarischen Ebene.

In den Städten Raab, Gönyü, Komarom, Szöny und wie die Orte alle hießen, begrüßte die Bevölkerung das Herrscherpaar. Auch an Bord war man froher Stimmung.

Eine Fahrt in eine ungetrübte Zukunft, so schien es. Nur Kriemhild wußte es anders. Für sie sollte diese Reise zur Königsburg von Etzel der Auftakt für die grausamste Rache sein, die je eine Frau an den Mördern ihres Mannes genommen hat.

17. Auf der Suche nach der Etzelburg

Die historische Hunnenburg an der Theiß · Empfang bei König Etzel in Geschichte und Dichtung · Spekulationen um Hildikos »Königsmord« · Die römischen Ruinen von Aquincum galten als die Burg von Etzel · Ein Tyrann wird zum toleranten Herrscher · Ungarns Geschichte färbt das Nibelungenlied · Die Etzelburg des Epos lag auf einem Fels über der Donau bei Gran

Mit großem Pomp wurden Etzel und Kriemhild nach ihrer Bootsfahrt auf der Donau in der Residenz der Hunnen empfangen. Der Hofstaat, die Vasallen und die Verwandten des Königs standen bereit, um die neue Herrscherin freundlich zu begrüßen:

*Nun ward auch in Etzelburg die Märe kundgetan:
da freute sich darinnen beides, Weib und Mann.*

*Da stand ihrer harrend gar manche edle Maid,
die seit Helkens Tode getragen Herzeleid.
Sieben Königstöchter Kriemhild noch da fand.*

*Als der Fürst mit seinem Weibe geritten kam vom Strand,
wer eine jede führte, das ward da wohl bekannt
Kriemhild der edlen. Sie grüßt desto mehr.
Wie saß an Helkens Stelle sie bald gewaltig und hehr.*

Wo der Schauplatz dieser Schilderung, in welcher Landschaft Ungarns spielte die Begrüßung Kriemhilds? Bestand die Etzelburg nur in der Phantasie des Dichters, oder hat er mit dem Hof des Königs bestimmte Vorstellungen an eine Stadt oder einen Palast verbunden?

Die geschichtlichen Hunnen haben sich nach ihrem überraschenden Vorstoß aus dem Innersten Asiens in Ungarn festgesetzt und zwar am Mittellauf der Theiß, umgeben von Sueben, Markomannen, Ostgoten, Gepiden und Langobarden, die unterworfen und den Hunnen dienstpflichtig waren.

Die Burg von Attila war also im südlichen Mittelungarn. Manche meinen, der Palast habe zwischen Theiß und Donau gestanden, andere suchen ihn dort, wo der Körös in die Theiß einmündet, etwa zwischen den Orten Szentes und Tiszvöldar. Bis heute sind jedoch keine Spuren entdeckt worden, und ob die Residenz jemals gefunden wird, bleibt fraglich, da fast alle Bauten aus Holz errichtet waren.

Dennoch sind wir über Attilas Hof und über die Sitten, die dort herrschten, unterrichtet. Wir verdanken es einem Glücksfall: Ein Byzantiner namens Priscos hatte als Mitglied einer oströmischen Abordnung im Jahre 449 Attila in seinem Palast aufgesucht und darüber eine genaue Niederschrift angelegt, die dann der Ostgote Jordanis in sein Geschichtswerk übernahm.

Priscos und seine Mitreisenden erreichten die Etzelburg, nachdem sie die Donau und andere Flüsse überquert hatten, deren Namen mit Drekon, Tigas und Tiphisas angegeben wurden und die wahrscheinlich identisch sind mit Drau, Themes und Theiß.

Die Residenz von Attila erwies sich als riesiges Dorf, in dem der Wohnsitz des Königs erhöht auf einem Hügel lag. Der Palast war aus Balken und geglätteten Hölzern errichtet und mit einer Einfriedung und Türmen umgeben.

Die Verhandlungen mit der Gesandtschaft wurden von Attila kalt und berechnend geführt, zurückhaltend und mit geheuchelter Interesselosigkeit. Die Begrüßung und das Gastmahl verliefen sachlich-nüchtern, obwohl die Rangfolge strikt eingehalten werden mußte. Alles war auf den

Mittelpunkt, den Herrscher, zugeschnitten. Der älteste Sohn Attilas hielt aus Ehrfurcht vor dem Vater ständig die Augen gesenkt.

»Als alle ihre Plätze eingenommen hatten«, erzählt Priscos, »trat ein Weinschenk zu Attila und reichte ihm einen gefüllten Becher. Attila nahm ihn und grüßte den ihm zunächst Sitzenden. Der in dieser Weise Geehrte erhob sich darauf und durfte sich nicht eher wieder setzen, ehe er nicht vom Wein gekostet oder den Becher ausgetrunken und dem Weinschenk zurückgegeben hatte. Nachdem er sich gesetzt hatte, begrüßten die anderen den König in derselben Weise.«

Anschließend wurden Tische aufgestellt, immer ein Tisch für je drei oder vier Gäste. Jeder konnte sich beliebig bedienen, er mußte nur die Rangordnung einhalten. Die Gäste bekamen Fleisch, Brot und Zukost auf silbernen Tellern, während Attila Fleisch auf einem hölzeren Teller gereicht wurde. Er trank aus einem Holzbecher, die Gäste benutzten dagegen goldene und silberne Kelche.

Diese Schilderung erinnert an jene Verse im Nibelungenlied, in denen Etzel seine Gäste aus Burgund begrüßt und gemeinsam mit ihnen tafelt. Doch den harten, mißtrauischen Attila, wie Priscos ihn erlebt hat und wie er in Wirklichkeit war, finden wir im Nibelungenlied nicht. Hier ist er großzügig, offen, freundlich und herzlich:

Da nahm der edle König die lieben Gäste bei der Hand
und führte sie zum Sitze hin, wo er selber saß.
Da schenkte man den Gästen, fleißig tat man das,
in weiten goldenen Schalen Meth, Morass und Wein
und hieß die fremden Degen höchlich willkommen sein.

Nach dem Epos war Etzel seiner ersten Frau Helche herzlich zugetan, und als diese gestorben war, übertrug er seine ganze Zuneigung auf Kriemhild. Die Wirklichkeit war jedoch anders, denn der König frönte der Vielweiberei. Allerdings war Helche, die Kreka der Geschichte, seine Hauptfrau. Priscos, der Gelegenheit fand, sie aufzusuchen, berichtet:

»Dort wohnte Attilas Frau. Ich erlangte durch die barbarischen Türhüter Zutritt zu ihr. Sie lag gerade auf einem weichgepolsterten Lager ausgestreckt. Der Boden war mit wollenen Teppichen bedeckt, über die man ging. Zahlreiche Dienerinnen umgaben Kreka.«

Priscos berichtet noch von einer anderen Frau Attilas, von einer anderen Frau Attilas, von der Germanin Hildiko. Der Hunnenkönig hatte sie im Jahre 453 geheiratet. In der Hochzeitsnacht trank er jedoch so unmäßig, daß er einen Blutsturz erlitt. Die Wachen fanden Attila am nächsten Tag tot neben der weinenden Hildiko. Den Schauplatz dieses Geschehens hat uns Priscos auch geschildert:

»Hinter dem Speisesofa Attilas befand sich noch ein anderes Sofa, hinter dem einige Stufen zu seinem Ruhelager hinaufführten. Es war mit Leinentüchern und bunten Decken geschmückt, so wie Griechen und Römer sie über ihre Hochzeitsbetten breiten.«

Der Tod des Königs, der Europa in Angst und Schrecken versetzt hatte, war für alle Welt ein außerordentliches Ereignis. Daß eine junge Germanin die Schicksalsnacht mit ihm verbracht hatte, steigerte das Interesse und gab Spekulationen Raum. Bald hieß es, der König sei von Hildiko mit einem Dolch erstochen worden. Sogar in der oströmischen Chronik des 6. Jahrhunderts fand diese falsche Darstellung Eingang.

Wenn aber die offiziellen Berichte sich so weit von der Wahrheit entfernten, was war dann von der Sage zu erwarten, die sich schon bald dieses ungewöhnlichen Stoffes annahm?

Die Sagen setzten die Vernichtung der Burgunder in den Jahren 435/36 am Rhein, die Schlacht auf den Katalaunischen Feldern und den plötzlichen Tod Attilas in eine direkte Beziehung. Dabei wurde die Burgunderin Kriemhild, deren Name an Hildiko erinnert, zur Rächerin an Etzel, der ihr Volk vernichtet hatte. Dies war die Urfassung der Sage vom Burgundenuntergang, die noch in etwa in den nordischen Liedern erhalten ist. Im skandinavischen Atli-Lied werden die Geschehnisse in Form eines Familiendramas wiedergegeben:

Atli (Attila) war ein goldgieriger, grausamer Herrscher. Er heiratete die Burgunderin Gudrun (Kriemhild-Hildiko). Um in den Besitz des Nibelungenhortes zu gelangen, lud er seine burgundischen Schwäger, die Brüder Gudruns, an seinen Hof und ließ sie grausam umbringen. Die Burgunderkönigin rächte ihre Brüder, indem sie den Hunnenkönig tötete:

Sorglos war Atli, der hatte sinnlos getrunken.
Nicht hatte er Waffen, nicht wehrte er Gudrun.
Blut gab mit dem Schwerte sie dem Bett zu trinken
mit helgieriger Hand ... So rächte sie die Brüder.

Der geschichtliche Palast Attilas lag in der Nähe der Theiß, daran besteht kein Zweifel. Doch an diese Residenz hat der Dichter des Nibelungenliedes sicherlich nicht gedacht, als er seine Strophen um 1200 niederschrieb. Er wußte nichts von diesem Hof. Wenn der Autor von Etzelburg sprach, dachte er an einen anderen Palast. An welchen?

Der Laienforscher Robert Sommer hat auf alten Karten des 17. Jahrhunderts ein Dorf Etzelburg südöstlich von Schemnitz in der Tschechoslowakei entdeckt. Das in der Nähe befindliche, ehemals dem Grafen Esterhazy gehörende Jagdschloß sah er als Burg von Attila an. Doch Sommers Theorie ist nicht zu halten.

Anders verhält es sich mit jenem Etzelburg, das früher

Altofen hieß und als Buda Teil von Budapest geworden ist. Der vor einigen hundert Jahren von den deutschen Kolonisten benutzte und heute nicht mehr gebräuchliche Name Etzelburg läßt sich weit zurückverfolgen. Er war zumindest im 11. Jahrhundert bekannt, denn er erscheint bereits in einer Vorläuferin zur »Gesta Hungarorum«. In dieser alten ungarischen Chronik taucht der Name mehrfach auf, und zwar in der deutschen Bezeichnung Ecilburgu oder lateinisch »civitas Athilae«, als Stadt Etzels.

Auch Arnold von Lübeck, der Reisebegleiter König Barbarossas, berichtet von Etzelburg. Der Name erscheint in verschiedenen Heldenliedern des 13. Jahrhunderts, ferner im Stadtrecht von Ofen von 1400. Ein Jahrhundert später sagt ein Zeitgenosse von derselben Stadt, sie sei »ain stat und slos, hat König Etzel gepawt.«

Wie kam es, daß Ofen nach Etzel genannt worden ist, obwohl der Hunnenkönig doch, so weit wir wissen, hier keine Residenz besaß? Die Erklärung ist bezeichnend dafür, welch eigenartige und verschlungene Wege die geschichtliche Namensgebung oftmals geht.

In der Nähe von Ofen, an der nördlichen Ausfahrt von Budapest nach Esztergom, dort, wo die Eisenbahn die Donau überquert, lag früher am rechten Flußufer die Hauptstadt der römischen Provinz Pannonien, Aquincum. Fast vierhundert Jahre lang hatte Rom hier seinen strategisch wichtigen Eckpfeiler an der Donau. Mächtige Bauten entstanden, wie wir sie aus Europa, Kleinasien und Nordafrika kennen.

Als Aquincum 406 n. Chr. aufgegeben werden mußte, blieben die steinernen Zeugen erhalten. Sie sind noch heute — oder heute wieder — zu sehen, nachdem die Stadt ausgegraben worden ist und Häuser und Mosaikböden, Verteidigungsanlagen, riesige Steinsarkophage und das 13 000 Personen fassende Amphitheater freigelegt wurden.

Wenn wir noch nach fast 2000 Jahren diese antike Zivilisation bewundern — um wieviel größer muß dann das Erstaunen im Mittelalter gewesen sein! Oft werden die Menschen nachdenklich vor den Kolossen der Vergangenheit gestanden und nach den Erbauern gefragt haben. Von den Römern wußten sie zwar etwas. Viel mehr hatten sie aber von Etzel-Attila gehört. Darum nannten sie die rätselhaften gigantischen Trümmer nach jener kaum weniger rätselhaft und fast übermenschlich erscheinenden Figur des Hunnenkönigs — Etzelburg.

Im Gegensatz zu Westeuropa, wo Attila die gefürchtete Gottesgeißel war, der brutale und rücksichtslose Herrscher, der raubend und plündernd durch die Lande zog und Städte und Dörfer in Asche legte, ist Attila in Südosteuropa anders eingeschätzt worden. Das hing damit zusammen, daß die Würdenträger am Königshof nicht nur Hunnen waren, sondern hauptsächlich Germanen und auch Perser. Es herrschten weitgehend gotische Sitten. Trotz unterschiedlicher Herkunft hatte sich eine geschlossene Führungsschicht gebildet. Etzel bediente sich der Germanen, und diese waren von seinem kriegerischen Können fasziniert.

Bald nach Attilas Tod setzte besonders bei den Goten, die unter dem Herrscher ein Leben geführt hatten, das weitgehend ihren Wünschen entsprach, eine Heroisierung des Hunnenkönigs ein. Er wurde Mittelpunkt eines sagenhaften Kreises von Paladinen, ähnlich den zwölf Rittern um Karl den Großen oder der Tafelrunde von König Artus. Das Nibelungenlied berichtet darüber:

König Etzels Herrschaft war so weit erkannt,
daß man zu allen Zeiten an seinem Hofe fand
die allerkühnsten Recken, davon man je vernommen.

Zu diesen Rittern, von denen die meisten »Heimatvertriebene« waren, gehörte neben Rüdiger von Bechelaren auch Dietrich von Bern; in ihm lebte der Ostgotenkönig Theoderich der Große weiter, dessen Grabmal noch in Ravenna steht. Die Erzählungen von Dietrich von Bern auf dem Hintergrund des Hunnenhofes mit seinem Herrscher Etzel wurden im Donauraum bald zum beliebtesten Sagenstoff.

Nun gelangten jedoch im 8. Jahrhundert neue Berichte in diese Gebiete, in denen Etzel in völlig anderer Gestalt auftrat. Der Hunne wurde als furchtbarer Tyrann geschildert, als grausamer Verräter, der Hagen das Herz aus lebendigem Leibe reißen und Gunther in die Schlangengrube werfen ließ. Diese Sagen waren nichts anderes als die Spiegelung der Erfahrungen, die Westeuropa mit Attila gemacht und niemals vergessen hatte.

An diesen Hunnenherrscher vermochten die Bayern und Österreicher aber nicht zu glauben. Solche Schilderungen lehnten sie als böswillige Entstellungen entschieden ab. »Sollte ihnen das Burgundenlied annehmbar werden, dann mußte man den Verräter Etzel entlasten.« Das geschah im Donauraum. Doch damit wurde das Nibelungenlied vollständig umgebaut.

Noch andere Einflüsse haben die Zeichnung der Gestalt Etzels im Epos bestimmt. Diese Einwirkungen kamen aus dem Osten, aus Ungarn. Für den Dichter des Nibelungenliedes waren die zu seiner Zeit dort herrschenden Arpaden die Nachkommen der Hunnen. Das bestätigt die »Gesta Hungarorum« des Simon Kéza, eines Hofpriesters, des ersten mit Namen bekannten ungarischen Geschichtsschreibers. Seine Chronik wurde zwar erst 1282 niedergeschrieben, sie geht aber zumTeil auf Quellen des 12. Jahrhunderts zurück. Die Gesta kann dem Autor des Epos in der Passauer Bischofsresidenz als Material gedient haben. Frappierend ist jedenfalls die Ähnlichkeit zwischen dem Arpadenherrscher Geisa (972—997) in der Schilderung von Simon Kéza und dem Hunnenkönig Etzel in der Sicht des Nibelungenliedes.

Beide erscheinen als tolerante, gütige Fürsten und nahmen es mit der Religion nicht genau. Von Geisa ist der Ausspruch bekannt, er sei reich genug, um zwei Göttern zu dienen. Solche Auffassung stimmt mit jener von Etzel im Nibelungenlied überein, von der Rüdiger Kriemhild gegenüber berichtete:

Er ist nicht ganz ein Heide, des könnt ihr sicher sein.
Er war fürwahr bekehret, der liebe Herrscher mein,
nur daß er sich vom Glauben abgewendet hat.

Bei einem solchen religiösen Zweifler war die Christin Kriemhild darauf bedacht, daß Etzel die Taufe ihres gemeinsamen Sohnes nicht verhinderte. Im Epos lesen wir:

Sie bemühte sich dauernd und ließ nicht ab davon,
daß getauft würde König Etzels Sohn
nach christlichem Brauche. Ortlieb ward er genannt.

Dazu besagt die geschichtliche Parallele im ungarischen Arpadenhaus, daß Geisas Frau, die Christin Sarolta, eine willensstarke Herrschernatur mit fast männlichen Eigenschaften, alles daransetzte, damit ihr Sohn Vajk getauft wurde. Er erhielt, wie wir bereits in Passau hörten, den Namen Stephan.

Geisa und Etzel ließen auch ihren Untertanen die Freiheit, sich für das Christentum oder eine heidnische Religion zu entscheiden. Von Etzels religiöser Toleranz berichtet das Nibelungenlied:

Bei ihm war allerwegen, so sieht man's nimmermehr,
so christlicher Glauben als heidnischer Verkehr.

Wozu nach seiner Sitte sich auch ein jeder schlug,
das schuf des Königs Milde, man gab doch allen genug.

Nicht nur die Zeichnung Geisas weist Parallelen zum Etzel der Dichtung auf, der ungarische Historiker Bálint Hóman (83) hat sie auch bei Geisas Sohn Stephan erkannt. Die Ähnlichkeiten stützen sich allerdings weniger auf geschichtliche Tatsachen als auf die frühen ungarischen Chroniken aus dem 11. Jahrhundert. Darin erscheint Stephan als ein »weinerlicher Greis, ein ohnmächtiges Werkzeug seiner Frau« — ebenso wie der Hunnenherrscher des Nibelungenliedes.

Frappierend sind ferner die Gemeinsamkeiten zwischen Stephans Frau Gisela und der Kriemhild des Epos. Hóman gelangt zur Auffassung, daß der völlige Umbruch der Charaktere von Etzel und Kriemhild in der Sage auf die Persönlichkeiten des Herrscherhauses der Arpaden zurückgehen müsse, so wie sich diese dem Dichter des Nibelungenliedes nach den schriftlichen Vorlagen dargestellt haben. Der Hinweis auf die Bedeutung der ostgotischen Heroisierung fehlt allerdings.

Unter Benutzung dieser und anderer Quellen hat Kurt Wais (167), der die frühe Epik in Europa untersuchte, ein »ungarisches Kriemhildlied« erschlossen, das sich zurückverfolgen läßt bis auf die Schlacht germanischer Stämme, darunter der damals in Ungarn ansässigen Sueben-Baiern, gegen Attilas Nachfolger am Fluß Nedao 455. Das Lied hat zunächst noch keine Beziehung zu den Burgundern, wohl aber tritt Dietrich von Bern auf.

Wird dieses alte Kriemhildlied noch ergänzt durch die Hildiko-Sage und die Erzählungen über die Königin Gisela, dann wird die Behauptung glaubwürdig, die Kriemhild des Epos gehe zurück auf Vorbilder an der mittleren Donau, nicht aber auf solche im Westen.

Die frühen ungarischen Chroniken nennen auch die Hauptstadt der Arpaden. Dabei tauchen zwei Namen auf, Gran und Etzelburg, wobei mit Etzelburg Aquincum-Altofen gemeint ist.

Der Dichter aber wertete Etzelburg nicht als einen Stadtnamen, sondern als die Burg Etzels. Sie lag nach seiner Meinung in Gran. So schrieb er — zur Verwirrung späterer Germanisten und Historiker — bei der Rückkehr der Spielleute Werbel und Schwemmel ins Hunnenreich unbekümmert:

Die Spielleute spornten die Rosse mächtig an.
Sie fanden König Etzel in seiner Stadt zu Gran.

Wo aber liegt Gran? Es ist auf keiner heutigen Karte verzeichnet. Ziehen wir jedoch ältere Karten zu Rate, so liegt die Königsstadt dort, wo der Gran-Fluß in die Donau mündet, etwa 25 Kilometer westlich des großen Knicks der Donau nach Süden. Bis dorthin hatte die Herrschaft Karls des Großen gereicht. Dort hat die östlichste Feste der Karolinger gestanden, die Ostburg oder Osterringen. Daraus ist im mittelalterlichen Latein Strigonium und im Ungarischen Esztergom geworden.

Eine andere Namensdeutung setzt mit Istrogranum an, wobei Ister der antike Name für die untere Donau war. Aus Istrogranum (Gran an der Donau) soll der heutige Namen entstanden sein.

Die Etzelburg hat durchaus nicht nur in der Phantasie des Dichters bestanden, sondern er hat mit dem Palast eine bestimmte Vorstellung verbunden. Lange Zeit hindurch wäre jedoch jede Suche eines interessierten Durchreisenden in Gran-Esztergom vergeblich gewesen. Denn die Ruinen des Arpadenpalastes waren über drei Jahrhunderte verschüttet. Die Königsburg ist erst 1934—1938 ausgegraben und restauriert worden.

Seit dieser Zeit kennt man genau den alten Herrschersitz, den Geisa zur Residenz bestimmte, in dem Stephan die ungarische Monarchie begründete, in dem im Sinne des Epos Etzel residiert hat — und das Nibelungenlied seinen tragischen Abschluß findet.

18. Hier hat die Mär ein Ende

Ein Zufall führte zur Entdeckung der Arpadenburg in Gran · Der ehrgeizige König Bela III. · Barbarossas Empfang in Gran · Die beiden Kämpfer in der Königskapelle · Die Archäologie des Nibelungenliedes als ein Blick durch die Jahrhunderte

Über Esztergom erhebt sich ein mächtiges Felsplateau, das zur Donau steil abbricht. Der Berg ist umsäumt von Mauern, Türmen und Toren und wird überragt von der Erzbischofs-Kathedrale, der größten Kirche Ungarns, die ungefähr an derselben Stelle errichtet wurde, an der früher die Sankt-Adalberts-Kirche gestanden hat. Hier lagen sich im Mittelalter auf Wunsch der arpadischen Herrscher geistliche und weltliche Macht vorübergehend auf Steinwurfnähe gegenüber.

Der Burghügel war nicht nur für die Ungarn anziehend, sondern auch für ihre Feinde. Er ist hart umkämpft worden und war ein besonderes Streitobjekt zwischen West und Ost.

1242 wollten die Mongolen auf dem Rückzug nach der Schlacht bei Liegnitz die Burg einnehmen, scheiterten aber an den starken Mauern. 1543 gelang den Türken die Einnahme von Burg und Stadt. Die ungebetenen Gäste vom »Goldenen Horn« blieben für ein halbes Jahrhundert.

Um 1600 kam es zu neuerlichen Kämpfen mit den Türken. Die Osmanen verschanzten sich hartnäckig auf dem Berg, den zerstörten Arpadenpalast bauten sie zur Festung aus. Sie warfen über die eingestürzten Gewölbe und zerschossenen Mauern Erdhügel auf. So verschwand die Arpadenburg, und es entstand eine Bastion.

Die Burg trat, ähnlich wie das Nibelungenlied, einen

Dornröschenschlaf an. Man wußte in Esztergom zwar immer, daß auf dem Berg die Residenz der ersten ungarischen Monarchie gelegen hatte. Man nahm aber an, sie sei in den verschiedenen Kämpfen völlig vernichtet worden.

Die Wiederentdeckung geschah auf eigenartige Weise. Ein Bürger von Esztergom, der in einem der kleinen Häuser am Fuß des Felsens wohnte, erlebte vor einigen Jahrzehnten eine böse Überraschung. Ein großer Felsbrocken stürzte unversehens in seinen Garten und hätte ihn fast erschlagen.

Der Esztergomer Bürger machte sich empört auf den Weg zur bischöflichen Verwaltung, die für den Burgberg verantwortlich war und beschwerte sich. Die Untersuchung erbrachte, daß Wind und Regen die Erdschichten ausgewaschen und das Gemäuer früherer Zeiten gelockert hatten.

Die Nachforschung führte zu einem noch wichtigeren Ergebnis. Man stieß auf rätselhafte Mauern und Säulen. Das war Grund genug, Wissenschaftler zu informieren. Die aus Budapest herübergekommenen Archäologen setzten den Spaten an und machten alsbald sensationelle Entdeckungen.

Der Palast über der Donau, die »Etzelburg«, bietet nach der Freilegung und Rekonstruktion erstaunliche Anblicke. Da ist der kleine Hof, der der Königskapelle vorgelagert ist. Schlanke, gravierte Säulen, die in romanischen Bögen übergehen, bilden das Eingangstor. Darüber ist ein Rosettenfenster im Stil der Schule von Pavia oder Apulien ins Mauerwerk gebrochen. An diese lebhafte Front ist der Palast mit einem zurückspringenden Tor gelehnt.

In einer einschiffigen Kapelle stützen zierliche Säulen, die in Streben weiterlaufen, das Gewölbe. In der anschließenden Apsis, die durch einen Triumphbogen vom Kapellenschiff getrennt wird, wachsen aus grazilen Doppelsäulen Rundbögen, die sich im Schlußstein schneiden und den Bau fast schwerelos erscheinen lassen. Die Kapitelle sind reich verziert und wechseln im Motiv.

Bei zwei Kapellen sind die Künstler von der einfachen Ornamentik abgewichen. Sie wählten den plastischen Figurenschmuck und modellierten aus dem Stein zwei Männerköpfe, einen mit strähnigem Haar und Schnurrbart, den anderen mit Locken und glattrasiert. Man hat in den Köpfen die Steinmetzen des Palastes sehen wollen, einen Ungarn und einen Franzosen, doch ist diese Auslegung zweifelhaft. Eher werden die Skulpturen Persönlichkeiten des Arpadenhauses wiedergeben.

Verschiedentlich zeigen die Wände noch die Ausmalung von 1200 mit Zweigen und Laubwerk oder auch mit ausschreitenden Löwen, die an die Kathedrale von Chartres erinnern. Nördlich und südlich an die Königskapelle schließen sich Seitenkapellen an mit hohen Kreuzgewölben und schmalen Portalen, die in normannischen Zickzack-Bögen auslaufen, wie sie auch am Wormser Dom zu sehen sind.

Die Königskapelle ist das Prunkstück. Die übrigen Bauten vermitteln kein so detailliertes und geschlossenes Bild.

Ursprünglich ist der Palast ein breiter, mehrstöckiger Turm gewesen mit verschiedenen Säulen, an die sich ein Seitenflügel anschloß. Da gab es Formen wie in der Kapelle: heiter und beschwingt. Von solcher Art ist auch das Doppeltor des Palastes, das von zierlichen runden und kantigen Säulen und Bögen gebildet wird.

Kräftiger gearbeitet ist die ein Stockwerk tiefer gelegene Stephanshalle, die nie ganz verschüttet war. Von einer Marmorsäule in der Mitte schwingen sich vier Bögen zu den Mauern und finden in Wandsäulen und -bögen ihre Ergänzung. An einigen Kapitellen blieben noch die Akanthusblätter erhalten, deren Vorbild St. Germain des Prés in Paris gewesen ist.

Alles in allem war der Arpadenpalast ein erstaunliches Werk in einem Land, das erst im Begriff stand, sich selbst und seine Kultur zu finden.

König Bela III., der von 1173 bis 1196 regierte, hat die Burg erbaut. Ursprünglich hatte er ehrgeizige Pläne. Er war mit 13 Jahren nach Byzanz gekommen und sollte dort die Nachfolge von Kaiser Manuel I. antreten. Als Manuel jedoch einen Sohn bekam, zerschlugen sich Belas Hoffnungen, Herrscher von Ostrom zu werden. Der sechsjährige Aufenthalt in einem der maßgeblichen Kulturzentren der damaligen Welt blieb aber für Bela bestimmend. Er hat die Weltaufgeschlossenheit und den Prunk am kaiserlichen Hof nie vergessen und zum Vorbild gewählt.

Die für seine Ambitionen erforderlichen Gelder flossen ihm nicht zuletzt durch den Handel zu, der durch Ungarn führte und mit hohen Tributen und Zöllen belegt wurde. Wichtig war der süddeutsch-russische Transithandel, der von Regensburg über Passau die Donau herunterkam. Die Waren wurden in Gran umgeladen. Für Stapelzwecke gab es an dem Nebenfluß, der »kleinen Donau«, eine deutsche jüdische Kaufmannssiedlung mit Lagerhäusern.

Der Weiterweg nach Osten führte über Land nach Kiew, wo seit dem 12. Jahrhundert eine deutsche Kaufmannskolonie bestand. Der Handelsweg war allgemein bekannt, und nicht zufällig wird Kiew im Nibelungenlied genannt.

Der Einfluß der Fremden in Gran war groß. Er wuchs, als Bela III. die Französin Anna von Châtillon heiratete und, als diese starb, die Tochter des französischen Königs Ludwigs VII., Margarete Capet. Mit beiden Frauen kam französischer Einfluß nach Ungarn. Die Franzosen bildeten bald die größte Ausländerkolonie. Sie wohnten in der sogenannten »Lateinerstadt« und waren nicht nur im Handel tätig.

Zisterzienser zogen in die Klöster und Kirchen ein, Ritter verbreiteten die höfische Kultur, und Architekten aus Mittel- und Südfrankreich wurden beauftragt, die Burg zu bauen.

Belas Palast sprengte den Rahmen, den sich die Arpaden bis dahin gesetzt hatten. Bela war ein Mann von Welt. Er liebte den höfischen Stil mit Turnieren, Festlichkeiten und Empfängen. Als Friedrich Barbarossa 1189 nach Gran gelangte, gestaltete Bela diesen Besuch zu einem Ereignis.

Barbarossa wohnte in einem vierzimmerigen Purpurzelt mit einem Ruhebett und einem Sessel aus Elfenbein. Zu seinen Ehren wurden Feiern und Jagden veranstaltet. Einen Tag verbrachte Barbarossa auch auf der Arpadenburg, die damals noch nicht ganz fertiggestellt war.

Der Besuch in Gran war ein so ungewöhnliches Erlebnis, daß der kaiserliche Hofdichter Pietro Eboli die festlichen Tage in Versen abhandelte und Barbarossas Sohn, Heinrich VI., ein Bild vom Empfang für seinen Palast in Palermo malen ließ.

Von dem Besuch in Ungarn berichteten auch Arnold von Lübeck und der österreichische Priester Ansbert, die den Kaiser begleiteten. Im übrigen haben manche Passauer Geistliche und Ritter an dem Kreuzzug teilgenommen: Bischof Dietbold und sein Dekan Tageno, ein halbes Dutzend Chorherren und andere Würdenträger. Wenngleich nur wenige von ihnen zurückkehren sollten — die meisten sind den Kämpfen oder Krankheiten zum Opfer gefallen —, so wird der Dichter des Nibelungenliedes doch den einen oder anderen Kreuzfahrer gesprochen haben.

Die Heimkehrer berichteten von den großen Tagen in Gran, das für den Dichter nicht nur die Hauptstadt der Arpaden, sondern auch der Sitz von Etzel gewesen ist.

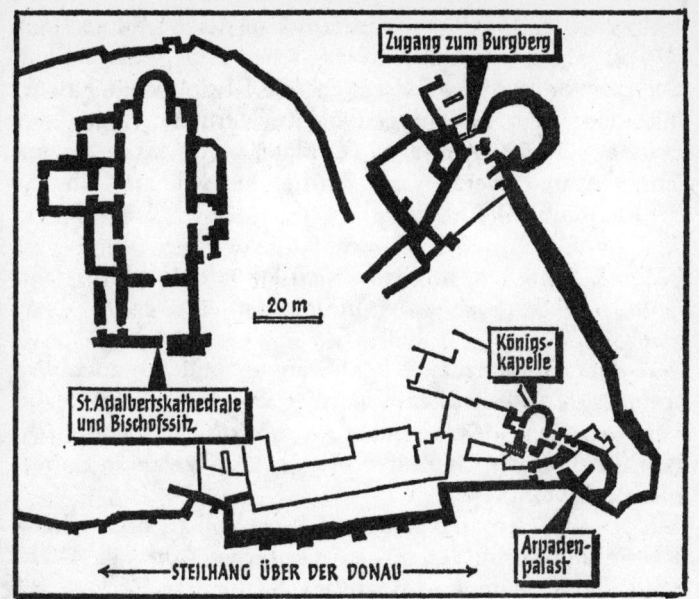

Die »Etzelburg« war für den Dichter der Arpadenpalast hoch über der Donau, auf dem Burgberg von Gran (Esztergom) in Ungarn. Der Palast wurde erst in den dreißiger Jahren unseres Jahrhunderts ausgegraben.

Außerdem gab es ständig Kaufleute und Schiffer, die mit ihren Booten in Passau anlegten und von der ungarischen Königsstadt zu erzählen wußten.

Der Dichter des Epos ist niemals in Gran gewesen, das ist aus seinen Versen zu ersehen. Doch aus den Erzählungen der Zeitgenossen und aus den Aufzeichnungen der Ungarnreisenden konnte er sich ein ungefähres Bild machen von der Kulisse, vor der ein Drittel seines Dramas abflief.

Im Sinne des Epos kam das Schicksal der Burgunder auf der Etzelburg zu Gran zum tragischen Ende. Hier warnte Dietrich von Bern die Reisenden vom Rhein, fragte Kriemhild nach dem Nibelungenhort und trotzte Hagen der Hunnenkönigin. Auf dem Felsplateau von Gran gingen Christen und Heiden zur Kirche, ins Münster, in die Sankt-Adalberts-Kathedrale:

Der Gesang war ungleich. Kein Wunder mocht es sein,
daß Christen mit Heiden nicht stimmten überein.

Auf dem Freiplatz zwischen Münster und Arpadenburg trafen sich die Ritter zum Turnier, bei dem Volker einen Hunnen, den »Weiberliebling«, absichtlich niederstach. Nur durch Etzels Eingreifen wurde der allgemeine Kampf hier noch vermieden.

Vor dem Arpadenpalast hielten Volker und Hagen Wache und verhinderten den nächtlichen Überfall. Während die Nibelungen im großen Saal unter Decken aus arabischer Seide, Hermelin und Zobel schliefen, griff Volker zur Violine.

Auf dem Burgberg von Gran bestach Kriemhild Etzels Bruder Blödel, den Bleda der Geschichte, mit Silber, Gold, Ländereien und einer »schönen Witwe«, damit er Rache nehmen sollte an ihren Feinden aus Worms. Doch Blödel wurde von Dankwart erschlagen. Das war das Zeichen zum Kampf. Hunderte und Tausende fielen, aber Kriemhild schickte neue Heerscharen ins Gefecht. Um weiterkämpfen zu können, trugen die Burgunder 7000 Tote aus dem Saal und warfen sie den Fels der Arpadenburg hinunter ins Donautal:

Auch war darunter mancher nur so mäßig wund,
käm ihm sanftere Pflege, er würde noch gesund.
Doch von dem hohen Falle fand er nun den Tod.

Um die letzten Burgunder zu vernichten, ließ Kriemhild den Saal anzünden:

Den Saal in Brand zu stecken, gebot da Etzels Weib.
Da quälte man den Helden mit Feuersglut den Leib.
Das Haus, vom Wind ergriffen, geriet in hohen Brand.

Doch noch 600 überlebten. Da erinnerte Kriemhild Rüdiger an seinen Eid, den er ihr in Worms geleistet und mit dem er Vasallentreue geschworen hatte. Der Markgraf war es auch gewesen, der Kriemhild zur Heirat mit Etzel überredet hatte. Jetzt geriet er in einen ausweglosen Konflikt. Denn die Feinde, gegen die er antreten sollte, waren Freunde. Er hatte sie in Bechelaren bewirtet, seine Tochter hatte er mit Giselher vermählt, seine Frau hatte Hagen einen Schild zum Geschenk gemacht. Jede Entscheidung mußte abwegig sein:

Was ich tu und lasse, so schilt mich alle Welt.

Rüdiger vermochte dem Kampf nicht auszuweichen. Doch zuvor erwies er dem Gegner eine große Geste. Er gab Hagen seinen Schild und nahm von ihm dessen im Kampf zerschlagenen Schild entgegen. Dann erst griff Rüdiger mit seinen Rittern die Burgunder an.

Er traf auf Gernot, dem er in Bechelaren ein Schwert als Freundschaftsgabe überreicht hatte, und unter den Schlägen dieses seines eigenen Schwertes fiel er, der »Vater aller Tugend«. Auch Gernot wurde tödlich verwundet:

Da fielen beid erschlagen Gernot und Rüdiger
im Sturme gleichermaßen von beider Kämpfer Hand.

Dieser Konflikt ist ein Höhepunkt des Liedes, das hier große dramatische Gestalt gewinnt.

Der Kampf ist auch in der ausgegrabenen Arpadenburg in Esztergom symbolhaft abzulesen. Nicht daß der Steinmetz des 12. Jahrhunderts Rüdiger und Gernot hätte abbilden wollen; der Künstler hat aus einem Säulenkapitell zwei Kämpfer modelliert, die seiner Vorstellung und dem Zeitgeist entsprachen. Doch die beiden Streitenden könnten durchaus den Markgrafen und den jungen Nibelungenkönig darstellen.

Die Kampfszene ist aus einer Säule der Königskapelle herausgearbeitet. Zwei Gestalten in gegürteten Gewändern treten sich gegenüber, die Köpfe ragen in die romanischen Bögen des Kapitells. Der eine Kämpfer hat sein Schwert erhoben, der andere deckt sich mit dem Schild.

Die Skulpturen ändern Ausdruck und Gestalt, wenn der Betrachter den Standort wechselt und das Licht anders fällt. Sie verwandeln sich bei wanderndem Schatten zu neuen Figuren. Es könnnten Hagen und Dietrich sein im Kampf:

Sie waren sehr im Zorne, das zeigte sich geschwind.
Von den beiden Schwertern ging der feuerrote Wind.

Oder Volker und Hildebrand:

Sie schlugen, daß die Splitter sich wirbelnd mußten
drehn.

Oder Dietrich und Gunther?

Sie waren alle beide so stark und mutesvoll,
daß von ihren Schlägen Palas und Turm erscholl.

In den Büchern, die vom Arpadenpalast in Esztergom berichten, ist kaum etwas vom Nibelungenlied vermerkt. Die streitbaren Gestalten der Königskapelle werden zwar groß herausgestellt, aber als Symbole von Gut und Böse. Diese Auslegung ist auf das Nibelungenlied nicht anwendbar. Das Epos entzieht sich moralischer Normen.

Im Nibelungenlied werden gefährliche Kräfte geweckt. Dämonische Mächte gelangen zum Durchbruch. Sie lösen die gewaltigen Konflikte aus, unter denen höfische Ordnung zum Schluß des Liedes zerbricht.

Kriemhild läßt dem eigenen Bruder Gunther den Kopf abschlagen und trägt das Haupt vor Hagen, damit der Tronjer den Nibelungenhort preisgibt. Doch Hagen schleudert der Hunnenkönigin entgegen:

Den Hort weiß nun niemand als Gott und ich allein.
Der soll dir Teufelsweibe immer wohl verborgen sein.

Kriemhild erschlägt ihren großen Gegenspieler Hagen mit Siegfrieds Schwert Balmung. Darauf bringt Hildebrand die Hunnenkönigin um.

Hier hat die Mär ein Ende, das ist die Nibelungennot.

So klingt das Epos aus. Es wird nicht nach Gut und Böse gefragt. Der Ritterkodex als eine der möglichen menschlichen Lebensformen hat versagt und ist fragwürdig geworden. Kein christlicher, kein heidnischer Gott greifen ein. Es gibt keine Erlösung, keine Gnade und keine Hoffnung. Die menschlichen Probleme bleiben ungelöst.

Es ist ein Drama antiken Stils, von shakespearischer Kraft. Es verläuft unabänderlich und endet in der Tragik. Im Epos heißt es:

Mit Leide ward beendet des Königs Lustbarkeit,
Wie immer noch die Freude verwandelt sich in Leid.

Der Mensch wird zum Spielball unbekannter Mächte. Er gerät in Verstrickungen ohne Ausweg. Der Gott der Tragödie erscheint in einer »eisigen Ferne, kein Wort dringt von ihm zu uns; die Schläge unseres Schicksals sind seine Sprache« (Lutz Mackensen).

Die menschliche Natur wird transparent in ihrer Widersprüchlichkeit, Vielschichtigkeit und tiefen Problematik, wie sie Georg Büchner umreißt: »Jeder Mensch ist ein Abgrund; es schaudert einen, wenn man hinabsieht.«

Bei solchem Blick werden auch Grundbegriffe deutlich, die das Nibelungenlied beherrschen: Macht, Demütigung und Rache. Daraus erwachsen Handlung und Gegenhandlung. Doch es sind nicht nur die Schlüssel für die Dichtung. Macht, Demütigung und Rache — dieses verderbenbringende intermenschliche Gegenspiel — ist auch ein Schlüssel zum Verständnis der Geschichte und der Gegenwart.

Bei vielen Höhepunkten kehrt das Epos zu seinen Ursprüngen zurück. Dann schimmert das 5. und 6. Jahrhundert durch. Der Passauer Dichter hat diese grausame, ferne Welt einbezogen in seine verfeinerte Zeit der galanten Feste und der guten Sitten. Dabei mußten Widersprüche entstehen, denn »Unvereinbares wurde vereinbart, verschiedene Welten schneiden sich«. Das ist bemängelt worden. Man hat die Stilschwankungen kritisiert und die »Nahtstellen«, jene Passagen, wo alt und neu erkennbar aufeinanderstoßen wie unterschiedliche Erdschichten.

Dabei sollte aber auch nicht übersehen werden, daß diese Merkmale einen eigenartigen Reiz ausüben.

Der Bogen, den das Epos von der Frühzeit bis ins hohe Mittelalter spannt, führt zu Gegensätzen und Zwiespältigkeiten. So treten einige Personen nicht nur in einer einzigen Gestalt auf, sondern in Doppelrollen. Sie brechen aus der Etikette der Ritterzeit aus und finden instinktsicher die für andere unsichtbaren Wege in die Sagenwelt. Oder sie verwandeln sich durch unerhörte Ereignisse oder durch Ausbrüche menschlicher Leidenschaften zu Charakteren von vorzeitlich-archaischer Prägung: wie Kriemhild, die vom »edlen Mägdelein« in Worms zur »vâlandinne« wird, zur Teufelin.

Nicht nur die Menschen erscheinen in mehrfacher Gestalt, auch die Schauplätze. So existiert das Worms der Völkerwanderung und jenes der Ritter, Brünhilds Isenstein der unwirklichen Geschehnisse und jenes der höfischen Regeln. So gibt es die Burg Attilas und die »Etzelburg« der Arpaden.

Noch andere Schichten werden sichtbar, wenn man sich mit dem Nibelungenlied auf die Suche begibt. Wir haben es getan. Wir haben dem Epos kulturhistorisch nachgespürt und waren bemüht, die geographische Einbettung in der heutigen und früheren Landschaft zu finden.

Wir trafen dabei auf die alten Reiche an Rhein und Rhone, auf die geschichtlichen Burgunder mit Gibich, Giselher, Gunther und Gundobad, auf die Paläste in Genf, Lyon und Vienne und auf die Krieger der Katalaunischen Felder.

Wir standen am Sarkophag von Brunhild in Autun.

In Xanten fragten wir angesichts der Märtyrergräber, ob der Siegfried des Epos zurückgeht auf den heiligen Viktor. Wir erfuhren in dieser Stadt, daß Hagen von Tronje seinen Namen ableitet von Troia und Xanten das »neue Troia« der Franken gewesen ist.

Im Odenwald fanden wir die Siegfriedquellen, und im nahen Lorsch, jenem Kulturzentrum des Mittelalters, haben wir vom Streit um die Autorenschaft des Nibelungenliedes gehört. Wir fragten in Lochheim nach der Hortversenkung.

In Worms erfuhren wir neben des »Palastes Stiege«, daß hier die Königsburg des Epos lag.

Wir haben das Nibelungenlied als Reiseführer benutzt

und sind den Rittern, Pilgern und Fahrenden über die Römerstraßen in den Südosten gefolgt. Erregend war die Suche nach den alten Donaufurten, sagenhaft erschienen uns die Kelsbachquellen, wo Hagen die Meerweiber traf.

In Passau sind wir die Gassen gegangen, die der Autor des Liedes betreten hat. Wir spürten die Bischöfe Pilgrim und Wolfger auf.

In Pöchlarn entdeckten wir den Flüchtling Rüdiger, in Wien forschten wir nach dem Hof der Babenberger, in Budapest und Esztergom nach der »Etzelburg«.

Bei den Reisen durch Europa, bei dieser Archäologie des Nibelungenliedes, haben wir versucht, Spuren und Kulturepochen aufzudecken. Gelang es und lagen die Schichten wie durchsichtige Folien übereinander, dann formte sich daraus eine plastische Zusammenschau von heute, gestern und ehedem. Die Zeiten schmolzen zusammen zu einem einzigen Bild, das in Verbindung mit dem Epos eindringliche Dichte gewann.

Es war ein Wagnis und ein Abenteuer: das 40. Abenteuer des Nibelungenliedes.

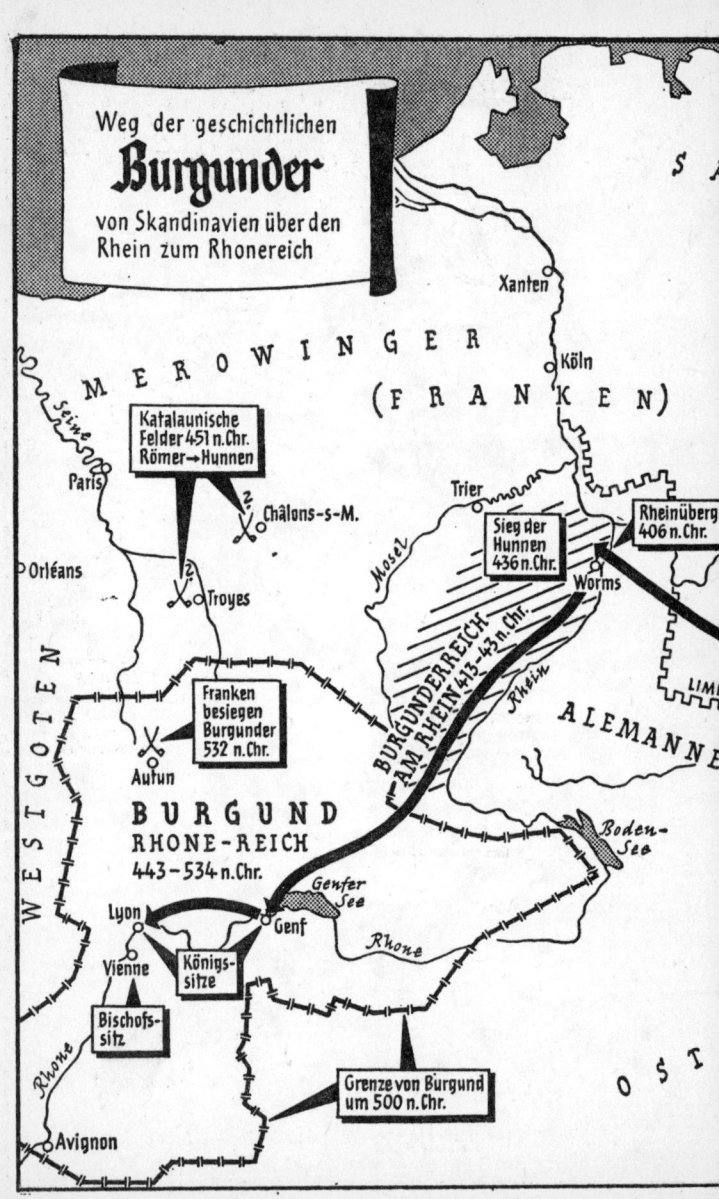

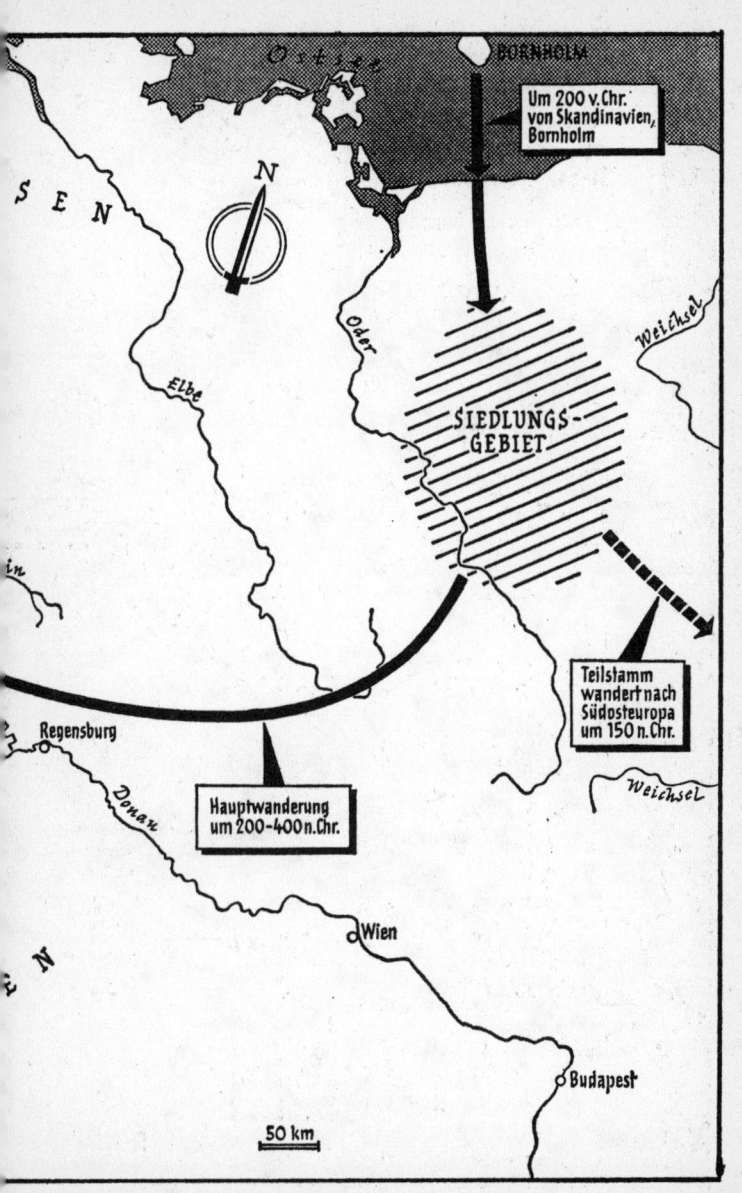

LITERATURVERZEICHNIS

1. Abel, O.: *Wien, sein Boden und seine Geschichte* Wien 1924
2. Altheim, Franz: *Attila und die Hunnen;* Baden-Baden 1951
3. —: *Geschichte der Hunnen;* Berlin 1962
4. Bader, Walter: *Ausgrabungen unter dem Xantener Dom;* in: Germania 18, 1934
5. —: *Der Xantener Dom und seine Stadt;* in Niederrh. Jahrbuch 2, 1949
6. —: *Der Dom zu Xanten;* Kevelaer 1949
7. Barriere-Flavy: *L'archéologie barbare dans le département de Saône et Loire pendant la période bourgonde;* Mâcon 1901
8. Bartsch, Karl: *Das Nibelungenlied,* herausgegeben von Helmut de Boor; Wiesbaden 1965
9. Beauvois, E.: *Histoire légendaire des Francs et des Bourgondes;* Paris 1867
10. Behn, Friedrich: *Ein vorfränkisches Gräberfeld bei Lampertheim am Rhein;* in: Mainzer Zeitschrift 30, 1935
11. —: *Die karolingische Klosterkirche von Lorsch nach den Ausgrabungen von 1927/28 und 1932/33;* Berlin u. Leipzig 1934
12. —: *Römertum und Völkerwanderung;* Stuttgart 1963
13. Bertrand, Pierre: *Les origines de Genève;* Genf 1942
14. Beyschlag, Siegfried: *Zur Lage der gegenwärtigen Nibelungenforschung;* in: Wirkendes Wort IV, 1952/53
15. Binding, Carl: *Geschichte des burgundisch-romanischen Königsreiches;* Leipzig 1868
16. Blondel, Louis: *Le Bourg de Four;* Genf 1929
17. —: *Praetorium, palais bourgonde et château comtal;* in: Genava 18/19, 1940/41

18. Boer, Richard Constant: *Untersuchungen über den Ursprung und die Entwicklung der Nibelungensage;* 3 Bde., Halle 1906—09
19. Bohnenberger, K.: *Nibelungenstätten;* in: Paul u. Braunes Beiträge z. Geschichte d. deutschen Sprache u. Literatur 42, 1917
20. Bohnsack, Dietrich: *Die Burgunden;* Vorgeschichte der deutschen Stämme 3, Leipzig 1940
21. de Boor, Helmut: *Hat Siegfried gelebt?* in: Paul u. Braunes Beiträge z. Geschichte d. deutschen Sprache u. Literatur 63, 1939
22. —: *Das Attila-Bild in Geschichte, Legende und heroischer Dichtung;* in: Neujahrsbl. d. Literarischen Ges. Bern N. F. H. 9, Bern 1932
23. —: *Die höfische Literatur;* München 1966
24. Borger, Hugo: *Die Ausgrabungen unter dem Dom und in der Stiftsimmunität;* in: Sechzehnhundert Jahre Xantener Dom, Köln 1964
25. —: *Ausgrabungen unter dem Dom und der Stiftsimmunität zu Xanten;* in: Das Rheinische Landesmuseum Bonn 3, 1966
26. Bouffard, P.: *Nécropoles bourgondes de la Suisse;* Diss., Genf-Nyon 1945
27. Braune, Weilheim: *Otenheim im Nibelungenlied;* in: Paul u. Braunes Beiträge z. Geschichte d. deutschen Sprache u. Literatur 9, 1884
28. —: *Die Handschriftenverhältnisse des Nibelungenliedes;* in: Paul u. Braunes Beiträge z. Geschichte d. deutschen Sprache u. Literatur 25, 1900
29. Bumke, Joachim: *Die Quellen der Brünhildfabel im Nibelungenlied;* in: Euphorion 54, 1960
30. Charles-Roux, J.: *Vienne;* Paris 1909
31. Charlety, Sébastian: *Histoire de Lyon;* Lyon 1903
32. Chaume, M.: *Les origines du duché de Bourgogne;* 3 Bde., Dijon 1925/31.

33. – : *St. Martin d'Autun;* in: Annales de Bourgogne 11, 1939
34. Cori, Johann Nepomuk: *Lauriacum oder Lorch;* Linz 1870
35. Coville, Alfred: *Recherches sur l'histoire de Lyon du Vême siecle;* Paris 1928
36. Crueger, Johannes: *Der Entdecker des Nibelungenliedes;* Frankfurt a. M. 1883
37. Dahn, Felix: *Die Könige der Germanen, Die Burgunden;* München 1908
38. Dannenbauer, Heinrich: *Die Entstehung Europas;* 2 Bde., Stuttgart 1954/62
39. Deona, W.: *Les arts à Geneve;* Genf 1942
40. Dercsényi, Dezsö: *The royal palace of Esztergom;* Budapest 1965
41. Dévignes, Geneviève: *Ici le monde changea de maître;* Paris 1953
42. Dietrich, Julius Reinhard: *Der Dichter des Nibelungenliedes;* Darmstadt 1923
43. —: *Worms und das Nibelungenlied;* in: Volk und Scholle, Nassau u. Frankfurt a. M. 1924
44. —: *Wo Sifrit erslagen wart;* in: Heimatbuch für Hessen-Darmstadt 1927
45. —: *Nibelungenfragen;* Korrespondenzblatt d. Gesamtvereins d. deutschen Geschichts- u. Altertumsvereine 75, 1927
46. Donnet, André: *Guide artistique du Valais;* Sion 1954
47. Droege, Karl: *Zur Geschichte des Nibelungenliedes;* in: Zeitschrift f. deutsches Altertum u. deutsche Literatur 51, 1909
48. —: *Die Vorstufe unseres Nibelungenliedes;* in: Zeitschrift f. deutsches Altertum u. deutsche Literatur 51, 1909
49. —: *Zur Geschichte der Nibelungendichtung und der Thidreksaga;* in Zeitschrift f. deutsches Altertum u.

deutsche Literatur 58, 1920
50. —: *Die Fassung C des Nibelungenliedes*; in: Zeitschrift f. deutsches Altertum u. deutsche Literatur 75, 1938
51. Dümmler, E.: *Pilgrim von Passau und das Erzbistum Lorch*; Leipzig 1854
52. Eckhart, L., und Strassmayr, E.: *Lauriacum-Enns*; Linz 1963
53. Eheim, Fritz: *Heimatbuch der Stadt Pöchlarn*; Pöchlarn 1967
54. *Enns, Lorch, Lauriacum*; herausg. vom Land Oberösterreich, Linz 1962
55. Fabry, Philipp Walter: *Das St.-Cyriacus-Stift zu Neuhausen bei Worms*; in: Der Wormsgau, Beiheft 17, 1958
56. Falk, F.: *Das Nibelungenlied und seine Beziehungen zu Worms*; in: Monatsschrift f. rheinisch-westfälische Geschichtsforschung u. Altertumskunde 2, 1876
57. Fox, J. R.: *The Treasure at St. Maurice of Agaunum*; St. Maurice 1957
58. Fox, J. R., und Sillem, E.: *Saint Maurice, the martyr and his abbey*; St. Maurice ohne Jahr
59. Frantz, Peter Norbert: *Avitus von Vienne als Hierarch und Politiker*; Diss., Greifswald 1908
60. Frings, Th.: *Siegfried, Xanten, Niederland*; in: Paul u. Braunes Beiträge z. Geschichte d. deutschen Sprache u. Literatur 61, 1937
61. —: *Spielmannsdichtung*; in: Zeitschrift f. d. Geisteswissenschaften 2, 1939/40
62. Gacogne, M. A.: *Histoire des Bourguignons*; Lyon 1848
63. Gamillscheg, Ernst: *Romania Germanica III, Die Burgunder*; Berlin 1936
64. Gerritz, Eugen: *Troia sive Xantum — Beiträge zur Geschichte einer niederrheinischen Stadt*; Xanten 1964

65. Girault, M.: *Le lieu de supplice de Brunéhaut*; Paris 1811
66. Grégoire, H.: *La patrie des Nibelungen*; in: Byzantion 9, 1934
67. —: *Ou en est la question des Nibelungen?*; in: Byzantion 10, 1935
68. Grimm, Wilhelm: *Die deutsche Heldensage*; Göttingen 1829
69. Groley, Gabriel: *Ces fameux champs Catalauniques!*; Troyes 1964
70. Hamman, W.: *Aus Biebesheims Vergangenheit*; Festschrift, Biebesheim 1955
71. Hauck, Karl: *Zur germanisch-deutschen Heldensage, sechzehn Aufsätze zum neuen Forschungsstand*; Darmstadt 1961
72. Heber, Ph.: *Die vorkarolingischen christlichen Glaubenshelden am Rhein und deren Zeit. Nebst einem Anhang über Siegfried den Drachentöter*; Frankfurt a. M. 1858
73. Heiss, Adolf: *Forum Germanum 2, Versuch einer Rekonstruktion der Wormser Königspfalz*; in: Der Wormsgau 2, 1938
74. Helm, Karl: *Siegfried und Xanten*; in: Paul u. Braunes Beiträge z. Geschichte d. deutschen Sprache u. Literatur 65, 1942
75. Hempel, Heinrich: *Nibelungenstudien I*; Heidelberg 1926
76. Heusler, Andreas: *Die altgermanische Dichtung*; in: Handbuch d. Literaturwissenschaft, Berlin 1923
77. —: *Nibelungensage und Nibelungenlied*; Dortmund 1921, 6. Aufl. 1965
78. Heuwieser, M.: *Passau und das Nibelungenlied*; in: Zeitschrift f. bayerische Landesgeschichte 14, 1943
79. Hodecker, Friedrich: *Odenheim*; 1962
80. Höfler, Otto: *Siegfried, Arminius und die Symbolik*;

in: Festschrift für F. R. Schröder, Heidelberg 1959
81. Hoffmann, Werner: *Zur Situation der gegenwärtigen Nibelungenforschung;* in: Wirkendes Wort 12, 1962
82. Holz, Georg: *Der Sagenkreis der Nibelungen;* Leipzig 1907
83. Hóman, Bálint: *Geschichtliches im Nibelungenlied;* Berlin u. Leipzig 1924
84. —: *Geschichte des ungarischen Mittelalters;* 2 Bde., Berlin 1940/43
85. Homeyer, Helene: *Attila, der Hunnenkönig von seinen Zeitgenossen dargestellt;* Berlin 1951
86. Hommel, Hildebrecht: *Die troianische Herkunft der Franken;* in: Rhein. Museum f. Philologie, NF 99, 1956
87. Hubensteiner, Benno: *Bayerische Geschichte;* München 1952
88. Huber, Erna: *Fürstlich Fürstenbergische Hofbibliothek;* Donaueschingen ohne Jahr
89. Husz, Richard: *Das Landschaftliche und Ungarn in der Thidreksaga und die Entstehungsfrage von Nibelungenlied und Klage;* in: Zeitschrift f. deutsche Philologie 57, 1932
90. Illert, Friedrich M.: *Forum Germanum 1, Umrisse zur Geschichte der Wormser Königspfalz;* in: Der Wormsgau 2, 1938
91. —: *Die Reichsbedeutung der Stadt Worms;* in: Der Wormsgau 2, 1938
92. —: *Worms am Rhein;* Worms 1964
93. Illert, Georg: *Das Burgunderreich und die Nibelungensage;* in: Rheinhessen und Nahetal; Essen 1963
94. Janssen, Johannes: *Alte Verbindung zwischen Xanten und Worms;* in: Annalen d. Hist. Vereins f. d. Niederrhein 1, 1855
95. Jost, Sebastian: *Ein Beitrag zur Geschichte des Siegfriedbrunnens;* in: Ferientage in Gras-Ellenbach, 1956

96. Kaplowitt, Stephan J.: *The historical basis of the Bechelaren episode of the Nibelungenlied;* in: The Germanic Review 34, Heft 1, 1964
97. Kautzsch, Rudolf: *Der Dom zu Worms;* Berlin 1938
98. Kralik, Dietrich v.: *Die Heimat der Nibelungen;* in: Byzantinische Zeitschrift 35, 1935
99. —: *Die geschichtlichen Züge der deutschen Heldendichtung;* Wiener wiss. Vorträge u. Reden 8, Wien 1943
100. —: *Passau im Nibelungenlied;* Anzeiger d. österr. Akad. d. Wiss., phil. hist. Klasse, 87. Jg., Nr. 20, 1950
101. —: *Wer war der Dichter des Nibelungenliedes?;* Wien 1954
102. Kranzbühler, Eugen: *Worms und die Heldensage;* Worms 1930
103. —: *Verschwundene Wormser Bauten;* Worms 1905
104. Krogmann, Willy: *Der Dichter des Nibelungenliedes;* in: Phil. Studien u. Quellen, Heft 11, 1962
105. — und Pretzel, Ulrich: *Bibliographie zum Nibelungenlied und zur Klage;* Berlin 1966
106. Kurth, Godefroy: *Histoire poétique des Mérovingiens;* Paris 1893
107. Lepper, Carl: *Seehof, die Geschichte eines verschwundenen Dorfes;* in: Der Wormsgau, Beiheft 7, 1938
108. Lintzel, M.: *Der historische Kern der Siegfriedsage;* in: Historische Studien Bd. 245, Berlin 1934
109. Lohse, Gerhart: *Xanten und das Nibelungenlied;* in: Bonner Jahrbücher Heft 153, 1953
110. —: *Rheinische Nibelungendichtung und die Vorgeschichte des Nibelungenliedes von 1200;* in: Rheinische Vierteljahrsbl. 20, 1955
111. Ludwig, Vinzenz Oskar: *Die Nieblungenstraße;* Bücherfreunde, Berlin 1927
112. Magoun, F. P.: *Geographical and ethnic namens in*

the Nibelungenlied; Mediaeval Studies 7, 1945
113. Matthias, E.: *Die Jagd im Nibelungenlied;* in: Zeitschrift f. deutsche Philologie 15, 1883
114. Mermet, M.: *Histoire de la ville de Vienne;* 3 Bde. Paris 1828 ff.
115. Minjon, A.: *Die Namen Xanten und Troia;* in: Rhein. Geschichtsbl. 4, 1900
116. Mitzka, Walter: *Der Donauübergang der Nibelungen;* in: Paul u, Braunes Beiträge z. Geschichte d. deutschen Sprache u. Literatur 55, 1931
117. Moritz, Hans Karl: *Passau;* in der Reihe Große Kunstführer, München 1961
118. Muhr, Adelbert: *War das ein Leben! Donauschiffahrt einst und jetzt;* in: Merian 11, 1958 (Die Wachau)
119. Müller, Paul und Leo: *Saint Maurice, am Grabe der Blutzeugen;* St. Maurice 1964
120. Nagel, Bert: *Das Nibelungenlied;* Frankfurt a. M. 1965
121. Nagy, Zoltán: *Les palais des Arpadiens à Esztergom;* in: Nouvelle Revue de Hongrie, 1935
122. Nauman, Hans: *Versuch einer Einschränkung des romantischen Begriffs Spielmannsdichtung;* in: Deutsche Vierteljahrsschr. f. Lit. Wiss. u. Geistesgesch. 2, 1924
123. Neufert, Hermann: *Der Weg der Nibelungen;* Programm 116 d. städt. höh. Bürgerschule in Charlottenburg, 1892
124. Oeser, Max: *Lorscher Studien;* in: Der Wormsgau 1943, Sonderbeiheft
125. Oswald, Josef: *Die Donau von Passau bis Wien;* Passau 1963
126. —, Herausgeber: *Passau in Geschichte und Kunst;* Passau 1963
127. —: *Bayerische Kirchenfürsten;* München 1964

128. Panzer, Friedrich: *Studien zum Nibelungenlied;* Frankfurt a. M. 1945
129. —: *Der Weg der Nibelungen;* in: Erbe der Vergangenheit, Festschrift für Karl Helm, Tübingen 1951
130. —: *Nibelungische Problematik: Siegfried und Xanten, Hagen und die Meerfrauen, Magyaren und Hunnen;* in: Sitzungsber. d. Heidelb. Akad, d. Wiss., Phil.-hist. Klasse 3, Heidelberg 1954
131. —: *Das Nibelungenlied, Entstehung und Gestalt;* Stuttgart 1955
132. Petrikovits, Harald v.: *Das Fortleben römischer Städte an Rhein und Donau;* Festgabe des Rhein. Landesmuseums Trier, Trier 1951
133. Pfiffl, Ludwig: *Tullnführer;* Tulln 1962
134. Ploss, Emil Ernst: *Siegfried-Sigurd, der Drachenkämpfer;* Köln 1966
135. Ranke, Friedrich: *Der Dichter des Nibelungenliedes um 1200;* in: Die großen Deutschen, Bd. 1, Berlin 1956
136. Rieck, H.: *Ist Siegfried der heilige Victor von Xanten?;* Die Heimat 13, Krefeld 1934
137. Schaffran, Emerich: *Das geschichtliche Bild Attilas;* Archiv f. Kulturgesch., 35 Bd., Heft 3, 1953
138. Schiffmann, K.: *Geschichtliches im Nibelungenlied;* Mitt. d. Inst. f. österr. Geschichtskde. 38, 1920
139. Schmid, W. M.: *Illustrierte Geschichte der Stadt Passau;* Passau 1927
140. Schmidt, Ludwig: *Geschichte der deutschen Stämme bis zum Ausgang der Völkerwanderung;* Bd. I, Die Ostgermanen, München 1941
141. Schneider, Hermann: *Heldendichtung, Geistlichendichtung, Ritterdichtung;* Heidelberg 1925
142. —: *Germanische Heldensage;* 2. Bde., Berlin 1928/34
143. —: *Siegfried;* in: Forschungen u. Fortschritte 12, 1936
144. Scholler, Harald: *Förderung der Nibelungenforschung*

durch Elektronenrechner; in: Zeitschrift f. deutsches Altertum u. deutsche Literatur 95, 1966
145. Schröder, Edward: *Burgonden;* in: Zeitschrift f. deutsches Altertum u. deutsche Literatur 56, 1918
146. Schröder, F. R.: *Nibelungenstudien;* Bonn—Leipzig 1921
147. Schünemann, K.: *Entstehung des Städtewesens in Südosteuropa;* Breslau 1932
148. Seitz, Hans: *Hainburg an der Donau;* Hainburg 1958
149. Selzer, Wolfgang: *Das karolingische Reichskloster Lorsch;* Kassel 1955
150. —: *Lorsch und das Nibelungenlied;* in: Laurissa Jubilans, herausg. v. d. Gemeinde Lorsch, Lorsch 1964
151. Sommer, Robert: *Die Nibelungenwege von Worms über Wien zur Etzelburg;* Weimar 1929
152. Steeger, A.: *Vom Xanten des Nibelungenliedes;* in: Die Heimat 13, Heft 2, Krefeld 1934
153. Steyert, André: *Nouvelle histoire de Lyon;* Lyon 1895
154. Stroheker, Karl Friedrich: *Studien zu den historisch-geographischen Grundlagen der Nibelungendichtung;* in: Deutsche Vierteljahrschrift f. Literaturwissenschaft u. Geistesgesch. 32, 1958
155. —: *Germanentum und Spätantike;* Zürich—Stuttgart 1965
156. Swoboda-Milenovic, R. M.: *Die Ruinen von Carnuntum;* Wien 1963
157. Tonnelat, Ernest: *La Chanson des Nibelungen;* Paris 1926
158. *Traismauer;* Festschrift der Gemeinde, Traismauer 1958
159. Treitlinger, Fr. L.: *De Aurilegio praecipue in Rheno;* Diss., Straßburg 1776
160. Tschumi, Otto: *Burgunder, Alemannen und Langobarden in der Schweiz;* Bern 1945
161. Vollmer, Bernhard: *Das Viktor- und Siegfriedpro-

blem; in: Annalen d. Hist. Vereins f. d. Niederrhein 113, 1928
162. Voretzsch, Carl: *Das Merowingerepos und die fränkische Heldensage;* in: Phil. Studien, Festgabe für Eduard Sievers, Halle 1896
163. —: *Zur Geschichte der Nibelungensage;* in: Zeitschrift f. deutsches Altertum u. deutsche Literatur 51, 1909
164. de Vries, Jan: *Heldenlied und Heldensage;* Bern 1961
165. Wackwitz, Peter: *Gab es ein Burgunderreich in Worms?;* in: Der Wormsgau, Beiheft 19, Worms 1964
166. Wagner, Friedrich: *Die Römer in Bayern;* München 1924
167. Wais, K.: *Frühe Epik Westeuropas und die Vorgeschichte des Nibelungenliedes;* in: Beihefte z. Zeitschr. f. roman. Phil., 95. Heft, Tübingen 1953
168. Waitz, G.: *Der Kampf der Burgunder und Hunnen;* Forsch. f. d. Geschichte d. Münchener Academie, Göttingen 1861
169. Weber, Gottfried: *Heldendichtung;* Stuttgart 1961
170. —: *Das Nibelungenlied. Problem und Idee;* Stuttgart 1963
171. Weber, Leo: *Der schöne Brunnen, ein topographischer Beitrag zur alten Nibelungennot;* in: Zeitschrift f. deutsches Altertum u. deutsche Literatur 63, 1926
172. Weiss, K.: *Geschichte der Stadt Wien;* Wien 1872
173. Weller, K.: *Die Nibelungenstraße;* in: Zeitschrift f. deutsches Altertum u. deutsche Literatur 70, 1933
174. Welti, Ludwig: *Rund um die Entdeckung der Hohenemser Nibelungenlied-Handschrift;* in: Montfort, Zeitschr. f. Gesch. Vorarlbergs, Dornbirn 1955
175. Werner, J.: *Beiträge zur Archäologie des Attilareiches;* Bair. Akad. d. Wiss., Phil.-hist. Klasse NF, Heft 38, München 1956
176. Wesle, C.: *Der Donauübergang im älteren Nibelun-*

genepos; Paul u. Braunes Beiträge z. Geschichte d. deutschen Sprache u. Literatur 46, 1922
177. Wietersheim, Eduard v.: *Geschichte der Völkerwanderung;* 2 Bde., Leipzig 1880/81
178. Wilkes, Carl: *Die Bischofsburg zu Xanten;* in: Niederrh. Jahrbücher III, 1951, Festschrift f. Albert Steeger
179. Winkelmann, F.: *Römische und vorrömische Straßen Bayerns;* in: Römisch Germ. Kommission XI, Berichte 1918/19
180. Winter, Heinrich: *Das schöne Heppenheim;* Heppenheim 1959
181. Zarncke, Friedrich: *Beiträge zur Erklärung und Geschichte des Nibelungenliedes;* Leipzig 1857
182. —: *Die Jagd im Nibelungenlied;* in: Beiträge z. Geschichte d. deutschen Sprache u. Literatur 10, 1884
183. Zeiss, Hans: *Studien zu den Grabfunden aus dem Burgunderreich an der Rhone;* in: Sitzungsber. d. bayr. Akad. d. Wiss., Phil.-hist. Abt. 7, 1938
184. Zibermayr, Ignaz: *Noricum, Bayern und Österreich;* München 1944
185. Zimmermann, Heinrich: *Geschichte der Stadt Wien;* Bd. I, Wien 1897

Nachtrag:
186. Berczik, Arpad: *Vermutliche ungarische Spuren im Nibelungenlied;* in: Akten d. 5. intern. Germ. Kongresses, Cambridge 1975, H. 2, 1976, S. 383 bis 388
187. Brackert, Helmut: *Das Nibelungenlied 1 u. 2,* Fischer Bücherei; Frankfurt 1970/71
188. —: *Nibelungenlied u. Nationalgedanke. Zur Geschichte einer deutschen Ideologie;* in: Mediaevalia litteraria, Festschrift f. H. de Boor z. 80. Geburtstag, München 1971
189. Ehrismann, Otfried: *Das Nibelungenlied in Deutsch-*

land. Studien zur Rezeption des Nibelungenliedes von d. Mitte d. 18. Jhdts. b. z. ersten Weltkrieg. Münchener germ. Beiträge, Bd. 14, München 1975

190. Falk, Werner: *Das Nibelungenlied in seiner Epoche. Revision eines romantischen Mythos;* Heidelberg 1974
191. Hartung, H. R.: *Neues von den Nibelungen.* In: Neues Rheinland, Jg. 20, Nr. 9, 1977, S. 12—13
192. Ihlenburg, K. H.: *Das Nibelungenlied. Problem und Gehalt;* Berlin 1969
193. Jacobi, Hans: *Volker von Alteium,* Sonderdruck aus Alzeyer Gesch.-Blätter, H. 9, 1972
194. Klumbach, Hans: *Alzey, Vicus und Kastell.* Sonderdruck aus Alzeyer Gesch.-Blätter, H. 2, 1965
195. Nagel, Bert.: *Staufische Klassik;* Heidelberg 1977
196. Perrin, Odet: *Les Burgondes., Leur histoire, des origines à la fin du premier Royaume (534);* Neuchâtel 1968
197. von See, Klaus: *Germanische Heldensage;* Frankfurt 1971
198. Splett, Jochen: *Rüdiger von Bechelaren;* Heidelberg 1968
199. Ritter-Schaumburg, Heinz: *Die Heimat der Niflungen;* in: Soester Zeitschrift, Heft 89, Soest 1977

REGISTER

Aetius 46, 64, 69 ff., 75 ff.
Agaunum 58—63
Alanen 41, 68—71
Alberich 163, 193
Aldrian, Hagens Vater 133
Alemannen 40 ff., 48
Altofen 289, 294
Alzey 138 ff.
Annolied 136
Aquincum 136, 289, 294
Arianismus 57, 85, 93, 100
Arminius 128—132
Arnegunde, fränk. Königin 56
Arnold, Abt von Lübeck 281, 289, 300
Arnulf, Herzog von Bayern 262
Arpaden 243, 291—298, 299—307
Artus 290
Astold von Melk 263
Athanagild, westg. König 100 ff.
Athanarich, westg. König 195
Attila, Etzel, Atli 16, 45, 64—78, 90, 102, 132 f., 136, 153, 155, 164, 207, 229, 243, 244, 248, 255 ff., 262, 268 ff., 273, 277, 280—295, 301 ff., 307
Attilas Lager 78
Audovera, Frau v. Chilperich 101 ff.
Austrasien 100, 102—106

Autun 98, 108 ff., 115, 307
Avitus, Bischof v. Vienne 57, 61, 84, 92—95
Awaren 254, 262, 269

Babenberger 244, 247, 259, 264, 269 ff., 273 f., 308
Baden, Walter, Archäologe 122 ff., 126
Balmung, Siegfrieds Schwert 13, 167, 305
Barbarossa 150, 169, 215, 260, 281, 289, 300 ff.
Behn, Friedrich, Archäologe 43 ff., 183
Bela III., König von Ungarn 260, 296
Bensheim 187
Beowulf 33
Bern (Verona) 164
Biebesheim 13, 196 f., 202
Birten b. Xanten 123
Bleda, Blödel 66, 268, 302
Blondel, Louis, Archäologe 52, 58
Bodleiana 33
v. Bodmer, Johann Jakob, Zürcher Professor 29
Borger, Hugo, Archäologe 126
Bornholm 39, 149
Brackert, Helmut, Germanist 17
Bregenz 29
Brentano, Bettina u. Clemens v. 32

Breuer, J., Archäologe 165
Brunhild, Brünhild 56 ff., 84 f., 89, 100—117, 121, 128, 145, 150 f., 153, 158, 161, 163, 207, 248, 307
Bruno, Erzbischof von Köln 126
Bruno, Bischof von Würzburg 257
Budapest 136, 282, 289, 297, 308
Büchner, Georg 306
Buggo, Bischof von Worms 187
Burchard, Bischof von Worms 151
Burgund, Burgunder 12, 19, 22 ff., 39—57, 59, 63, 67—74, 77, 80—100, 104 ff., 116, 128, 132—135, 138, 142, 145, 147, 153 ff., 163, 189, 194 ff., 207—214, 234, 244, 248 ff., 277, 286 ff., 291 ff., 302; Burg. Häuser 53 ff.; Burg. Namen 54, 96; Burg. Pforte 82; Burg. Recht 53, 73 f., 86 ff.
Burgunderlied, -sage, -untergang 90, 207, 249 ff.
Burgundergräber 43 ff., 54

Cankor, fränk. Gaugraf 179
Caretene 84 ff.
Carnuntum 278 ff.
Cassius, Märtyrer 60
Chadwick, H. M. 19
Châlons sur Marne 64, 77 ff.
Charnay 90

Childebert II., Sohn Brunhilds 102 ff.
Childerich I., König der Franken 133
Chilperich I., König von Neustrien 86, 100 ff.
Chlodomer, Frankenkönig 97
Chlodwig, Frankenkönig 93, 98, 133
Chlotar II., Frankenkönig 104—109
Chrodegang, Erzbischof von Metz 179
Codex Laureshamensis 179 ff.

Dagobert I., Frankenkönig 105
Dahn, Felix 16
Dankwart 214, 302
Deutsch-Altenburg 277 f.
Dhünn (Dune) 164
Dichter des Nibelungenliedes 88 f., 126, 137, 144 ff., 150 f., 193, 198, 209—213, 216, 231, 236, 244—251, 256, 259—261, 263, 267, 273—277, 279, 283 f., 288, 290, 305 ff.
Dieterich, J. R., Darmstädter Archivdirektor 188, 260
Dietlinde, Tochter von Rüdiger 260
Dietrich von Bern 46, 140, 248, 261, 267, ff., 293 ff. 302, 304
Dijon 93
Donaueschingen 33 ff.
Donaufurten 209 ff., 219 ff., 226 ff., 308

Drache, Lindwurm 14 ff., 105, 121, 124, 130, 158, 160—162, 167
Dürnstein 265 ff.
Dürricher, H., Früher Besitzer der Handschrift C 34

Eberhard, Abt von Odenheim 169
Edda 129 f., 203
Ehrismann, O. 18
Everding, Everdingen 252 f.
Eining, röm. Kastell 218, 226
Enns, Ende 239 f., 253 ff., 267
Erbach 172 ff.
Eschenbach, Wolfram v. 36, 213 f.
Esztergom 289, 294 ff., 304—308
Etrusker 134
Ettling 222
Etzelburg 22, 73, 80, 138, 209, 284, 288—290, 294, 297, 302, 307 ff.
Eulbach 211, 213

Fafnir 130 f.
Fastida, König der Gepiden 40
Franken 19, 50, 52, 70, 89—93, 97, 100 ff., 105, 108, 128, 135 ff., 142, 163, 166, 179 f., 211 ff., 252 f., 307
Fredegar, Chronist des 7. Jahrhunderts 105, 107, 135 ff., 163
Fredegunde, Gemahlin Chilperichs I. 101—107, 115 f., 128, 163
Friedrich der Große 31

Friedrich II., deutscher Kaiser 169, 216, 236
Friedrich III., deutscher Kaiser 156, 162, 215
Friedrich von Schwaben, Sohn Barbarossas 260
Friedrich, Erzbischof von Salzburg 239
Fulda 35
Furth i. W. 15
Fürstenberg, Fürst v. 33, 35
Fürth im Odenwald 175

Galswintha, Schwester von Brunhild 101
Gamillscheg, Ernst, Sprachforscher 96
Geisa, ungar. Herrscher 242, 292—295
Gelfrat 220
Genf 48—57, 74, 77, 82, 86 ff., 90, 307; Bourg de Four 51 f.; Burgunderpalast 52; Villa Quadruvium 57 ff.
Gepiden 40, 68 f., 285
Gereon, Märtyrer 60, 122
Germanen 16, 19, 41, 65 f., 70, 76, 91, 129, 131, 134, 142, 243, 262, 279, 287, 299
Gernot, König der Burgunder 42, 145, 152, 195, 303
Gernsheim 13, 196 f., 201 f.
Gerritz, Eugen, Studienrat 125
Gertrud, Tochter Pippins I. 165
Gesta Hungarorum 289, 291
Gibich (Gibiche), König der Burgunder 42, 49, 88, 152, 307

Gisela, Königin von Ungarn 242 f., 293
Giselher, König der Burgunder 42, 96, 145, 152, 195, 260, 303, 307
Gislaharius, historischer Burgunder 88, 96
Gnitaheide, Knetterheide 129 f.
Godegisel, König der Burgunder 51, 88, 93 f.
Göring, Hermann 17
Goethe, Johann Wolfgang v. 18, 31 f.
Godomar II., burgundischer König 97
Goslar 145
Gotelind, Frau von Rüdiger 254
Goten 50, 68—72, 116, 195, 291
Gran, Hauptstadt der Arpaden 207 ff., 232, 260, 294; 299—302
Gras-Ellenbach 173—178, 190, 209
Gregor I., Papst 108
Gregor v. Tours 85, 89, 99 ff., 123
Grein a. d. Donau 255—257
Grimm, Jakob 33
Grimm, Wilhelm 32
Großmehring (Möhringen) 210, 218, 224—228
Gudrun 288
Gundahar, Guntiarius, der historische Gunther 42, 44, 101, 128
Gundobad, König der Burgunder 51—53, 57, 85—91, 93 ff., 97, 307

Gundomaris, burgundischer Herrscher 88
Gundowech, König der Burgunder 49, 86
Gunnar, der nordische Gunther 130, 203
Guntersblum bei Worms 125
Gunther, König der Burgunder 23, 42—45, 49, 57, 90, 132, 145, 150, 153 f., 159, 163, 171, 194 f., 203, 208, 214, 220, 224, 237, 291—304, 307
Guntram, König von Burgund 89, 104

Hadburg, Meerweib 224
Hagen, Friedrich Heinrich v d., Germanist 32 f., 158
Hagen von Tronje 13, 73, 96, 132—135, 137—140, 145, 148, 152 ff., 160, 163, 168, 174 ff., 190, 193 ff., 208, 214, 220, 224—228, 248, 291, 302—308
Hagenwörth 189 f.
Hainburg 267, 279 f.
Handschriften des Nibelungenliedes 28—34
—, A 28, 196
—, B 28, 174
—, C 13, 28, 167, 171, 185, 196
Heber Philipp 125
Heinrich II., deutscher Kaiser 242
Heinrich III., deutscher Kaiser 243, 257
Heinrich V., deut. Kaiser 152
Heinrich VI., deutscher Kaiser 266

Heinrich der Löwe 281
Heinrich II., Jasomirgott, Babenberger 275
Heliand 33
Helke, Helche, Herka, Frau Attilas 207, 256, 284 ff.
Heppenheim 172, 175, 178, 188 ff.
Heraclius, römischer Sänger 91
Heruler 68
Heusler, Andreas, Germanist 19, 192, 199, 246 ff.
Hildebrand 140, 305
Hildebrandslied 33
Hildiko, Germanin 287 f., 293 f.
Hiltersklingen im Odenwald 172
Hirmeltrude, Frau Karls des Großen 165
Hirsau 169, 187
Hodecker, Friedrich, Pfarrer in Odenheim 168, 170
Höfler, Otto, Sagenforscher 129, 131
Hohenems 27—30, 33, 35
Hohenstaufer, Staufer 144 f., 161, 169, 210, 212, 221, 236, 245, 267, 277
Homan, Bálint, ungar. Historiker 293
Homer 19, 30, 134, 174
Homeyer, Helene, Historikerin 65
Huber, Erna, Bibliothekarin 35
Hunnen 41, 45, 64—75, 78, 102, 132, 139, 208, 228, 262, 284, 289—295

Hunnenschlacht 72
Hüttenthal im Odenwald 173
Hylestad, Kirche v. (Norwegen) 130

Ildibad, ostgotischer König 116, 128
Ilias 134, 174
Ilz 232 f.
Ingolstadt 221, 225—227
Innsbruck 29
Island, Isenstein 151, 153, 159, 248, 307
Jacobi, Hans, Bürgermeister a. D. 13
Jeanne d'Arc 114
Jordanis, gotischer Geschichtsschreiber 40, 66, 69—73, 285
Joseph I., deutscher Kaiser 269
Jovinus, rümischer Gegenkaiser 42

Kalixt II., Papst 152
Karl der Große 36, 137, 143—146, 165, 179 ff., 198, 219 f., 252 f., 262, 269, 290, 294
Karl IV., deutscher Kaiser 62
Karl V., deutscher Kaiser 146
Karolinger 47, 124, 143 f., 165, 180, 183, 185, 210, 213, 218, 238, 294
Katalaunische Felder 64, 69, 72 f., 79 f., 88, 90, 98
Kelheim 222
Kelsbach 221—224, 228, 257, 308
Kelsgau 224

Kelten 50, 78, 108, 134, 138, 142, 200, 222, 225, 230, 240
Keza, Simon, ungarischer Geschichtsschreiber 291
Kiew 268
Kirchheim (Tronia) 133, 135
Klage 21, 29, 178, 184, 187, 244
Klumbach, Hans 138
Knapp, Geh. Hofrat 173—175
Konrad von Passau 191, 244 f.
Konstantin III., römischer Kaiser 41
Kösching 210, 218, 226
Kraichgau 167
Kranzbühler, Eugen, Wormser Chronist 106, 159
Kreuzzüge 212, 252, 260, 265, 281, 300
Kriemhild 30, 42, 102, 116 f., 121, 132, 138, 145, 147 ff., 153, 162, 176, 184 f., 194, 207, 219 f., 229 f., 237, 242 f., 248, 253 f., 267, 267 ff., 273, 277, 280—288, 292—295, 302—308
Kriemhildlied 293
Kudrunlied 33
Kürenberger, Minnesänger 248

Lachmann, Karl, Germanist 192
Lampertheim bei Worms 43 ff., 181
Langobarden 181, 285
Lassberg, Freiherr v., Germanist 33 ff.
Lechfeld 262

Leopold I., Babenberger 262
Leopold V., Babenberger 265
Leopold VI., Babenberger 272
Limes 41, 213, 217, 267
Lindenfels im Odenwald 175, 212
Lochheim 197—201, 307
Lorch, Lauriacum 239 ff., 253, 277
Lorsch 22, 126, 134, 168, 171 ff., 178—192, 196—201, 179, 186; Hagen ze Lorse. 186 f., 190; Königshalle 180 ff.; Seehof 187; Vorkirche 181 f.
Ludwig der Deutsche 183
Ludwig der Fromme 213
Ludwig VII., franz. König 212, 299
Luther 146
Lyon, Lugdunum 51, 53, 74, 81 f., 86 f., 90, 94, 97, 209, 307; Palast Pierre Scize 83, 85 f.

Mainz, Moguntiacum 13, 43, 105, 124, 154, 163, 169, 201
Manching 218, 225 ff.
Marcus Caelius, Römer 131
Markomannen 278 f., 285
Mauriacum, Mauriacensische Felder 74—78
Mauritius, Heiliger 60 ff.
Mautern, Mutaren 267
Maxim, Bischof von Genf 53, 57
Maximian, römischer Kaiser 60

Meerweiber, Nixen 133, 221, 224, 228, 257, 307
Melk, Medelike 263, 264 ff.
Merian, Kupferstecher 151, 259
Merowech 103
Merowinger 19, 22, 47, 89 ff., 98, 99 f., 106–111, 114–117, 123, 128, 132 ff., 158, 165 f.
Metz 68, 108, 141, 212
Michel, Francisque, Romanist 33
Michelstadt 172, 211 f.
Miltenberg 211, 214 f.
Minst, Karl J. 181, 184 f.
Müller, Christoph Heinrich, Prof. 32, 35
Mundiacum, Stadt in d. röm. Provinz Germania II 43

Neustrien 102 f., 104 f.
Nibelung 12, 165, 193
Nibelungen 12–17, 23, 34, 96, 132, 145, 151–154, 158 f., 160, 163 f., 166 f., 193, 208, 211 f., 219, 225–228, 231–234, 251 f., 263, 267, 302 ff.
Nibelungengau 257
Nibelungenhort 13–16, 130, 193–198, 202, 249, 288, 302 bis 308
Nibelungenland 13, 148, 193
Nibelungennot 261, 305
Nibelungenstraße 22, 172, 213, 216 f.
Nitlungen 164 f.
Nivelles in Belgien 163 ff.

Normannen 124, 213
Norwegen 13

Obereit, Jakob Hermann, Arzt aus Lindau 29, 33
Odenheim, Ottenheim, Otenhaim 167–171, 176, 187–190
Odenwald 22 f., 147, 167, 171 bis 175, 178, 188, 190, 200 bis 213, 308
Odo de Deoglio, franz. Kaplan 212
Olympiodor, griechischer Historiker 42 f.
Orléans 68 f., 74, 89
Ostburg, Osteringen 294
Ostfranken 211, 215 f.
Ostgoten 68–70, 77, 96 f., 116, 128, 285, 293
Ostrom, Byzanz, Konstantinopel 41, 66, 213, 282, 287, 299
Otto II., deutscher Kaiser 262
Panzer, Friedrich, Germanist 245, 257
Paris 106, 124, 141, 163, 182, 209
Passau 20–23, 141, 161, 213, 229–252, 271–276, 283, 291, 299 f., 308; Alte Residenz 239, 245; Nibelungenlager 233 f.; Niedernburg 238, 243; Stephansdom 232, 238 f.
phansdom 232, 238 f.
Parther 65
Parzival 36

Patiens, Bischof v. Lyon 83, 86
Petronell in Österreich 227 f.
Pförring, Vergen 210, 218—222, 225 f.
Pfünz/Altmühl 216—218
Pietroassa, Schatz von 195
Pilgrim, Bischof von Passau 22, 229, 236—245, 253, 308
Pippin I. 165 f.
Pippin II. 47
Pippiniden 132
Plattling/Isar, Pledelingen 229 ff., 236
Pöchlarn, Bechelaren 133, 207, 254, 257—262, 303, 308
Pouan, Grabfund von 76
Prag 62
Priscos, byzantinischer Geschichtsschreiber 66, 285 f.
Prokop, byzantinischer Geschichtsschreiber 116
Ptolemäus 40

Quaden 278 f.

Ravenna 158, 291
Regensburg 141, 210 ff., 259, 299
Regin, sagenhafter Schmied 130
Reichenau 35
Rems, Österreich 254
Renève, Todesort von Brunhild 109
Rheingold 13, 193, 198, 200 f.
Richard I. »Löwenherz« 265 f.
Ritschart, Gefolgsmann Dietrichs 266

Ritter-Schaumburg, Heinz 163 f.
Rolandslied 33
Rolin, französischer Kardianal 109, 111
Rom, Römer 12 f., 19, 41 f., 45, 48—54, 57 ff., 64, 71, 74, 81—87, 91—96, 108—110, 121 f., 128—134, 142 ff., 159, 209 f., 213—219, 222, 226 f., 234, 239 ff., 251, 258 f., 267 ff., 276 ff., 289 ff.
Römerstraßen 74, 83, 211 f., 216 f., 223, 229, 308
Romacher, merowingischer Bischof 104
Rondsen/Weichsel, Grabfund 55
Rosengarten, Epos 46
Rosengarten bei Worms 43
Rüdiger, Markgraf 22, 133, 207, 220, 229 f., 254, 257—261, 277, 291, 303 ff., 308
Runen 90, 130

Sachsenkriege 137, 153
Sachsenspiegel 246
Santiago de Compostela 115
Sapaudia, Savoyen 46, 48 f., 68 f.,
Salier 144
Schauenburger 187
Schilbung 13, 163, 193
Schliemann, Heinrich 174
Schneider, Hermann, Germanist 72, 125
Schwäbisch-Hall 40
Schwalefeld, Sualafeld 216

Schwemmel, Spielmann 208, 220, 244 f., 274, 294
Selzer, Wolfgang 186
Septimus Severus, röm. Kaiser 82
Shakespeare 305
Sidonius Apollinaris, röm. Dichter 91 f.
Siegelind, Siegfrieds Mutter 121, 127
Siegelind, Meerweib 224
Siegfried, Bischof von Speyer 191
Siegfried, Abt von Odenheim 168 f.
Siegfried von Xanten 13, 22, 56, 60, 102, 116, 121, 124—128, 131 f., 138 f., 148, 151, 152, 156—162, 167, 171—176, 184 f., 190, 193, 207, 248, 305, 307
Siegfriedbrunnen, Worms 152
Siegfriedgrab 156
Siegfriedquellen 167, 176, 307
—, Gras-Ellenbach 173—178
—, Heppenheim 178, 190
—, Hüttental-Hiltersklingen 172
—, Odenheim 167 ff., 171
Siegfriedstraße 172
Siegmund, Siegfrieds Vater 121, 127
Sigehart, Abt von Lorsch 191 f.
Sigerich, Sohn v. Sigismund 61 f.
Sigibert I., Merowingerkönig 85, 100—102, 116, 128
Sigibert II., Urenkel von Brunhild 105, 116

Sigismund, burgundischer König 57 f., 61 f., 86, 93, 97
Sigurd, nordischer Siegfried 130
Sigurdstein (Schweden) 130
Simrock, Karl Übersetzer des Nibelungenliedes 33, 35
Soest (Susat) 164
Soissons 103
Spechtshart 174, 190
Spessart 174
Spessartskopf 174, 190
Speyer 159, 191
Stalingrad 16
Steinbach im Odenwald 186, 211 f.
Stephan (Vajk), König von Ungarn 232, 242 f., 292 f.
St. Gallen 35
Stifterhof bei Odenheim 169
St. Maurice, Schweiz 58, 61 f.
Stricker, mittelhochdeutscher Dichter 36, 275
Stroheker, K. F., Tübinger Prof. 90
Sueben 41, 285, 293
Tacitus 129
Tassilo, Bayernherzog 184, 219
Theabäische Legion 60, 122 f.
Theodemer, Führer der Ostgoten 69
Theoderich der Große 70, 85 f., 158, 164
Theoderich, König der Westgoten 70 f., 76, 79
Theudebert II., Enkel von Brunhild 104

Theuderich II., Enkel von Brunhild 104 f.
Thidreksaga 135 f., 164
Thorismund, Führer der Westgoten 69 f., 75 f.
Tongern, Belgien 133, 163 f.
Tournay, Belgien 133
Traismauer, Österreich 268 ff.
Trier 14
Trogné, Belgien 133
Trognon bei Verdun 133
Troia 134 ff., 137, 247, 307
Tronek, Burg im Hunsrück 134
Troyes a. d. Seine 64, 74 ff., 80, 134
Türken 279 f., 296
Tulln 242, 268 f.

Ungarisch-Altenburg 281
Uraja, Ostgote 116, 128
Uta von Calw 187—191
Ute 184—189, 236 f.
Utes Sedelhof 185, 189

Valamer, Führer der Ostgoten 69
Valentinian I., röm. Kaiser 41
Vandalen 41, 50, 143
Varus 128 f., 131
Venantius Fortunatus, röm. Dichter 85
v. Venningen, Dieter III., Abt von Odenheim 170
Vergil 134
Véséronce, Visorontia, Schlacht bei 97
Vidimer, Führer d. Ostgoten 69

Vienne 92—96
Vindeliker 225
Viktor, Märtyrer 60, 122—124
Vogelweide, Walther v. d. 215, 246 f., 267, 271—275
Volker, Spielmann 138 f., 246 f., 302 ff.
Völkerwanderung 19, 65, 277, 307

Wachau 264 f.
Wackwitz, Peter, Studienrat 44
Wagner, Richard 15
Waldburg-Zeil, Grafen von 27 f., 33
Waltharilied 46, 68, 88, 135, 166
Wangionen 142
Waremme 163
Wasgenwald 171, 174, 188—190
Wasigenstein 136
Weißenburg 211, 252
Werbel, Spielmann 208, 220, 246, 274, 294
Wertheim am Main 141
Westgoten 69—72, 94, 97, 100 f., 107, 194
Wien, Vindobona 213, 232, 247, 264—267, 271—277, 283, 307
Wieselburg, Miesenburg 281—283
Wildenberg 213 f.
Willehalm 36
Williswinda, fränk. Gräfin 179, 186

Wimpfen 141, 210
Winkelmann, Friedrich, Historiker 218
Wisniewski, Roswitha 165
Wocher, Oberamtmann in Hohenems 29
Wolfger, Bischof von Passau 245—247, 260, 266, 271 f., 307
Worms, 13, 22, 39, 42—79, 53, 72, 98, 105, 116, 125, 132 f., 141—147 ff., 150—162, 171 ff., 188, 196, 201, 207 f., 212, 277, 302, 307 f.; Cyriacusstift 105, 161; Dom 143—149, 151, 157—162, 190, 298; Großer Saal 145; Heidenfriedhof 155; Hofkirche 147 f.; Hovedor 147 f.; Kieselswiese 152 f.; Kleiner Saal 147 f.; Neuhausen 105 f.; Nibelungenburg 110, 144 f., 151, 153, 307; Saalstiege 145, 307 f.; Siegfriedlanze 158 f.; Siegfriedstein 159 f.
Würzburg 211 f.; 216, 257

Xanten 22, 60, 121—127, 131, 136 f., 158, 307 f.; Colonia Traiana 122, 126, 137; Bischofsburg 126; Dom 122—125, 137; Militärlager Vetera 131

Zeiselmauer, Österreich 271
Zorn, Wormser Chronist 152, 156